나 자신을 알라

나 자신을 알라

뇌과학으로 다시 태어난 소크라테스의 지혜 ──────

Know Thyself

스티븐 M. 플레밍 지음 | 배명복 옮김

바다출판사

헬렌과 핀에게

목차

──────────────(Part 1)──────────────

나 자신을 알라 - 자기인식의 과학

Chapter 1   **불확실성을 추적하는 뇌**   029

인간의 뇌는 기본적으로 불확실한 것을 피하려는 속성이 있다. 생존과 번성을 위해선 불확실한 것을 피하고 확실한 것을 선택해야 했기 때문이다. 불확실성에 대한 감수성, 즉 불확실성을 추적하는 능력은 유아 단계에서부터 발달한다.

Chapter 2   **우리는 스스로 관찰한다**   055

인간에게는 자신의 내면 상태와 행동을 모니터링하는 알고리즘이 있다. 이 알고리즘 덕분에 인간은 무리 생활을 시작했고, 사회를 조직했다. 인간의 이러한 자기 모니터링 능력은 발달 초기부터 드러난다. 자기 자신을 모니터링하는 능력은 자기인식의 두 번째 블록이다.

훌륭한 선수가 과연 훌륭한 감독이 될까? 내가 무언가를 잘하는 것과 그 과정을 다른 사람에게 설명하는 것은 다른 일이다. 내가 무엇을 하고 있고 왜 하는지 설명하는 능력을 떠받치는 것은 자기인식이다. 우리 행동을 설명하는 데 자기인식은 근본적인 역할을 한다.

기술이 점점 똑똑해짐에 따라 자기인식의 의미 역시 퇴색할지도 모른다. 기계가 우리의 상태를 먼저 알고 필요한 행동을 취할 날이 올 수도 있다. 인공지능의 성능이 지금과는 비교할 수 없이 발전한 미래에는 인간의 자기인식도 필요 없게 될까?

소크라테스는 "너 자신을 알라"고 했다. 자기 자신을 아는 자기인식은 인류가 인류로 살아온 이유이자 앞으로 인류로 살아갈 비결이기도 하다. 자기인식의 과학을 공부하면 자신을 성찰하는 마음의 힘에 외경심을 갖게 될 것이다.

들어가는 말

다음과 같은 상황에 처했다고 가정해보자. 얼마 전부터 가슴 한 쪽에 통증이 느껴져 병원에 진료를 예약했다. 진료실에 도착하자 의사는 혈액검사와 몇 가지 스캐닝 검사를 받게 한다. 일주일 후 다시 병원을 찾았더니 의사가 검사 결과를 놓고 병변을 설명한다. 상태가 심각해 보인다. 의사는 짐짓 쾌활한 어조로 관상동맥우회로이식술을 권한다. 수술이 꼭 필요하냐고 물었지만, 의사는 대답 대신 그런 판단을 하게 된 경위와 근거를 차근차근 설명한다. 오진 가능성과 그로 인해 생길 수 있는 문제에 대한 설명도 빠뜨리지 않는다. 그럼에도 수술을 받는 것이 좋겠다는 조언으로 의사는 말을 맺는다. 이럴 때 어떻게 하는 게 좋을까?

이제 조금 다른 경우를 상상해보자. 혈액검사를 비롯한 일련의 정밀검사 데이터를 의사 도우미 역할을 하는 인공지능(AI)에 입력한 경우다. AI 역시 당신의 상태는 심각하며 관상동맥우회로이식술을 받는 게 바람직하다는 진단 결과를 내놓는다. AI의 판단대로 정말로 수술을 받아야 하는 걸까? 의사에게 물어도 의사는 속 시원하게 대답해줄 수 없을 것이다. AI가 왜 그런 판단을 했는지 의사는 모르기 때문이다. 의사가 해줄 수 있는 말은 검사 데이터를 제대로 입력하는 경우 그동안 AI가 내린 진단의 정확도가 매우 높았다는 점에서 AI의 판단을 믿고 수술을 진행하는 것이 낫지 않겠느냐는 정도일 것이다. 어떻게 하는 것이 좋을까?

첫 번째 경우 대답은 분명해 보인다. 의사가 자기 판단에 자신 감을 보이고, 그렇게 판단하는 이유를 설명할 수 있다면 의사의 조언을 신뢰하는 게 맞다고 느낄 것이다. 하지만 두 번째 경우에는 대답이 그다지 분명해 보이지 않는다. 사람 또는 기계가 우리 대신 어떤 중요한 결정을 내릴 때는 그런 결정을 하게 된 이유에 대한 설명을 요구할 수 있어야 한다고 우리는 직감적으로 느낀다. 법적 책임과 잘잘못을 따지는 사법 체계는 우리가 무엇을 했고 왜 했는지, 그 행위와 동기는 정당하고 방어할 수 있는지라는 법리적 개념에 바탕을 두고 있다. 우리를 대신해 중요한 결정을 하면서 아무런 설명이 없다면 우리에게 백지위임을 요구하는 것이나 마찬가지다. 성능이 뛰어난 기계학습 알고리즘일수록 제대로 된 설명이 없다는 것은 아이러니다. 반대로 인간은 좀 과하다 싶을 정도로 자기가 지금 무엇을 하고 있고, 왜 하는지 설명하길 좋아한다. 인간이 가진 이런 설명 능력은 반성하고 사유하는 능력과 함께 기억, 인지, 결정, 생각, 느낌 등을 통해 자기 자신을 인식하는 능력에 기반하고 있다.

심리학자들은 인간의 이러한 자기인식self-awareness 능력을 메타인지metacognition라고 부른다. 메타인지는 그리스어로 '다음에after' 혹은 '넘어서서beyond'를 뜻하는 '메타meta'와 '인지cognition'의 합성어로, 문자 그대로 하면 '자기 자신의 생각에 대해 생각하는 능력'을 의미한다. 메타인지는 인간의 마음이 가진 섬세하고 아름다우면서 솔직히 기이한 특성 중 하나로, 수 세기 전부터 과학자와 철학자들을 매료시켜왔다. 생물학자 칼 린네Carl Linnaeus는 1735년 출간한 《자연의 체계Systema Naturae》에서 수백 종種에 이르는 생물의 외형적 특징을 상세하게 기록했다. 하지만 인간에 해당하는 사람속Genus Homo 항목에 이르러서는 "Nosce te ipsum(노스케 테 입숨)"이라고 딱한 줄만 적었다. 라틴어로 "너 자신을 알라"는 뜻이다. 자기 자신을 아는 능력을 인간의 가장 큰 특징으로 꼽은 것이다.[1]

자기인식은 인간을 정의하는 가장 대표적 특징 중 하나다. 시험을 앞둔 대학생 제인을 예로 들어보자. 제인의 머릿속에서는 지금 어떤 일이 벌어지고 있을까? 암기하고 이해해야 하는 일정 범위의 팩트와 공식을 분명히 저글링하듯 따져보고 있을 것이다. 또한 무의식적으로 무엇을, 어떻게, 언제 공부해야 할지 생각하고 있을 것이다. 시끌벅적한 카페와 조용한 도서관 중 어느 쪽이 공부하기 더 좋은 장소일까? 노트 필기를 다시 읽어보는 것과 문제풀이 중 어느 쪽이 더 효과적일까? 어떤 과목이 쉽게 느껴지면, 그 과목을 건너뛰고 다음 과목으로 넘어가도 좋은 것일까? 공부를 좀 쉬고 친구들과 어울려 밖으로 나갈 수는 없는 것일까? 이러한 질문들에 대한 판단과 결정은 틀림없이 제인의 시험 성적에 매우 중요하게 작용한다. 제인은 잘 알지도 못하는 과목을 잘 안다고 착각하거나 위험한 공부 전략을 과신하는 함정에 빠지지 않기를 바랄 것이다. 그러나 아무도 이러한 질문에 대한 정답을 알려주지는 않는다. 대신 제인이

의지할 것은 학습 방법에 관한 자기인식뿐이다.

우리의 자기성찰 능력은 강의실이나 시험장 밖에서도 여전히 중요하다. 프리다이버이면서 작가인 제임스 네스터James Nestor의 경우를 살펴보자. 네스터는《딥Deep》이란 책에서 프리다이빙 대회를 취재하기 위해 그리스와 바하마 해안 지역에 갔던 경험을 소개한다. 대회 참가자들의 목표는 하나, 단 한 번의 호흡으로 경쟁자들보다 더 깊이 다이빙하는 것이다. 특정한 깊이까지 도달했다는 사실을 입증하기 위해 다이버들은 심도深度가 적힌 숫자 표지를 가져와야 한다. 수면 위로 올라와 의식을 잃으면 실격 처리된다. 직업적 프리다이버로 성공하려면 부상이나 사망 위험을 회피하면서 특정 깊이에 도달하는 능력에 대한 정확한 자기인식을 할 수 있어야 한다. 자신감이 부족하면 성적 부진으로 이어질 수 있다. 반대로 자신감이 지나치면 치명적 참사를 불러올 수 있다. 프리다이버 훈련의 상당 부분은 수중에서의 자기 역량과 한계를 탐색하는 심리 훈련 형태로 지상에서 이루어진다.[2]

이번에는 영국 텔레비전 프로그램인 〈백만장자 게임〉의 초창기 출연자 중 한 명인 주디스 케플Judith Keppel의 경우를 보자. 문제를 풀 때마다 참가자들은 진행자로부터 "그게 진짜로 정답이라고 생각하십니까?"라는 질문을 받는다. 정답이라고 확신하면 그때까지 딴 상금을 모두 걸고 두 배의 상금이 걸려 있는 다음 단계 문제에 도전할 수 있다. 자신이 없으면 이미 딴 상금만 받고 퇴장할 수 있다. 판단이 잘못되면 그때까지 딴 상금을 몽땅 날릴 수 있기 때문에 당연히 부담이 클 수밖에 없다. 케플은 50만 파운드(약 8억 원)를 확보한 상태에서 100만 파운드짜리 문제와 대면했다. "프랑스 왕비였던 알리에노르 다키텐Aliénor d'Aquitaine과 결혼한 영국 왕이 누구입니까?"가 질문이었다. 진행자인 크리스 테런트Chris Tarrant와 몇 마디 주고받은 후 케플이 정한 답은 헨리 2세였다. 그러자 모든 참가자들을 가장 고민스럽게 만드는 테런트의 '킬러' 질문이 이어졌다. "그게 당신이 생각하는 최종 정답입니까?" 여기서 성패를 결정짓는 것은 자기인식이다. 도전을 받아들이기 전에 당신은 자신이 정말로 옳은 판단을 한 것인지 알고 싶을 것이다. 케플은 자신의 최종 판단을 고수함으로써 프로그램 최초의 최고 상금 주인공이 되었다.

제인, 제임스, 주디스의 이야기를 관통하는 것은 그들의 성공과 실패가 정확한 자기인식 능력과 얼마나 밀접한 관련을 맺고 있는가 하는 점이다. 메타인지가 가진 힘을 알아보려면 세 사람의 자기인식이 부정확한 경우를 상상해보면 된다. 제인은 유체역학 문제가 쉽다고 여겨 유체역학 책을 덮고 다른 과목으로 넘어가는 게 낫겠다고 잘못된 판단을 했을 수 있다. 사실이 아닌데도 자신이 잘한다고 착각할 수 있다. 메타인지에 오류가 일어나면 타고난 능력과 근면한 학습 태도에도 불구하고 제인은 시험을 완전히 망칠 수 있다. 주디스의 경우 두 가지의 메타인지 실패 가능성을 상정해볼 수 있다. 정답을 알았는데도 그게 아니라고 생각해 백만장자가 될 기회를 날리는 경우와 자신감 과잉으로 잘못된 답에 도박을 걸어 전부를 잃는 경우다. 제임스의 경우에는 자신감 과잉이 심지어 삶과 죽음을 가르는 차이로 나타날 수 있다. 실제로 감당할 수 있는 깊이보다 더 깊은 곳까지 내려갈 수 있다고 제임스가 오판했다면, 적정 잠항심도를 무시하고 한계심도까지 밀어붙이다 손 쓸 수 없는 지경이 된 독일 잠수함 U-352(제2차 세계대전 중이던 1942년 미국 노스캐롤라이나 해안에서 미국 초계정 이카루스Icarus에 의해 격침됐다—옮긴이) 꼴이 났을지 모른다.

좋은 쪽으로든 나쁜 쪽으로든 우리는 종종 삶에서 메타인지가 발휘하는 힘을 간과한다. 좋은 자기인식 능력은 방정식을 풀고, 운동 실력을 뽐내고, 역사적 사실을 암기하는 능력에 비해 의미가 뚜렷해 보이지 않을 수 있다. 우리 대부분에게 메타인지는 오케스트라 지휘자와 같다. 가끔 개입해 연주자들을 옳은(또는 잘못된) 방향으로 유도하거나 안내한다. 하지만 보통 눈에 잘 띄지 않고, 당장 진가를 인정받지도 못한다. 지휘자 없이도 연주를 계속하는 오케스트라처럼 제인, 제임스, 주디스는 일시적으로 자기인식이 고장 난 채로 열심히 공부를 하고, 프리다이빙을 하고, 퀴즈 쇼에서 문제를 풀지 모른다. 리허설 수준의 공연과 세계적 수준의 공연 차이가 지휘자에 달렸듯이 메타인지의 미묘한 힘이 성공과 실패, 삶과 죽음의 차이를 낳는다.

자기인식의 역할이 무시되는 또 다른 이유는 자기인식을 측정하고 정의하고 연구하기가 어렵다는 게 역사적으로 통설이었기 때문이다. 하지만 이제 달라지고 있다. 신경과학의 새로운 분야인 메타인지 신경과학metacognitive neuroscience이 인간 정신의 자기성찰 기제를 가렸던 베일을 벗겨내고 있다. 혁신적인 연구실 실험을 최신 뇌 영상화 기술과 결합함으로써 우리는 인지적 과정과 생물학적 과정이란 두 가지 차원에서 자기인식의 작동 방식을 묘사하는 더욱 정밀한 그림에 접근하고 있다. 앞으로 보게 되겠지만, 메타인지 과학을 통해 우리는 그 어느 때보다 우리 자신을 더 잘 알 수 있는 단계에 왔다.[3]

자기인식의 과학적 원리

뇌와 마음을 다룬 책에 빠진 10대 이후로 나는 줄곧 자기인식이라는 수수께끼에 매달려왔다. 여름 방학 때 수영장 주위에 누워 그런 종류의 책을 읽다가 나의 경험에 대한 이런저런 공상에 빠졌던 적이 있다. 그중 하나가 이런 거였다. 어째서 내 머릿속 뇌세포의 단순한 활동이 수면에서 일렁이는 빛을 느끼는 독특한 경험으로 나를 이끄는 것일까? 좀더 정확하게 표현하면, 그 독특한 경험을 하고 있는 바로 그 뇌가 어떻게 이 신비로움에 대해 내가 생각할 수 있게 하느냐는 것이었다. 내가 의식하는 것과 의식하는 것을 내가 알고 그에 대해 생각하는 것은 별개란 말인가? 그 순간 머리가 핑핑 돌기 시작하면서 나는 자기인식이라는 미스터리에 낚이고 말았다.

현재 나는 유니버시티칼리지런던(UCL)에서 자기인식에 관한 연구를 전문으로 하는 신경과학 연구팀을 이끌고 있다. 우리 팀은 웰컴인간뇌영상센터Wellcome Centre for Human Neuroimaging에 소속된 몇 개 팀 중 하나로, 런던 퀸스퀘어에 있는 고풍스러운 타운하우스에 자리 잡고 있다.[4] 우리 건물 지하에는 뇌 영상 촬영을 위한 대형 장비가 설치되어 있다. 센터에 소속된 각 팀은 뇌 영상화 기술을 이용해 마음과 뇌의 서로 다른 영역들이 어떻게 작동하는지, 또 어떻게 우리가 보고 듣고 기억하고 말하고 결정하는지 연구한다. 우리 연구팀에 속한 학생들과 박사후과정 연구원들은 뇌의 자기인식 능력에 초점을 맞추고 있다. 인간 생명 활동의 독특한 무언가가 뇌로 하여금 자기 자신에 대해 생각하게 만들었다는 것은 경이로움 그 자체다.

하지만 얼마 전까지만 해도 이 모든 것은 말도 안 되는 헛소리로 여겨졌다. 19세기 프랑스의 철학자인 오귀스트 콩트Auguste Comte는 "사고를 하는 개인이 자기 자신을 추론하는 부분과 구경하는 부분으로 나눌 수는 없다. 그렇다면 관찰을 하는 인체 기관과 관찰 대상이 되는 기관이 같을 수밖에 없는데, 그 어떤 관찰인들 가능할 수 있겠는가?"라고 반문했다.[5] 다시 말해 같은 뇌가 어떻게 뇌 자신에 대해 생각할 수 있느냐는 거였다.

콩트의 주장은 당시 과학계의 일반적 사고를 대변했다. 유럽에서 계몽주의의 싹이 튼 이후 자기인식은 특별한 것이어서 과학의 도구를 이용해 연구할 수 없는 그 무엇이라는 시각이 보편적 견해로 자리 잡고 있었다. 수학자들이 기하학과 대수학을 이용해 새로운 수학적 진리를 탐구하듯이 서양의 철학자들은 자기성찰을 철학적 도구로 이용하고 있었다. 르네 데카르트René Descartes는 자기성찰에 의지해 "나는 생각한다. 고로 존재한다"는 명제를 남겼다. 데카르트는 "내 마음보다 내가 더 쉽고 명확하게 인식할 수 있는 것은 없다는 것을 나는 분명히 알고 있다"고 말했다. 그는 사고와 이성이 정신의 한가운데서 우리 대신 몸의 움직임을 제어한다는 견해를 내놓았다. 그에게 정신은 그냥 있는 것이지 두 개로 쪼개질 수 없는 것이었다. 따라서 자기인식은 신비롭고 정의할 수 없고, 과학의 영역 밖에 있다고 믿었다.[6]

이제 우리는 콩트가 했던 걱정은 전제가 잘못됐음을 알고 있다. 인간의 뇌는 나눌 수 없는 단일 기관이 아니다. 뇌는 상상할 수도 없이 복잡한 배선도 속에서 전기적 활성에 각각 반응하는 수백억 개의 작은 구성요소, 즉 뉴런으로 이루어져 있다. 이 뉴런들이 상호 작용하면서—생각하고 느끼고 희망을 품고 꿈을 꾸는 것과 같은— 우리의 모든 정신 활동에는 불이 켜지기도 하고 꺼지기도 한다. 이 배선도는 알 수 없는 연결망이 무의미하게 얽혀 있는 구조가 아니라 각기 특화된 연산 작용에 관여하는 개별 영역들로 뇌를 구분하는 훨씬 광범위한 설계에 따른 것으로 봐야 한다. 주택을 하나하나 그려 넣는다고 해서 쓸모 있는 시가 지도가 되는 것은 아니다. 마찬가지로 각각의 뇌 세포가 아닌 영역을 기준으로 뇌의 서로 다른 부위들이 어우러져 작동하는 방식을 보여주는 개괄적이지만 유용한 지도를 그려볼 수 있다. 뇌의 피질에는 (두 눈처럼) 입력 장치에 가까운 기능을 하는 부위가 있는가 하면, 정보 처리를 담당하는 프로세스 체인에 가까운 부위도 있다. 예를 들어 어떤 영역(뇌 뒤쪽에 있는 시각피질)이 주로 보는 것과 관련이 있다면, 또 다른 영역(청각피질)은 소리를 처리하는 데 주로 관여한다. 또 다른 어떤 영역(해마)은 기억의 저장과 인출에 관여한다.

1865년 영국의 철학자인 존 스튜어트 밀John Stuart Mill은 콩트에게 보낸 서신에서 자기인식은 하나의 뇌에서 이루어지는 프로세스 간 상호작용의 결과일 수 있다는 견해를 제시했다. 따라서 과학적 연구의 타당한 대상이 될 수 있다고 주장했다. 이제 우리는 기능적 자기공명영상(fMRI)과 같은 강력한 뇌 영상화 기술 덕분에 자기성찰을 할 때 뇌의 특정 신경망이 실제로 활성화하고, 이 신경망의 손상이나 질환은 자기인식에 심각한 장애를 초래한다는 사실을 알고 있다.[7]

너 자신을 더 잘 알라

자기인식 능력에 너무나 익숙해져 있기에 망정이지 만일 그렇지 않다면 우리는 뇌가 해치우는 이 엄청난 마술 같은 속임수에 놀라 입이 떡 벌어질 거라는 생각을 나는 종종 하곤 한다. 당신이 멀리 떨어진 행성에서 발견된 새로운 생명체에 대한 연구 임무를 맡은 과학자 중 한 명이라고 가정해보자. 지구로 귀환한 과학자들은 그 생명체가 무엇으로 만들어져 있고, 어떻게 삶을 영위하는지 갑론을박을 벌일 것이다. 하지만 아무도 그 생명체에게 직접 물어볼 생각은 하지 못한다. 그런데 어느 날 지구에 착륙한 화성인이 영어나 스페인어, 또는 프랑스어를 익힌 뒤 바로 그 질문을 우리 인간에게 할 수도 있다. 자기인식 능력 덕분에 인간은 기억하고 꿈꾸고 웃고 울고 행복함이나 애석함을 느끼는 게 어떤 것인지 다른 사람에게 이야기해줄 수 있다는 것을 알게 되면 그 화성인은 놀라 기절할지 모른다.[8]

하지만 자기인식은 단지 서로의 생각이나 느낌에 대한 이야기를 다른 사람(또는 잠재적 화성인 방문자와)과 주고받는 데 쓰라고 진화한 게 아니다. 무엇보다 자기인식은 세상에 대한 우리의 경험에 결정적 영향을 미친다. 자기인식 덕분에 우리는 주변 환경을 감지할 뿐만 아니라 일몰의 아름다움을 보면서 생각에 잠길 수 있고, 시야가 흐릿해진 것은 아닌지, 감각이 착각이나 마술 같은 속임수 때문에 왜곡된 것은 아닌지 자문할 수도 있다. 새로운 일자리 제안을 수락해야 할지 또는 누구와 결혼해야 할지 판단할 뿐 아니라 우리가 올바른 선택을 한 것인지 잘못된 선택을 한 것인지 곰곰이 따져볼 수도 있다. 어린 시절의 기억을 떠올릴 뿐 아니라 그 기억이 혹시 잘못된 것은 아닌지 자신에게 물어볼 수도 있다.

자기인식 덕에 우리는 다른 사람들도 우리와 같은 마음을 지녔다는 것을 이해할 수 있다. 자신을 인식하게 되면 "이것이 다른 사람에게는 어떻게 비칠까?"라는 질문이 "이것이 나에게 어떻게 비치나?"라는 질문과 똑같이 중요해진다. 우리가 다른 사람들의 마음에 대해 생각하고, 자기 경험을 다른 사람들의 경험과 비교하는 능력을 상실한다면 문학과 소설은 무의미해질 것이다. 자기인식이 없다면 체계적인 교육도 불가능해질 것이다. 학습이 필요한 사람이 누구이고, 우리에게 그 사람을 가르칠 능력이 있는지 없는지 알 수 없기 때문이다. 러시아 출신의 미국 작가인 블라디미르 나보코프 Vladimir Nabokov는 다음과 같은 말로 자기인식이야말로 인간 번영의 촉매제라는 생각을 고상하게 드러냈다.

"존재를 인식하고 있음을 인식하는 것. 다시 말해 내가 존재하고 있음을 내가 알고 있을 뿐만 아니라 그것을 알고 있다는 것 또한 내가 알고 있다면 나는 인간이란 종種에 속하는 것이다. 나머지 모든 것들—사유와 시의 영광, 우주의 시선—은 그 깨달음 뒤에 온다. 그 점에서 유인원과 인간의 차이는 아메바와 유인원의 차이보다 측정할 수 없을 정도로 크다."[9]

이처럼 자기인식이 제공하는 무수한 혜택에 비추어볼 때 오래전부터 인간이 정확한 자기인식 능력의 배양을 지혜롭고 고귀한 목표로 삼아온 것은 놀랄 일이 아니다. 플라톤의 대화편《카르미데스Charmides》에는 펠로폰네소스전쟁에 참전한 소크라테스가 고향으로 돌아오는 이야기가 나온다. 소크라테스는 귀향길에서 만난 소년 카르미데스에게 그리스어로 절제나 자제를 뜻하는 소프로시네sophrosyne와 행복한 삶의 본질에 대해 생각해본 적이 있느냐고 묻는다. 오랜 토론 끝에 소년의 사촌인 크리티아스는 자기인식이 소프로시네의 열쇠라고 대답한다. 그러자 소크라테스는 자기 생각을 이렇게 정리한다. "지혜롭거나 절제할 줄 아는 사람만이 자기 자신을 알기 때문에 자신이 무엇을 알고 무엇을 모르는지 돌아볼 수 있다. … 그렇지 않은 사람은 할 수 없는 일이다."[10]

델포이신전의 돌에 새겨진 "너 자신을 알라"라는 유명한 문구에서 볼 수 있듯이 고대 그리스인들은 정확한 자기인식을 요구받았다. 그들에게 자기인식은 끊임없이 애쓰며 추구해야 할 현재진행형 과제였다. 이러한 관점은 중세에도 이어져 종교적 전통에도 영향을 미쳤다. 예컨대 이탈리아의 성직자이자 철학자였던 토마스 아퀴나스Thomas Aquinas는 신은 원래부터 자기 자신을 알고 있지만, 인간은 그렇지 못하기 때문에 자기 자신의 마음을 알기 위해서는 시간과 노력을 바칠 필요가 있다고 주장했다. 아퀴나스와 수도사들은 매일 묵상默想을 하며 긴 시간을 보냈다. 그들은 집단적 자기성찰을 통해서만 신의 모습으로 올라갈 수 있다고 믿었다.[11]

자기인식을 위해 분투한다는 개념은 불교와 같은 동양적 전통에서도 찾아볼 수 있다. 불교에서 깨달음의 정신적 목표는 자아를 해체함으로써 지금 이 순간의 우리 마음을 보다 투명하고 직접적으로 아는 것이다. 도교의 창시자인 노자가 "모른다는 것을 아는 것이 최상이다. 모른다는 것을 모르는 것은 병이다知不知尙矣, 不知不知 病矣"라고 한 것을 보면 그 역시 자기인식에 이르는 것을 인간이 추구해야 할 가장 높은 가치로 본 것이다.[12]

오늘날, "자기 자신을 찾음으로써" 자신을 더욱 잘 인식할 것을 권장하는 웹사이트, 블로그, 자기계발서가 넘쳐나고 있다. 취지는 좋지만, 더 나은 자기인식 능력을 갖출 것을 요구하면서도 자기인식이 실제로 어떻게 작동하는지에는 거의 관심이 없다는 것은 아이러니다. 엔진의 작동 원리도 모르는 사람에게 무조건 차는 직접 수리하는 게 좋다고 부추기거나 어떤 근육을 단련해야 하는지도 모르는 사람에게 헬스장에 가라고 재촉하는 것은 이상한 일이다. 그 간극을 메우는 것이 이 책의 목적이다. 간결하고 함축적인 조언이나 포스터에 들어갈 만한 문구로 독자의 관심을 끌 생각은 없다. 그 대신 심리학, 컴퓨터과학, 신경과학의 최신 연구 성과를 바탕으로 자기인식의 핵심 요소를 이해하는 안내서를 제공하는 것이 나의 목표다. 자기인식이 어떻게 작동하는지 이해함으로써 자기인식 능력을 더 잘 활용하라는 아테네인들의 요구에 부응할 수 있는 위치로 여러분을 안내할 생각이다.

아울러 우리가 가진 기계들을 여러분이 더 잘 활용할 수 있도록 돕는 것도 목표 중 하나다. 그 대상에는 현존하는 기계는 물론이고 가까운 미래에 현실화할 기계도 포함된다. 아무런 설명도 없이 수술을 권유하는 AI 의사에서 보았듯이 세상은 이미 우리가 이해하지 못하는 결정을 내리는 복잡한 시스템을 상대하지 않으면 안 되는 상황으로 변했다. 기상예보 모델에서 자동금융거래 모델까지, 똑똑하지만 의식은 없는 알고리즘이 이미 우리를 둘러싸고 있고, 그와 유사한 도구들이 우리 삶의 모든 영역에서 세력을 넓혀가고 있다. 많은 경우 이러한 알고리즘은 우리의 삶을 더 쉽고 생산적으로 만든다. 또 기후변화와 같은 미증유의 도전에 맞서는 데도 도움이 될 것이다. 하지만 초지능 블랙박스에 결정을 맡기다 보면 인간의 자율성이 제약받을 위험이 있다. 방정식에서 메타인지를 제거함으로써 어떤 결정이 왜, 어떻게 이루어졌는지 알지도 못한 채 알고리즘의 조언을 맹목적으로 따라야 하는 상황이 올 수도 있다. 미국 철학자 대니얼 데닛Daniel Dennett은 다음과 같은 말로 그 위험을 경고한다. "내가 생각하기에 진짜 위험은 우리보다 똑똑한 기계가 운명의 선장 역할을 우리에게서 앗아갈지 모른다는 것이 아니라 '생각하는 도구'들의 이해력을 우리가 과대평가해 기계의 능력에서 한참 벗어난 문제까지 조급하게 기계에 권위를 넘겨줄 가능성이다."[13] 앞으로 보게 되겠지만 자기인식의 과학은 미래에 대한 대안적 비전을 제시한다. 그 비전에서는 사람도 그렇고 기계도 그렇고, 여전히 능력에 대한 정확한 인식이 첫 번째 우선순위가 될 것이다.

우리의 여정 미리 보기

이 책과 함께할 여러분의 여정을 잠깐 살펴보자. 인간의 뇌는 자기인식이라는 특수한 알고리즘에서 주인 역할을 한다는 것이 이 책의 큰 주제다. 1부에서는 이 알고리즘이 어떻게 작동하는지 살펴볼 것이다. 메타인지를 지원하는 신경회로가 어디서 갑자기 툭 튀어나온 것이 아니라 진화한 인간 뇌의 기능에 기초하고 있음을 보게 될 것이다. 메타인지의 필수 구성 요소 중 많은 부분이 다른 종에도 있지만, 인간의 경우에는 비교적 발달의 초기 단계에 메타인지가 자리 잡았다. 이어 자기 모니터링의 필수 요소를 이루는 무의식적 과정과 진행 중인 경험을 스스로 인식할 수 있게 하는 의식적 과정을 다루게 될 것이다. 그러면서 자기인식의 진정한 의미는 자기 잘못을 깨달을 수 있는 능력, 자기 경험에 대해 이야기할 수 있는 능력 같은 것들의 집합체이며, 이런 능력들이 한데 어우러질 때 '자기를 인식하는 인간 존재self-aware human being'를 이룰 수 있음이 분명해질 것이다.

1부가 끝날 때쯤이면 몇 가지 필수 블록들이 모여 어떻게 완전한 자기인식 능력을 만들어내는지 알 수 있게 될 것이다. 또 이러한 프로세스가 잘못될 경우 왜, 어떻게 자기인식의 실패로 이어져 조현병이나 치매와 같은 질병을 초래하게 되는지도 이해할 수 있을 것이다. 2부에서는 학습이나 의사결정, 다른 사람과의 협업 등 실제 생활에서 우리가 어떻게 자기인식을 활용하는지 살필 것이다. 자기인식이 왜곡되는 원인과 과정을 이해하고, 그 강점과 약점을 파악함으로써 자기인식에 계속해서 실패하는 불상사를 미리 막을 수 있게 할 것이다. 특히 법정에서의 목격자 증언, 현실 정치, 과학 등 메타인지가 중대한 영향을 미치는 인간사의 몇몇 중요한 현장 속으로 들어가 자기 자신은 물론이고 다른 사람의 생각을 아는 것이 어째서 더 공정하고 나은 사회를 실현하는 데 결정적으로 중요한지 살펴볼 것이다. 또 자기인식이 현실과 상상을 구별하는 데 어떤 도움이 되는지, 자기인식 활용법을 익히면 어떻게 자신의 꿈을 실현하는 데도 도움이 되는지 알아볼 것이다. 가끔 자기인식은 자리를 비우기도 한다. 이 경우 인간은 블랙박스나 다름없어져 자신이 한 행동과 그 이유를 설명할 수 없는 상태가 된다. 실제로 이런 경우가 많다는 것도 알게 될 것이다.

한계에도 불구하고 인간의 자기인식과 자기설명 능력은 인간의 자율성과 책임이라는 개념을 떠받치는 기둥이란 것도 알게 될 것이다. 학습과 강의 등 학교 교육에서 자기인식의 역할도 살펴볼 것이다. 스포츠 경기에서 선수로 뛸 때는 자기인식 수준이 낮은 것이 좋지만, 코치 역할을 할 때는 자기인식 수준이 높을수록 좋은 이유도 알게 될 것이다. 디지털 기술이 자신과 타인에 대한 우리의 인식에 중대한 변화를 초래하는 다양한 방식도 살필 것이다. 정치적 양극화가 갈수록 심화되고 잘못된 정보가 넘쳐나는 요즘처럼 자기성찰 능력의 배양과 자기 신념과 의견에 의문을 품는 일이 중요해진 적은 없었다. 가장 강력한 컴퓨터조차 아직 메타인지 능력을 갖추지 못한 이유와 AI의 기계학습이 점점 확산하면서 어떻게 지능 알고리즘이 자기인식 알고리즘과 급속히 멀어지고 있는지도 탐색해볼 것이다. 이것이 우리 사회에 주는 함의를 살펴보고, 컴퓨터에 자기인식을 주입하는 시도를 하든가 아니면 인간이 만드는 기계를 확실히 이해하고 사용할 수 있도록 강제하든가 하는 방법으로 이 문제를 해결할 수 있는지도 검토할 것이다. 하지만 그러한 노력을 통해 얻게 될 결론은 AI를 장착한 기계가 우리 사회가 당면한 가장 시급한 문제를 푸는 열쇠를 쥐게 된다는 것일지도 모른다.

이 모든 과정이 끝나고 나면 어째서 고대 아테네에서 아마존닷컴 이사회까지, 자기인식의 배양이 언제나 성공과 번영의 요체였는지 분명해질 것으로 기대한다. 하지만 우리는 지금 너무 앞서나가고 있다. 자기인식의 작동 방식이라는 미스터리를 풀기 위해서는 가장 단순한 블록부터 시작할 필요가 있다. 우리 마음의 두 가지 특징인 불확실성 추적과 행동 모니터링부터 시작해보자. 이 두 가지는 단순해 보일 수 있지만, 뇌가 하는 자기인식의 필수 구성요소다.

나 자신을 알라 - 자기인식의 과학

Chapter 1

불확실성을 추적하는 뇌

"아이디어의 또 다른 원천은 자기 마음이 어떻게 작동하는지 자각하
는 것이다. … 외부의 사물과 관련이 없기 때문에 그러한 자각을 감각
이라고 할 수는 없다. 그럼에도 감각과 매우 닮았다는 점에서 내면적
감각이라고 불러도 이상하지 않을 것이다."

－존 로크,《인간 지성론》제2권

뭐가 있는 건가, 없는 건가? 1983년 9월 26일 이른 아침, 소련 공
군 중령 스타니슬라브 페트로프Stanislav Petrov는 결단을 내려야 했다.
페트로프는 조기경보위성 감시 담당이었다. 미국과 소련의 냉전
이 극에 달했던 시기였다. 어느 쪽에서도 장거리 핵미사일이 발사

될 수 있는 실질적 위협이 상존하고 있었다. 운명의 아침, 페트로프의 통제실 경고등에 불이 켜졌다. 미국이 발사한 다섯 기의 핵미사일이 소련을 향해 날아오고 있다는 신호였다. 상호확증파괴mutually assured destruction(MAD) 교리대로라면 페트로프가 할 일은 분명했다. 즉각 상부에 보고해 대응 공격에 나서도록 하는 것이다. 시간이 생명이었다. 25분 후면 소련 영토에서 핵미사일이 터질 수도 있는 상황이었다.[1]

그러나 페트로프는 미사일 때문에 켜진 경고가 아니라는 쪽에 운명을 걸었다. 시스템 고장으로 본 페트로프는 레이더 화면상의 깜빡이는 경고를 신호가 아니라 노이즈noise라고 판단했다. 핵전쟁을 촉발할 수밖에 없는 선제적 미사일 기습공격일 가능성보다 감시위성 시스템의 이상 가능성에 무게를 둔 것이다. 몇 분의 초조한 기다림 끝에 그의 판단은 옳은 것으로 드러났다. 구름 때문에 생긴 빛의 반사를 대기권 상층부를 뚫고 날아오는 적의 미사일로 위성이 오인한 데서 빚어진 잘못된 경고였다.

세상에는 회색 지대가 있다고 믿은 페트로프는 위성 시스템이나 자기 감각에 있을 수 있는 불확실성을 기꺼이 받아들였다. 모호성을 인정하고, 자신이 본 것에 의문을 제기함으로써 그는 세계를 파멸에서 구했다. 이번 장에서 우리는 불확실성을 인정하는 태도야말로 자기인식 체계를 만드는 레시피에서 빼놓을 수 없는 가장 중요한 재료임을 보게 될 것이다. 사실 인간의 뇌는 불확실성을 추적하는 정교한 기계 장치다. 뇌의 작동 방식에서 불확실성이 하는 역할은 페트로프가 직면했던 절체절명의 결정보다 훨씬 더 중요하다.

불확실성을 판단하는 능력이 없다면 우리는 세상을 지각하지 못하는 것은 물론이고, 불확실성을 활용해 자신을 의심하는 경이로운 부가 이익도 누릴 수 없을 것이다.

문제를 거꾸로 생각해보기

페트로프의 판단이 어려웠던 이유는 노이즈에서 신호를 분리해내야 했기 때문이다. 레이더 화면상의 깜빡거림은 실제 미사일 때문일 수도 있고, 시스템상의 노이즈 때문일 수도 있다. 깜빡이는 특성만 갖고는 어느 쪽인지 판별할 수 없다. 이른바 역문제inverse problem에 해당하는 경우다. 역문제란 명칭이 붙은 까닭은 이 문제를 풀기 위해서는 인과사슬을 거꾸로 뒤집어 우리가 받는 데이터가 생성된 근본 원인을 최선을 다해 추측하는 수밖에 없기 때문이다. 세상에 있는 것들의 실체를 확신하지 못하는 우리의 뇌는 이런 방식으로 끊임없이 역문제를 풀고 있다.

우리의 뇌는 어두운 두개골에 갇혀 감각이 제공하는 충실도 낮은 정보를 통해서만 외부세계와 제한적으로 접촉한다. 그렇기 때문에 세상에 있는 것들의 실체를 확신하지 못한다. 불 꺼진 방에서 방금 불빛이 반짝였는지 아닌지 판단하는 비교적 간단한 실험 과제를 예로 들어보자. 불빛을 아주 약하게 하면 실제로는 불빛이 없는데도 종종 사람들은 불빛이 있다고 느낀다. 뇌와 눈이 만들어내는 노이즈 탓에, 동일한 자극에 대한 시각피질 속 뉴런의 발화가 매번 똑같지는 않기 때문이다. 페트로프의 레이더 화면 속 깜빡거림이 대기 중 노이즈 때문이었던 것처럼 불빛이 반짝이지 않았는데도 시각 계통에 생긴 무작위 노이즈 탓에 뉴런의 발화율이 올라가기도 한다. 높은 발화율이 신호 때문인지 노이즈 때문인지 뇌는 모른다. 그래서 시각피질의 뉴런이 활발하게 발화하면 불빛이 반짝이지 않았는데도 반짝인 것처럼 느끼게 된다.[2]

촉각, 후각, 미각, 시각, 청각과 같은 우리의 감각은 제각기 노이즈가 섞인 현실의 작은 조각에 접근할 뿐이다. 따라서 '정말로 거기에 무엇이 있는지what is really out there'에 대해 최선의 추측을 하려면 우리가 가진 감각 자원을 총동원해야 한다. 우리의 감각은 인도 우화에 나오는 시각장애인들과 닮았다. 코끼리의 다리를 잡은 사람은 기둥이라고 하고, 꼬리를 잡은 사람은 밧줄 같다고 한다. 몸통을 만진 사람은 나뭇가지라고 하고, 귀를 만진 사람은 부채 같다고 말한다. 배를 만진 사람은 벽이라고 하고, 상아를 만진 사람은 단단한 뿔이 틀림없다고 우긴다. 그것을 지켜보던 나그네는 다 맞는 말이라면서 코끼리는 그들 각자가 관찰한 특징을 다 갖고 있다고 알려준다. 자기주장만 하기보다 여러 시각을 조합하는 것이 낫다는 말을 남기고 나그네는 길을 떠난다.

베이즈 정리Bayes's theorem로 알려진 수학적 틀은 이러한 종류의 역문제를 푸는 강력한 도구다. 다음과 같은 주사위 게임을 해보면 베이즈 정리가 역문제 해결에 어떻게 도움이 되는지 이해할 수 있다. 3개의 주사위가 있는데, 그중 2개는 각 면에 1부터 6까지의 숫자가 적혀 있는 보통 주사위다. 하지만 1개는 모든 면에 0 또는 3이라는 숫자만 적혀 있는 속임수 주사위다. 커튼 뒤에서 나는 3개의 주사위를 동시에 던진 뒤 주사위에 나온 숫자의 합을 말한다. 던질 때마다 나는 0 또는 3이 적힌 속임수 주사위 중 하나를 고를 수 있다. 예를 들어 처음 주사위를 던져서 나온 숫자가 2, 4, 0(속임수 주사위)이라면 합은 6이다. 여러분이 할 일은 합산한 숫자를 토대로 최선의 추측을 통해 속임수 주사위의 정체가 0인지 3인지 알아맞히는 것이다.[3]

이 게임에서 속임수 주사위에 적힌 0이나 3은 세상의 '감춰진' 현실을 상징한다. 페트로프가 처했던 딜레마에서는 미사일의 존재 여부이고, 시각피질 뉴런의 경우에는 불빛이 반짝였는지 여부다. 어떻게든 우리는 우리에게 주어진 노이즈 섞인 증거로부터 거슬러 올라가 주사위 3개에 적힌 숫자의 합을 활용해 감춰진 부분을 찾아내야 한다.

쉬운 경우도 있다. 합산한 숫자가 4 이하라면 속임수 주사위의 숫자가 0이라는 것을 쉽게 알 수 있다. 합산한 숫자가 12보다 큰 경우에는 속임수 주사위의 숫자는 3일 수밖에 없다. 그러나 합한 숫자가 6 또는 8처럼 양극단 사이에 있을 때는 어떨까? 당연히 어려워질 것이다.

이 게임에서 우리가 시도해볼 수 있는 방법 중 하나는 '시행착오'일 것이다. 우리가 직접 3개의 주사위를 여러 번 던져 합산한 숫자를 기록하고, 그때마다 나온 속임수 주사위의 숫자를 관찰하는 것이다. 처음 몇 번 던져본 결과가 다음과 같이 나왔다고 하자.

회차	주사위 1	주사위 2	속임수 주사위	합계
1	2	4	0	6
2	5	1	3	9
3	5	6	3	14

이런 식으로 열 번이고, 100번이고 계속 던져보는 것이다. 일정한 횟수를 던졌을 때마다 합계가 특정한 수—예컨대 6—가 됐을 때 속임수 주사위의 상태(0 또는 3)를 그래프로 나타내면 알아보기 편할 것이다. 여기서는 0은 검은색, 3은 흰색으로 표시하겠다.

10번을 던진 결과를 그래프로 그리면 다음과 같은 그림이 될 수도 있다.

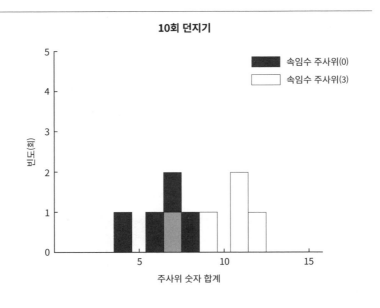

Part 1 나 자신을 알라 - 자기인식의 과학

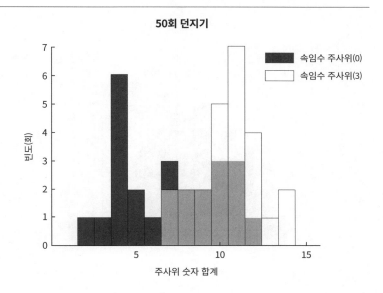

50회 던지기

빈도(회)

주사위 숫자 합계

속임수 주사위(0)
속임수 주사위(3)

정보라는 관점에서 이 그래프는 별로 도움이 안 된다. 합계 숫
자가 분산돼 있기 때문에 앞서 작성한 표와 별반 다를 게 없다. 하
지만 50회를 던진 후 작성한 그래프에서는 패턴이 나타나기 시작
한다.

1000회를 던지고 나면 패턴이 매우 분명해진다.

1000회의 실험 결과를 다음 쪽 그림과 같이 그래프로 그려보
면 2개의 뚜렷한 언덕－오르막과 내리막－이 보인다. 또 다수의 결
과가 합계 7과 10을 정점으로 그 사이에 떨어진다. 그럴 수밖에 없
다. 2개의 정상적인 주사위를 던져 나온 숫자의 합은 평균 7 언저리
다. 따라서 여기에 속임수 주사위에 적힌 0 또는 3을 더하면 합계는
7 또는 10이 되는 게 당연하다. 이 게임을 처음 시작할 때 여러분은

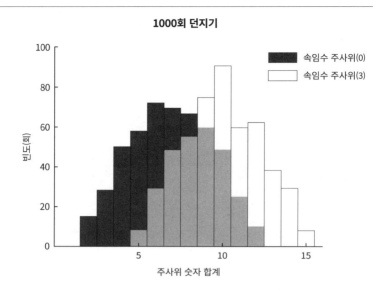

1000회 던지기

빈도(회)

속임수 주사위(0)
속임수 주사위(3)

주사위 숫자 합계

합이 4 이하면 속임수 주사위는 확실히 0이고, 합이 13 이상이면 속임수 주사위는 틀림없이 3이라는 것을 단박에 알았다. 여러분이 보여준 직관의 명백한 증거를 이 그래프는 보여주고 있다.

이 데이터를 가지고 다시 게임으로 돌아가보자. 내가 여러분에게 특정한 숫자, 예컨대 10을 주고 속임수 주사위의 숫자를 알아맞혀보라고 하면 여러분은 뭐라고 대답할까? 위 그래프에 따르면 속임수 주사위의 숫자가 3일 가능성이 더 크다. 베이즈 정리를 통해 우리는 회색 막대와 비교한 흰색 막대의 상대적 높이—충분한 횟수만큼 우리가 실험을 했다고 가정했을 때—가 0에 비해 3이 나올 확률이 얼마인지 알려준다는 것을 깨달았다. 이 경우엔 약 2배다. 이 게임에서 최적의 베이즈 식 해법은 합계가 9 이상일 때는 속임수 주사위가 3이라고 대답하고, 8 이하면 0이라고 대답하는 것이다.

지금까지 살펴본 것이 노이즈 섞인 정보를 토대로 결정을 내리는 알고리즘이다. 속임수 주사위는 뒤에 숨어서 전체 결과에 매번 영향을 미친다. 노이즈 섞인 레이더 신호만으로는 페트로프가 미사일의 실재 여부를 판단할 수 없었던 것처럼, 속임수 주사위의 진짜 상태는 2개의 정상적인 주사위가 만들어낸 노이즈에 가려 잘 보이지 않는다. 이 주사위 게임은 불확실성 속에서 결정을 내리는 일반적 종류의 문제 중 하나로, 베이즈 정리를 적용해 풀 수 있는 경우다.

페트로프의 운명적 결정에 대해 할 수 있는 잠재적 설명은 둘뿐이다. 진짜로 미사일이 있거나 경고가 잘못됐거나다. 마찬가지로 우리의 주사위 게임에서도 선택 가능한 설명은 속임수 주사위가 0이거나 3인 두 가지뿐이다. 하지만 대부분의 상황에서는 입력되는 감각 정보에 노이즈가 섞여 있을 뿐만 아니라 우리의 감각으로 들어오는 데이터에 대해서도 잠재적으로 수많은 설명이 가능하다. 가령 지름이 20센티미터인 원을 약 1미터 떨어진 거리에서 바라본다고 치자. 원에서 반사된 빛은 눈의 수정체를 통과하면서 망막에 원의 작은 이미지를 만들어낸다. 망막에 맺힌 이미지는 2차원이기 때문에 우리의 뇌는 그것을 서로 다른 크기의 무수히 많은 원 중 하나로 해석할 수 있다. 눈에서 2미터 떨어진 거리에 있는 지름 40센티미터인 원이나 400미터 떨어진 곳에 있는 지름 8미터인 원이나 우리의 망막에서는 1미터 떨어진 곳에 있는 지름 20센티미터인 원과 거의 같은 크기의 상으로 느껴진다. 충분한 정보가 입력되지 않기 때문에 우리의 시각이 제약받는 경우가 많다는 얘기다.

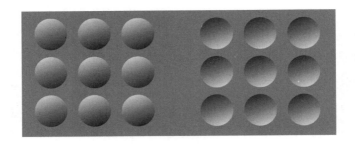

　이처럼 좀더 복잡한 역문제를 풀기 위해서는 다른 정보 출처로부터 입수한 추가 정보까지 고려해 최선의 설명을 도출해내야 한다. 예컨대 원의 실제 지름을 추측하기 위해서는 양쪽 눈에 비친 이미지의 차이, 즉 질감이나 위치, 주변 물체와의 명암 등 다른 단서들을 활용해야 한다.

　위에 제시된 2개의 그림을 통해 이러한 과정을 실제로 경험해보자.

　대부분의 사람에게 왼쪽 그림은 볼록하게 튀어나왔고, 오른쪽 그림은 움푹 들어간 것처럼 보일 것이다. 이런 차이는 왜 생기는 것일까?

　뇌가 역문제를 풀 때 생긴 착시 때문이다. 180도 회전하면 왼쪽과 오른쪽은 똑같은 그림이다. 직접 확인하고 싶으면 이 책을 180도 돌려보라! 두 그림이 달라 보이는 이유는 으레 빛은 위에서 아래로 향할 것으로 우리의 시각체계가 예상하기 때문이다. 머리 위에

아델슨의 체스판

서 아래로 쏟아지는 빛을 통해 눈앞에 펼쳐진 광경을 인식하는 것에 우리는 익숙해 있다. 반면 절벽을 비추는 모닥불이나 밤에 성당을 비추는 스포트라이트처럼 아래에서 위로 올라가는 빛을 보는 일은 통계적으로 훨씬 드물다. 두 그림을 보면서 우리의 뇌는 왼쪽 그림에 있는 둥근 점의 밝은 부분들은 볼록한 부분을 비추는 빛과 일치하고, 오른쪽 그림의 어두운 부분들은 움푹 팬 구멍에 드리운 그림자와 일치한다고 해석한다. 둘 다 똑같은 재료로 만들어졌는데도 말이다.

시각과학자 에드워드 아델슨Edward Adelson이 만든 체스판 그림은 또 다른 매력적인 착시 현상을 보여준다.

왼쪽 그림에서 A와 B라고 이름 붙인 두 정사각형은 사실 똑같은 회색이다. 밝기도 같다. 그럼에도 B가 더 밝게 보이는 것은 B는 원기둥이 만든 그림자 안에 있다는 것을 여러분의 뇌가 알고 있기 때문이다. 그림자의 영향을 받지 않는 A와 같은 정도의 빛을 우리 눈에 반사하려면 B는 처음부터 좀더 밝았어야 한다고 뇌는 판단한다. 오른편 그림처럼 둘을 연결해보면 A와 B는 같은 회색임을 쉽게 알 수 있다. 둘을 연결하는 '인공적 다리'가 정사각형들에 대한 뇌의 해석에 미치는 그림자의 효과를 제거하는 실마리로 작용한 것이다 (왼쪽과 오른쪽 그림이 같다는 게 믿기지 않으면 종이로 두 그림의 아래 절반을 가려보라).

지금까지 한 이야기의 놀라운 반전은 이 같은 착시가 사실은 전혀 착시가 아니라는 점이다. 이미지를 해석하는 한 가지 방법은 휘도 측정기와 컴퓨터 모니터 같은 과학 장비를 이용해 산출한 숫자를 활용하는 것이다. 다른 방법은 우리의 시각체계를 활용하는 것이다. 인간의 시각체계는 위에서 아래로 떨어지는 빛과 거기서 생기는 그림자 같은 규칙성을 찾아내는 쪽으로 진화해왔다. 시각체계는 이 규칙성을 활용해 세상을 인식하는 유용한 모형들을 만들어낸다. 빛, 그늘, 그림자가 있는 실제 세상에서 이 모형들은 대개 정확하다. 우리는 다양한 착시 현상을 통해 지각적 추론을 위해 미세하게 조율된 시각체계의 영리한 작용을 확인할 수 있다. 다음 장에서 보겠지만, 뇌를 구성하는 여러 원칙은 방대한 규모로 역문제를 푸는 이 시스템과 맞아 떨어진다.

시각 체계의 구조

인간과 원숭이의 뇌에서 가장 많이 밝혀진 것 중 하나가 시각 시스템visual system이다. 뇌 뒤쪽에 있는 특정 영역들이 입력된 시각 정보를 처리하는데, 영역마다 처리하는 정보가 다르다. 영역별로 번호가 붙어 있고, 번호가 클수록 이미지 처리 수준이 높다. V1은 선의 방향, V2는 형태에 관한 정보를 추출한다. V4는 색깔, V5는 물체의 움직임에 대한 정보를 담당한다. V 영역 아래쪽으로 내려가면 배쪽시각흐름ventral visual stream 영역을 만나게 된다. 조각 정보를 조합해 얼굴, 몸, 탁자, 의자 등 물체의 정체를 식별하는 영역이다. 반면 등쪽시각흐름dorsal visual stream 영역은 물체의 위치와 움직임을 추적하는 일을 맡고 있다.[4]

배쪽시각흐름이 시작될 때 각각의 뇌세포는 시야의 왼쪽 아래처럼 외부세계의 일부만 부호화encoding(외부의 정보를 감지한 뒤 이를

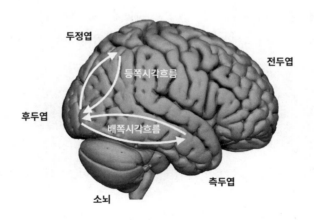

인간 뇌의 우반구. 대뇌피질의 4개 주요 부위와 소뇌 및 핵심적인 시각 경로가 표시돼 있다.

신경세포들의 전기적 활동 패턴으로 변환하는 과정―옮긴이)한다. 하지만 시각적 계층 구조의 위로 올라갈수록 뇌세포들은 카메라가 줌아웃하듯이 초점을 점점 넓히기 시작한다. 마지막 단계에 이르면 자극의 위치보다 얼굴, 집, 고양이, 개처럼 그것이 묘사하는 대상이 훨씬 중요해진다. 마침내 렌즈가 완전히 줌아웃되면서 공간적 위치와 무관하게 대상의 정체에 관한 정보가 제시된다.

중요한 것은 시각체계에서 정보는 한쪽 방향으로만 흐르지 않는다는 점이다. 오랫동안 뇌의 정보 처리 방식에 관한 지배적 견해는 앞먹임feed-forward 시스템이었다. 외부세계로부터 입수한 정보를 감추어진 복잡한 방식으로 처리해 "걸어!" "말해!" 같은 명령을 우리에게 뱉어낸다고 보는 시각이다. 하지만 이 모형은 입력-출력input-output 방식과 맞지 않는다는 여러 증거가 나오면서 지금은 사실상 폐기됐다. 시각체계에는 되먹임feed-back 연결이나 톱다운 연결 같은 역방향 연결이 순방향 연결만큼 많다. 정보는 앞으로도 가고 뒤로도 간다. 계층 구조의 상위 레벨이 하위 레벨로부터 정보를 받기도 하지만 신경 활동의 일정한 루프loop(어떤 조건이 충족되는 동안 또는 종료 조건이 성립할 때까지 고리 모양으로 반복 실행되는 명령의 집합―옮긴이)를 통해 하위 레벨로 정보를 다시 내려보내기도 한다. 예측 처리predictive processing로 알려져 있는, 마음에 관한 이러한 사고방식은 뇌의 활동에 관한 근본적으로 다른 시각을 대변한다. 이 책 말미에 소개한 수많은 참고문헌이 명확히 보여주듯이 이 시각은 장구한 지성의 역사를 갖고 있다.[5]

예측 처리는 역문제 해결에 특히 잘 맞도록 설계돼 있다. 뇌는 수동적으로 정보를 흡수하기만 하는 것이 아니라 톱다운 연결을 활용해 외부세계에 대한 우리의 지각을 능동적으로 구성함으로써 보고 듣고 생각하고 느끼는 것을 구체화한다. 계층 구조의 상위 레벨은 모든 상황에서 우리가 마주칠 수 있는 것들의 유형과 그때 우리가 고려할 수 있는 여러 가설에 대한 정보를 제공한다. 예컨대 친구가 래브라도 종 반려견을 키우고 있다는 것을 알고 있다면 친구 집에 들어갈 때 그 개와 마주칠 수 있다고 예상은 하지만, 시야의 어느 지점에서 그 개가 나타날지는 모른다. 하지만 공간적 변화와 무관한 '개'라는 개념에 대한 상위 레벨의 사전 지식이 적절한 맥락을 하위 레벨의 시각 시스템에 제공하기 때문에 문을 열자마자 여러분 쪽으로 달려 나오는 개처럼 생긴 희미한 물체를 바로 그 개로 쉽게 해석할 수 있는 것이다.

우리의 지각체계가 사전 지식으로 알려진 이런 규칙들에 어느 정도나 의존할지는 감각이 제공하는 정보를 우리가 얼마나 불확실하다고 느끼느냐에 달려 있다. 페트로프의 딜레마로 돌아가보자. 그가 미사일 탐지 기술에 결함이 없고 따라서 오류 가능성도 없다고 확신했다면, 조기경보 시스템이 그에게 알리고 있는 것에 의문을 품지 않았을 것이다. 새로 입수한 데이터에 맞춰 우리의 믿음을 조정할지 말지는 그 정보를 얼마나 신뢰하느냐에 달려 있다.

예측 처리를 베이즈 식으로 풀이하면 "서로 다른 출처에서 온 정보, 즉 선행 믿음과 감각을 통해 새로 들어오는 데이터를 항상 조합하되 불확실성에 반비례해서 참작해야 한다"가 될 것이다. 이 과정은 반죽을 케이크 틀에 붓는 것과 유사하다. 케이크 틀의 형태는 세상에 대한 우리의 선험적 가정을 의미한다. 반죽은 우리 눈과 귀를 자극하는 빛이나 음파 같은 감각적 데이터에 해당한다. 들어오는 데이터가 매우 정확하고, 충분한 정보를 담고 있다면 반죽은 매우 두텁거나 단단해서 틀(사전 지식)의 생김새에 거의 영향을 받지 않는다. 하지만 데이터가 정확하지 않다면 반죽이 질어져 틀의 모양에 따라 케이크의 최종 형태가 결정될 것이다.

물체의 위치와 관련해 시각은 청각보다 정확한 정보를 제공한다. 시각이 소리의 출처에 관한 제약 요인으로 작용함으로써 소리가 나는 위치에 대한 우리의 지각에 영향을 미칠 수 있다는 뜻이다. 복화술사들은 이 점을 아주 효과적으로 활용한다. 자기 팔로 잡고 있는 인형이 마치 말을 하는 것처럼 보이게 만드는 그들의 진짜 기술은 입을 움직이지 않고 말하는 것이다. 그게 되면 나머지는 관객의 뇌가 알아서 한다. 두 번째로 유력한 소리의 출처(인형)를 목소리의 주인공으로 착각하게 되는 것이다.[6]

따라서 불확실성 추적이 뇌가 감각정보를 처리하는 고유한 방식의 일부라는 주장은 타당하다. 원숭이 뇌의 시각피질 세포를 촬영한 영상기록을 보면 그 이유를 알 수 있다. 손을 흔들거나 공이튀는 등 물체가 움직일 때 원숭이 뇌의 MT 영역(인간의 뇌에서는 V5 영역)에 있는 뉴런이 활성화한다는 것은 잘 알려져 있다. 그러나 MT 영역의 세포들이 모든 방향의 움직임에 다 활성화하는 것은 아니다. 어떤 세포는 왼쪽으로 움직이는 물체에, 또 어떤 세포는 위아래로 움직이는 물체에 가장 강력하게 발화한다. 그 외의 다른 방향으로 움직이는 물체에 강력히 발화하는 세포도 있다. 움직이는 방향에 대한 MT 세포의 발화율firing rates(신호 발생률―옮긴이)을 반복적으로 기록해보면 주사위 게임에서 보았던 것과 같은 분포를 보이기 시작한다. 어느 특정 시점에서 MT 세포의 군집은 노이즈가 섞인 세 주사위의 합이 속임수 주사위가 0 또는 3일 확률을 알려주는 것처럼 움직이는 방향에 대한 불확실성을 나타내는 것으로 볼 수 있다.[7]

우리의 몸 상태를 판단하는 데도 불확실성은 매우 중요하다. 공간적으로 팔다리가 어디에 있고, 심장의 박동이나 통증 자극의 강도가 어느 정도나 되는지 등에 관한 정보는 감각 뉴런에 의해 두개골로 전달된다. 뇌의 입장에서 보면 시신경을 타고 내려가는 전기 자극과 내장, 심장, 근육, 관절에서 올라오는 신경 신호 사이에는 차이가 없다. 모두 두개골 바깥에서 일어나고 있는 일을 알려주는 신호로, 시각을 설명할 때 나온 착각의 대상이 된다. 유명한 '가짜 손 실험'을 예로 들어보자. 연구자는 실험 참가자의 손을 상자에 넣고 그 상자 위에 가짜 손을 올려놓은 뒤 보이지 않게 커다란 천으로 덮는다. 그런 다음 가짜 손과 진짜 손을 동시에 쓰다듬으면 참가자는 가짜 손을 자기 손이라고 믿게 된다. 가짜 손이 자기 것이라고 착각한 뇌는 진짜 손으로 보내는 신경 신호를 줄인다. 가짜 손을 보는 동시에 쓰다듬는 감각을 느꼈기 때문에 손의 소유권에 대한 감각이 진짜 손에서 떠나게 되는 것이다. 인형이 복화술사의 목소리를 차지하는 원리와 마찬가지다.[8]

불확실성에 대한 감수성

세상을 지각할 때마다 우리가 의식적으로 베이즈의 공식을 대입하며 골머리를 앓는 것은 물론 아니다. 우리의 뇌는 역문제를 푸는 데 사용하는 기제를 의식적인 생각 없이 적용한다. 이를 독일 물리학자 헤르만 폰 헬름홀츠Hermann von Helmholtz는 '무의식적 추론 unconscious inference'이라고 불렀다. 앞에서 본 동그라미 그림이나 체스판 그림에서 나타나는 빛과 그늘의 효과를 우리의 뇌는 문자 그대로 눈 깜짝할 사이에 판단한다. 마찬가지 방식으로 우리는 사전 지식과 데이터를 조합하고, 각각의 불확실성까지 섬세하게 고려해 가까운 친구의 얼굴, 와인의 맛, 갓 구운 빵의 맛을 재구성한다. 세상에 대한 우리의 이러한 지각 방식을 신경과학자 아닐 세스Anil Seth는 거기에 진짜로 무엇이 있는지에 대한 최선의 추측이란 뜻으로 '제어된 환각controlled hallucination'이라고 부른다.

다양한 출처에서 온 정보의 불확실성을 판단하는 것은 분명 세상에 대한 우리의 지각에 근본적으로 중요하다. 이런 기발한 방식으로 역문제를 풂으로써 우리는 한 가지 눈에 띄는 부수 이익을 누리고 있다. 세상을 지각하기 위해 불확실성을 따지는 과정을 통해 우리가 지각하고 있는 것을 의심하는 능력도 갖추게 된다. 불확실성이 얼마나 쉽게 자기 의심으로 바뀌는지 보기 위해 주사위 게임을 다시 떠올려보자. 세 주사위의 합이 15나 0 쪽으로 가면 우리는 속임수 주사위의 숫자는 각각 3이나 0이라고 점점 확신하게 된다. 하지만 그래프의 중간 부분, 즉 세 숫자의 합이 7이나 8인 경우에는

속임수 주사위가 3인지 0인지 판단하기 어렵다. 속임수 주사위 숫
자에 대한 판단을 얼마나 확신하는지 물어보면 합이 7이나 8인 경
우에는 판단을 의심하고, 합이 그보다 크거나 작을 경우에는 좀더
자신감을 가진다고 말하는 게 분별력 있는 답변일 것이다. 바꿔 말
해 불확실성이 낮을 때는 답을 아는 것 같지만, 불확실성이 높을 때
는 답을 모르는 것 같다고 생각한다.

　베이즈 정리는 이러한 불확실성을 판단하는 수학적 틀을 제공
한다. 불확실성에 대한 결정은 다른 결정의 정확성에 대한 결정이
라는 점에서 제2형type2 결정으로 불린다. 이에 비해 세상에 있는 것
들 그 자체에 대한 결정은 제1형type1 결정이다. 베이즈 정리를 따른
다면, 그래프의 중간 부분에 해당하는 답들은 정답일 확률이 낮은
'오류'로 귀결될 가능성이 크기 때문에 더 큰 의심을 품어야 마땅하
다. 반면 분포 그래프의 양 끝으로 갈수록 정답일 확률은 높아진다.
역문제 해결에 꼭 필요한 불확실성을 활용함으로써 우리는 기초적
인 형태의 메타인지를 공짜로 얻게 된다. 추가적인 기제가 필요 없
다는 얘기다.[9]

　뇌는 기본적으로 불확실성을 추적하는 방식으로 세상을 인식
하기 때문에 이러한 형태의 메타인지가 다양한 동물 종에 널리 퍼
져 있는 것은 놀랄 일이 아니다. 동물의 메타인지에 관한 최초의 실
험 중 하나는 심리학자 J. 데이비드 스미스J. David Smith가 내튜어Natua
라고 이름 붙인 병코돌고래를 대상으로 한 독창적 연구였다. 스미
스는 내튜어에게 고음과 저음을 분간해 수조 안에 있는 두 개의 레
버 중 하나를 누르는 훈련을 시켰다. 저음은 아주 낮은 음에서 비교

적 높은 음, 고음과 거의 비슷할 정도의 높은 음까지 음역대가 다양했다. 따라서 주사위 게임처럼 저음인지 고음인지 구별하기 어려운 불확실한 구간이 있을 수밖에 없었다.[10]

내튜어가 주어진 과제를 이해했다는 판단이 들자 스미스는 잘 모르는 문제를 건너뛰듯이 선택을 하지 않을 때 누를 수 있는 세 번째 레버를 추가했다. 판단이 불확실할 때 돌고래가 결정을 하지 않을 수 있게 하면 무조건 대답을 해야 하는 경우보다 판단의 정확성이 높아질 것이라고 스미스는 추론했다. 결과는 그의 추론이 옳았음을 입증했다. 실험 데이터를 보면 소리가 애매한 대부분의 경우 내튜어는 세 번째 레버를 눌렀다. 이 상황을 기술하면서 스미스는 "판단이 불확실한 때 돌고래는 고음 레버와 저음 레버 사이에서 선택을 주저하며 대답을 회피하는 경향을 뚜렷하게 보였지만, 확실한 경우에는 선택한 레버를 향해 너무나 빠른 속도로 돌진했다"고 적었다. 그때 생긴 물보라 탓에 연구원들이 수조 주변에 설치한 전자 장비의 스위치가 물에 흠뻑 젖을 정도였다.[11]

아시아에 광범위하게 서식하는 마카크원숭이는 사찰이나 성지를 찾는 관광객들의 간식을 곧잘 훔쳐 먹는 걸로 유명하다. 이 원숭이들도 돌고래와 유사한 조건에서 불확실성 추적 기술을 쉽게 습득했다. 실험에 참가한 원숭이들에게 컴퓨터 화면을 보여주고 화면에 있는 그림 중에서 가장 큰 그림을 선택하게 한 뒤 바로 이어 2개의 아이콘 중 하나를 고르도록 하는 훈련을 시켰다. 한 아이콘은 위험부담이 따르는 옵션으로, 첫 번째 판단이 옳으면 먹이 3개를 받지만, 틀리면 아무것도 못 받았다. 다른 아이콘은 어떤 경우든 먹이 1

개를 받을 수 있는 상대적으로 안전한 선택지였다. 원숭이 판 〈백만 장자 게임〉인 셈이다. 컴퓨터 화면상 그림의 크기에 대한 판단이 정확할 경우 원숭이들은 훨씬 자주 위험부담이 따르는 아이콘을 선택했다. 원숭이 뇌에서도 메타인지 기능이 작동하는 것을 보여주는 분명한 신호였다. 더욱 인상적인 것은 별도의 훈련 없이 곧바로 실시한 기억력 테스트에서도 스스로 자신감을 판단하는 능력을 원숭이들이 즉각적으로 보여줬다는 점이다. 훈련을 통해 특정한 자극을 자신감과 연결하는 학습을 했기 때문이 아니라 처음부터 메타인지 능력이 있었다는 뜻이다. 뉴욕 콜드스프링하버에 자리 잡은 애덤 케펙스Adam Kepecs 교수의 연구팀은 원숭이를 대상으로 한 메타인지 실험을 쥐에게 적용했다. 여러 향기가 섞여 있는 조건에서 가장 강한 향기 두 가지를 고르도록 한 이 실험에서 쥐들도 자신들의 선택이 맞을지 틀릴지를 판단하는 감각을 갖고 있다는 것이 확인됐다. 심지어 원숭이와 마찬가지로 조류에게도 실험 조건이 달라져도 즉시 발휘되는 메타인지 능력이 있음을 보여주는 몇몇 증거도 있다.[12]

불확실성에 대한 감수성이 인간의 뇌가 작동하는 방식의 기본 속성 중 하나라면 메타인지의 첫 번째 블록인 불확실성 추적 능력이 유아 단계부터 발견되는 것은 이상할 게 없다. 스미스의 연구에서 영감을 얻은 파리고등사범학교의 루이즈 구피Louise Goupil와 시드 쿠디에Sid Koudier 연구팀은 태어난 지 18개월 된 유아들을 대상으로 자기 결정의 불확실성을 어떻게 추적하는지 측정하는 실험을 했다. 엄마 무릎에 앉은 아기들에게 눈길을 끄는 예쁜 인형을 보여주고, 같이 놀고 싶은 마음이 생기게끔 만지는 걸 허용했다. 그런 뒤 아기들이 보는 앞에서 인형을 두 상자 중 하나에 감췄다. 얼마간의 시간이 지난 뒤 아기들에게 상자에 다가가 인형을 꺼낼 수 있게 했다. 하지만 그 사이에 실험자가 상자에서 몰래 인형을 없앴기 때문에 사실은 둘 다 빈 상자였다. 이런 방법으로 연구자들은 상자 선택에 대한 유아들의 자신감을 측정할 수 있었다. 연구자들은 스스로 맞는 선택을 했는지 잘못된 선택을 했는지 아기들이 안다면, 잘못된 선택을 한 경우에 비해 올바른 선택을 했을 때 훨씬 더 열성적으로 (실제로는 존재하지 않는) 인형을 찾으려는 노력을 할 것으로 추정했다. 결과는 예상대로였다. 잘못된 상자를 선택한 아기들은 인형을 찾는 데 훨씬 끈기가 약했다. 또 그런 아기들일수록 엄마에게 도움을 청하는 경향이 강하게 나타났다. 실험 결과를 통해 아주 어린 나이에도 아이들은 간단한 선택에 대해서는 불확실성을 판단할 수 있고, 필요한 경우에만 도움을 청한다는 것을 알 수 있었다.[13]

동물과 유아가 이러한 역문제를 어떻게 푸는지 확실하게 알 수는 없다. 성인들과 달리 자신들의 생각과 느낌을 말로 설명할 수 없기 때문이다. 내려야 하는 결정의 불확실성에 대한 느낌이 생기지 않더라도 결정을 하는 데 시간이 걸리면 '불확실' 단추를 누른다는 정도의 아주 초보적인 규칙을 따랐을 뿐이라고 주장하는 비판론자도 있을 수 있다. 이러한 비판에 대한 대응으로 비非 메타인지적 설명 가능성을 차단한 실험들이 고안되었다. 예를 들어 반응 시간 변수를 배제하기 위해 테스트가 시작되기 전, 즉 반응 시간 변수가 생기기 전에 동물들에게 테스트 참가 여부를 선택할 기회를 주고 나서 테스트를 진행했다. 이런 조건에서 마카크원숭이들은 참가 쪽을 택했을 때 정답률이 불참 쪽을 택했을 때보다 훨씬 높게 나오는 경향을 보였다. 참가 결정을 하기 전에 이미 정답을 알고 있었다는 의미다. 이는 메타인지의 전형적 특징 중 하나다.[14]

다른 면에서는 똑같이 똑똑한 종도 같은 상황에서 불확실성 추적에 실패하기도 한다는 증거도 있다. 이는 불확실성에 대한 감각은 보다 포괄적인 인지 능력이라기보다 자기인식에 처음으로 깜빡하고 불이 켜지고 나서야 진정으로 발현되기 시작하는 능력일 수 있음을 암시한다. 남아메리카에서 발견된 신세계원숭이의 아종인 꼬리감는원숭이는 돌을 사용해 야자를 깨고 무리 지어 생활하는 등 많은 면에서 마카크원숭이와 유사한 특성을 보인다. 하지만 스미스의 과제가 주어졌을 때 꼬리감는원숭이들은 불확실하다는 느낌을 표시하지 못했다. 세 번째 반응키를 새로운 자극을 분류하는 용도로 비틀어 사용할 줄은 알아도, 불확실하다고 느낄 때 그것을 표시하는 용도로는 사용할 줄 몰랐다. 이 같은 데이터를 통해 유사한 특성을 지닌 원숭이라 할지라도 메타인지 능력이 엿보이는 원숭이가 있는가 하면 그렇지 않은 원숭이도 있음을 알 수 있다.[15]

일단 불확실성을 추적할 수 있게 되면 행동반경을 유익한 쪽으로 확 넓힐 수 있는 문이 열린다. 무엇보다 추가 정보의 필요성 여부를 판가름하는 데 불확실성 판단 능력을 유용하게 쓸 수 있다. 다시 주사위 게임으로 돌아가보자. 그래프의 중간값, 즉 7이나 8이 주어진다면 속임수 주사위의 숫자가 0인지 3인지 불확실하다는 쪽에 거는 것이 합리적이다. 어느 한쪽을 고르는 대신 주사위를 더 던져보라고 요구할 수도 있다. 그래서 똑같은 3개의 주사위를 던진 결과가 차례로 5, 4, 7로 나왔다면 여러분의 판단은 속임수 주사위의 숫자가 0이라는 쪽으로 기울게 될 가능성이 크다. 베이즈 정리에 따르면 주사위 던지기가 이전 던지기와 상관없이 매번 독립적으로 이루어진다는 전제 아래 정답이 0 또는 3이 될 확률은 한 번 던질 때마다 우리가 추정한 두 가설―0 또는 3―의 확실성 비율의 로그 값을 합산하는 방법으로 계산 가능하다.[16]

영국의 뛰어난 수학자였던 앨런 튜링Allan Turing은 제2차 세계대전 중 독일의 에니그마 암호를 해독하는 과정에서 기존 해독 방식의 변경 여부를 판단할 때 바로 이 계산 방법을 사용했다. 그의 팀은 밤새 입수한 독일 측 메시지의 암호를 풀기 위해 아침마다 독일제 에니그마 기계의 새로운 암호 조합을 테스트했다. 문제는 특정한 암호 조합을 버리고 새로운 조합을 시험할 때까지 기존 조합을 얼마나 유지할 것인가 하는 점이었다. 튜링은 시간을 갖고 다양한 데이터 샘플을 축적함으로써 특정 암호 조합의 정확성에 대한 해독자들의 자신감을 높이고, 잘못된 조합을 시험하느라 낭비하는 시간을 획기적으로 줄일 수 있었다.[17]

똑같은 방식으로 우리는 현재 우리가 느끼는 자신감 수준을 활용해 새로운 정보의 필요성 여부를 판별할 수 있다. 처음 던진 주사위 숫자의 합이 12라면 속임수 주사위의 숫자는 3이라고 합리적으로 추론할 수 있기 때문에 또다시 주사위를 던져보라고 요구할 필요가 없다. 하지만 합이 7 또는 8이라면 주사위를 다시 던져 정답에 대해 내가 지금 느끼는 불확실성 문제를 해결하는 것이 현명한 선택일 것이다. 새로운 정보의 필요성을 판단할 때 자신감의 역할은 실험실에서도 명쾌하게 증명됐다. 실험에 자원한 참가자들에게 컴퓨터 화면에 나타난 그림의 색깔에 관한 일련의 까다로운 결정을 하게 했다. 연구자들은 그림의 모양을 특정한 방식으로 배열함으로써 참가자들이 느끼는 불확실성은 높이면서도 과제 수행 성과는 나빠지지 않도록 했다. 이러한 방법으로 연구자들은 불확실하다는 느낌이 참가자들의 결정에 미치는 효과를 정확하게 분리해냈다. 추가 정보를 원하는지 물었더니 참가자들은 더 불확실해졌다고 느낄 때만 추가 정보를 원했다. 유아들을 대상으로 한 실험에서와 마찬가지로 참가자들은 불확실하다는 내면적 느낌이나 자신감을 근거로 도움을 청할지 말지 결정했던 것이다.[18]

회색의 그늘

불확실성 추적 능력은 우리의 뇌가 세상을 지각하는 방식의 근간을 이룬다. 우리를 둘러싼 환경의 복잡성에도 불구하고 감각은 주변에 대한 저해상도 스냅사진들만 제공하기 때문에 거기에 진짜로 무엇이 있는지 추정하는 수밖에 없다. 신뢰도나 불확실성에 따라 정보 출처를 조합하는 방식으로 우리는 이러한 역문제 해결에 효과적으로 접근한다. 뇌가 베이즈 정리 또는 그 비슷한 것을 따르고 있는지, 따른다면 어떻게 따르고 있는지에 대한 신경과학자들의 열띤 논쟁에도 불구하고 많은 측면에서 인간 뇌의 역문제 해법은 베이즈 추론의 수학적 공리와 궤를 같이하고 있다.[19]

방법에 상관없이 불확실성 계산이 뇌가 작동하는 근본 원리라고 우리는 이성적으로 확신할 수 있다. 불확실성을 나타낼 수 없다면 세상을 보더라도 한 가지 방식으로밖에는 못 볼 것이다. 불확실성을 드러냄으로써 우리는 자기 감각을 의심하는 능력이라는 메타인지의 첫 번째 집짓기 블록도 확보하게 된다. 불확실성을 계산하는 능력만으로는 완전한 자기인식을 구현하기에는 아직 부족하다. 하지만 동물이나 유아에서 발견되는 초보적 형태의 메타인지를 발휘하는 데는 충분할 것 같다. 다른 동물들에서도 메타인지 능력의 신호들이 발견되면서 인간과 다른 종을 구분하는 나보코프의 선명한 선은 점점 희미해지고 있다.

그러나 불확실성 추적은 우리 이야기의 시작에 불과하다. 지금까지 우리는 뇌를 한 곳에 고정된 채 움직이지 않는 정지 상태의 세상 감지기感知器로 취급해왔다. 하지만 행동할 수 있는 능력을 덧붙이는 순간 우리의 메타인지 알고리즘은 완전히 새로운 도전으로 가는 문을 열게 된다. 이 도전에 맞서려면 자기 행동을 모니터링하는 능력이라는 메타인지의 두 번째 필수 블록을 장착할 필요가 있다.

Chapter 2

우리는 스스로 관찰한다

"외부에서 벌어지는 일을 감지하는 능력이 발달하면 필수적이고 근
본적인 결과를 수반하는 기이한 부수효과가 뒤따른다. 주변 환경의
특정한 측면을 감지하는 생명체의 능력이 거꾸로 그 생명체에게 자
신의 특정한 측면을 감지하는 능력을 부여하는 것은 사실이다."

— 더글러스 호프스태터, 《나는 이상한 고리야》

1장에서 우리는 감각을 통해 정보를 받아들이고, 역문제를 풀면
서 세계상model of the world(세상을 인식하는 틀—옮긴이)을 만드는 뇌의
감각 계통이 어떻게 작동하는지 살펴봤다. 아울러 보고, 듣는 것에
관한 불확실성의 여러 원인을 부호화하고 추적하는 능력이 세상을

지각하는 데 결정적으로 중요한 이유와 그 능력을 활용해 자기 자신을 의심하는 과정을 알게 됐다. 우리 여정의 다음 구간인 자기 모니터링 알고리즘에서는 그 시스템의 반대편 끝, 즉 우리의 행동을 제어하는 것에서 시작하려고 한다.

흔히 우리는 행동, 예컨대 저녁식사를 준비하거나 친구에게 전화를 거는 행위를 의식적이고 의도적인 것으로 생각한다. 그러나 보통 하루 일과에서 우리가 하는 행동의 범위는 그보다 훨씬 넓다. 숨을 쉬고, 소화를 하고, 말을 하고, 자세를 바로잡는 등 자신을 둘러싼 환경을 바꾸기 위해 우리 몸이 하는 모든 것을 행동이라고 할 수 있다. 방금 언급한 사례에서 볼 수 있듯이 우리가 하는 행동의 많은 부분을 차지하는 무의식적 행동은 생명을 유지하는 데 결정적으로 중요하다.

하지만 문제는 행동이 항상 계획대로 진행되지는 않는다는 점이다. 이 말은 우리가 실수를 했을 경우 빠르고도 효과적으로 바로잡을 필요가 있음을 의미한다. 제 몫을 하는 자기인식 시스템이라면 일단 던지고 나면 궤적을 수정할 수 없는 다트 던지기 같은 것은 피하고 싶을 것이다. 컵을 집으려다 실수해 테이블 밖으로 떨어뜨렸다고 가정해보자. 십중팔구 파랗게 질린 얼굴로 속수무책이라고 느낄 것이다. 하지만 아주 운이 좋다면 자신도 모르게 손을 뻗어 테이블 밑으로 떨어지기 0.0001초 직전에 컵을 잡을지도 모른다. 행동을 수정하는 능력의 핵심은 일어났어야 하는 일을 예측하는 능력이다. 이 경우는 뻗은 손안으로 정확히 컵을 가져오는 것이었다.

사실, 예측은 자신을 모니터링할 수 있는 알고리즘의 핵심이다.

스마트폰의 문자 자동완성 기능을 생각해보자. 이 기능이 문자 입력 오류를 바로잡는 유일한 방법은 사용자가 입력하려는 단어를 실시간으로 예측하는 것이다(그 예측이 사용자의 의도와 충돌할 때 스마트폰의 미칠 듯이 집요한 사보타주를 경험하게 된다). 직관적으로 볼 때 자기인식도 이와 똑같다. 우리는 무엇을 했어야 하는지 알지만, 그렇게 하지 못했을 때 비로소 잘못을 인정하고 실수를 후회한다. 이런 경우를 가리키는 멋진 표현이 프랑스어에 있다. 직역하면 '계단의 위트'란 뜻을 가진 '레스프리 데스칼리에L'esprit d'escalier'다. 파티에서 빠져나와 집에 가려고 막 계단을 내려서는 순간 떠오르는, 파티 때 하면 좋았을 재치 있는 말을 이르는 표현이다.

이번 장에서 우리는 행동을 예측하고 바로잡는 여러 가지 알고리즘을 만나게 될 것이다. 앞으로 보겠지만, 모양과 크기에 상관없이 모든 뇌에는 정교한 안전장치가 갖추어져 있다. 뇌의 수행 능력을 감시하는 이 장치를 통해 우리는 컵을 들기 위해 팔을 뻗는 동작을 미세하게 수정하기도 하고, 자신의 업무 성과에 대한 느낌을 업데이트하기도 한다. 자신의 행동을 모니터링하는 능력은 자기인식의 두 번째 필수 블록이다.

항상성을 유지하기 위한 조건

인간이 하는 가장 단순하면서도 가장 중요한 행동은 우리의 체내 상태를 일정하게 유지하는 것이다. 모든 생명체는 체온이나 영양 상태 등을 스스로 모니터링한다. 그것은 종종 목숨이 걸린 문제가 되기도 한다. 체내 상태가 '허용치'로 알려진 정상 범위에서 너무 많이 벗어나면 생명 유지는 어려워진다. 보잘것없는 단세포 박테리아의 생명도 체내 상태의 산성을 일정 범위로 유지하는 데 달려 있다. 산성을 나타내는 피에이치(pH) 값이 허용 범위를 벗어나면 대부분의 단백질은 기능을 멈춘다. 단순한 박테리아의 세포 표면에도 센서와 신호발생 분자들로 이루어진 복잡한 네트워크가 있다. 이를 통해 필요한 경우 펌프를 가동시켜 pH 값을 중립적 균형 상태로 되돌린다.

이것이 바로 항상성homeostasis인데, 생물학에서는 약방의 감초 같은 개념이다. 항상성은 자동온도조절기 같은 기능을 한다. 자동온도조절기는 기온이 일정 온도 아래로 내려가면 난방 장치를 가동해 실내를 편안한 상태로 유지할 수 있게 해준다. 항상성의 특징은 재귀성recursiveness으로, 자신이 모니터링하는 대상을 바꾸려는 성질이다. 거실에 설치된 자동온도조절기는 거실의 온도를 조절하려고 하지 옆집 거실의 온도를 바꾸려고 하지는 않는다. 항상성의 이런 특징을 폐루프 시스템closed-loop system(실제 출력 값과 원하는 값의 차이를 입력 값에 반영하는 제어 시스템—옮긴이)이라고 부른다. 항상성이 감지하고 있는 상태가 수용 가능한 범위 안에 있으면 문제 될 게 없다. 그렇지 않은 경우, 예컨대 pH 값이나 온도에서 불균형이 감지되면 일정한 교정 행동이 가해지고, 그에 따라 불균형은 시정된다. 교정 행동이 원하는 효과를 내지 못하는 경우는 드물다. 제어 프로세스가 복잡하긴 하지만, 계산상으로는 간단하기 때문이다.

하지만 항상성 메커니즘은 지금, 여기서 작동할 뿐 미래에 대해서는 별로 신경 쓰지 않는다. 단순한 온오프 자동온도조절기는 밤에는 기온이 내려가고, 낮에는 올라간다는 사실을 알지 못한다. 기온이 한계점 아래로 내려가면 난방 시설의 스위치를 켤 뿐이다. BBC의 코미디 시리즈 〈핍쇼Peep Show〉에서 제스는 자동온도조절기의 이 결정적 특징을 오해해 같이 사는 마크에게 이렇게 말한다. "보일러를 손봐서 29도까지 올리는 게 어때? 꼭 29도일 필요는 없지만, 그걸 목표로 네가 손을 써보면 그렇게 되지 않을까? 그러면 더 빨리 뜨거워질 거야." 그러자 마크는 한심하다는 듯이 (정확하게) 말한다. "그렇게는 안 돼. 켜거나 끄거나 둘 중 하나야. 온도를 설정하고, 그 온도가 되면 자동으로 꺼지게 돼 있거든." 보일러에 대고 속임수를 쓰면 안 된다.

자기학습 기능이 첨가된 신종 자동온도조절기는 하루 중 기온이 오르고 내리는 일반적인 패턴과 특정 온도에 대한 집 주인의 취향을 학습해 전통적인 온오프식 자동온도조절기의 단점을 보완한다. 이 스마트 온도조절기는 온도를 더욱 일정하게 유지하려면 언제 스위치를 켜야 할지 예측할 수 있다. 이 신형 온도조절기가 낯익은 구형 온도조절기보다 잘 팔리는 이유는 '좋은 조절기 정리good regulator theorem'로 알려진 컴퓨터과학의 고전적 제안 덕분이다. 시스템을 제어하는 가장 효과적인 방법은 그 시스템의 정확한 모형을 만드는 데 있다는 게 이 정리의 핵심이다. 다시 말해 온도에 영향을 미치는 요인들에 대한 모형이 정확할수록 온도를 원하는 범위 내로 유지하려면 언제 난방에 변화를 줄 필요가 있는지 더 정확하게 예

측할 수 있는 것이다.[1]

이 원리는 항상성을 넘어 외부세계에 영향을 미치는 우리의 행동에도 똑같이 적용된다. 사실 우리가 하는 많은 것들은 내면적 상태를 바람직한 범위로 유지하는 것을 목적으로 하고 있다. 그런 점에서 우리의 모든 행동은 정교한 항상성 유지 활동의 한 형태라고 볼 수 있다. 배가 고프면 집에 가서 샌드위치를 만들어 먹고, 그러면 다시 배가 불러진다. 샌드위치 재료를 사기 위해 돈이 필요하다면 일자리를 알아볼 수 있다. 우리가 살면서 하는 모든 행동은 우리의 내면적 상태에서 생길 수 있는 '오류'를 최소화하기 위한 어떤 거창한 계획에 딱 들어맞는다는 견해를 놓고 컴퓨터 신경과학계는 지지파와 반대파로 갈라져 있다. 하지만 적어도 우리가 일상적으로 하는 보다 단순한 행동들에 관한 한 이 견해는 행동이 어떻게 감시되고 제어되는지에 대해 생각할 수 있는 틀을 제공한다. 이것이 실제로 어떻게 작동하는지 좀더 면밀히 살펴보자.[2]

누가 우리의 행동을 제어하는가?

뇌에서 감각을 전담하는 부위가 눈이나 귀를 통해 들어오는 정보를 다루는 것과 마찬가지로 운동 구조를 전담하는 뇌 부위는 신경의 투영neural projections을 척수로 내려보내 근육을 제어하고 조정한다. 시각피질이 데이터의 단순한 입력부터 세상에 실재하는 것에 대한 고차원적 표상까지 계층 구조로 되어 있듯이 운동피질은 하향식 계층 구조로 되어 있다. 전운동피질premotor cortex과 같은 영역이 전반적인 계획과 의도(예를 들어 '왼쪽으로 팔 뻗기')의 생성을 담당한다면, 일차운동피질primary motor cortex 같은 낮은 수준의 뇌 부위는 세부적인 이행을 맡고 있다. 지각과 운동 모두 계층 구조의 맨 위에는 전전두피질prefrontal cortex(PFC) 영역이 있을 것으로 추정돼왔다. 고차원의 지각적 표상('빨간 공이 저기 있다')을 고차원의 행동 표상('빨간 공을 집자')으로 통역하는 데 전전두피질이 관여한다는 것을 생각하면 일리 있는 추론이다.[3]

컵을 집으려고 팔을 뻗을 때 우리가 컵 쪽으로 팔과 손을 보내고 뻗는 일련의 운동 과정에서 의식적으로 근육을 작동할 필요가 없는 것은 행동의 계층적 구조 때문이다. 대부분의 행동 계획은 더 높은 차원에서 만들어진다. 커피를 마시고 싶을 때는 팔, 손, 입이 서로 조화를 이루며 결과('커피 마시기')를 만들어낸다. 피아노 연주처럼 숙련된 기술을 요하는 과제를 수행할 때는 의식적 계획과 무의식적 운동 사이에서 섬세한 발레를 하는 것과 같은 상황이 연출된다. 행동을 둘러싼 계층 구조의 위로 올라가면서 의식적인 계획은 연주의 빠르기나 강조할 특정 악절을 선택하는 형태로 하나둘 모습을 드러낸다. 운동제어의 자동적이고 무의식적인 측면은 알맞은 시간에, 알맞은 건반으로 손가락을 보내는 모습으로 나타난다. 콘서트에서 공연하고 있는 피아니스트를 보면 마치 각기 살아서 움직이는 두 손과 열 손가락 위를 연주자가 미끄러지듯 오가며 명령을 내리는 것 같은 느낌을 받게 된다. 유명한 피아니스트였던 블라디미르 호로비츠Vladimir Horowitz가 "나는 장군이고, 건반은 나의 병사들!"이라고 한 것은 그래서였는지 모른다. 이를 신경과학의 건조한 언어로 표현하면 "학습이 잘된 과제는 무의식적으로 이루어지는 부차적 행동 제어에 맡기고, 우리는 꼭 필요할 때만 개입한다"가 될 것이다.[4]

모든 사람이 쇼팽이나 리스트의 곡을 연주하는 데 필요한 손가락 곡예를 할 수는 없다. 하지만 많은 사람이 다른 형태의 건반을 통해 피아노 연주와 흡사한 놀라운 운동 기량(스킬)을 발휘하고 있다. 자판 맨 윗줄의 처음 여섯 글자를 이어 붙여 '쿼티QWERTY'라고 부르는 일반적인 자판이 깔린 노트북으로 나는 지금 이 책을 쓰고 있다. 정치인이자 발명가인 크리스토퍼 래섬 숄스Christopher Latham Sholes가 1860년대에 고안한 이 자판이 어떻게 탄생했는지는 분명치 않다. 초기의 타자기들은 A부터 Z까지 26개 글자를 알파벳 순서대로 배열한 자판을 썼다. 그게 가장 효율적인 배열이 될 것으로 보았기 때문이다. 쿼티 자판의 유래에 관한 첫 번째 설은 초창기 타자기들에서 흔히 나타난 엉킴 현상을 방지하기 위해서였다는 것이다. 두 번째는 모르스 부호를 수신하는 전신 기사들이 메시지 속의 밀접한 연관 문자를 빠르게 옮겨 적는 데 쿼티 자판이 편리했기 때문이라는 설이다. 세 번째는 타자기 분야에서 최초의 대기업이 된 레밍턴이 쿼티 자판을 탑재한 자기네 타자기로 훈련받은 타자수들의 브랜드 충성도를 제고할 목적으로 쿼티 자판을 고수하면서 자리를 잡았다는 설이다.

어느 설이 맞고 틀리고를 떠나 영어를 사용하는 수백만 명이 쿼티 자판을 사용하게 되면서 고도로 능숙하지만 대체로 의식하지 못하는 운동 스킬을 습득하게 됐다. 컴퓨터를 자주 사용하는 사람이라면 눈을 감고 어느 문자가 자판의 어디에 있는지 떠올려보라! 아마 쉽지 않을 것이다. 문자의 위치는 단어를 입력하는 동작을 실제로 취할 때 비로소 파악된다. 운동 기술과 의식적 인식의 깔끔한 분리 현상 덕분에 타이핑은 우리의 행동에 대한 무의식적 모니터링과 제어에 관여하는 여러 알고리즘을 연구하는 완벽한 시험대가 되고 있다. 타이핑은 실험실에서도 정밀한 연구가 가능하다. 타이핑의 시작 시점과 실제로 자판을 누르는 시점을 컴퓨터로 기록할 수 있고, 손가락의 움직임을 고해상도 카메라로 포착할 수 있기 때문이다. 이 방법으로 심리학자 고든 로건Gordon Logan과 매슈 크럼프 Matthew Crump는 사람들이 타이핑을 어떻게 하는지 알아내기 위한 세밀하고 창의적인 실험을 했다. 그중 한 실험에서 그들은 참가자들에게 전통적 심리검사인 스트루프 과제Stroop Task(주의집중에 따라 반응 시간이 달라지도록 설계한 과제. 선택적 주의, 인지적 유연성, 처리 속도 등을 측정하는 데 주로 사용된다─옮긴이)의 답을 타이핑하도록 했다. 단어가 표기된 라벨이 붙은 잉크병에 든 잉크 색깔을 타이핑하는 것이 과제였다. 잉크가 파란색이면 'blue', 빨간색이면 'red'라고 타이핑하면 된다. 대부분의 참가자들은 잉크병에 붙은 단어와 상관없이 쉽게 과제를 수행했다. 하지만 색깔을 나타내는 단어가 잉크병에 붙었을 때는 좀 어려워하기 시작했다. 파란 잉크에 '녹색', 빨간 잉크에 '보라색'처럼 잉크의 색과 병에 붙인 단어가 일치하지 않는 경우에는 반응 속도가 떨어지면서 실수도 나왔다. 하지만 타이핑을 시작할 때까지 걸린 시간은 좀 길어졌어도 일단 착수하고 나면 단어 입력에 걸리는 시간은 길어지지 않았다. 실험 결과를 토대로 연구팀은 행동 제어에는 여러 루프가 복합적으로 작용한다는 가설을 제시했다. 높은 수준의 루프가 타이핑할 단어의 선택을 담당한다면 낮은 수준의 루프는 그 정보를 받아들여 어떤 순서로, 어떤 키를 눌러야 할지 결정한다는 가설이다.[5]

행동 제어에는 다층적 레벨이 있을 뿐만 아니라 상위 레벨은 하위 레벨이 무얼 하는지 거의 모른다. 타이핑을 엉망으로 만드는 가장 손쉬운 방법 중 하나는 한 문장을 구성하는 문자 중 보통 왼손(또는 오른손)으로 입력하는 문자만 입력해보는 것이다. 여러분이 직접 쿼티 자판을 놓고 'The cat on the mat(매트 위의 고양이)'란 문구에서 보통 왼손으로 입력하는 문자만 입력해보라. 스페이스바를 누를 때 습관적으로 어느 쪽 엄지손가락을 쓰느냐에 따라 약간의 차이는 있겠지만, 대충 'Tecatteat' 비슷한 것이 나올 것이다. 각 문자를 어느 쪽 손에 배정할지 결정하는 것은 좌절감을 느낄 만큼 극도로 어려운 과제다. 그런데도 우리의 키보드 입력을 제어하는 낮은 수준의 루프는 무려 1분에 70단어의 속도로 배정 업무를 계속해서 수행한다! 우리의 뇌 어느 곳에선가는 정확한 손이 어느 쪽인지 분명히 알고 있지만, 그 메시지를 밖으로 발신하지는 못한다는 얘기다.[6]

소뇌의 자기조절 기능

이러한 실험들은 우리의 행동이 옆길로 새지 않게 하는 무의식적인 미세 조정이 뇌에서 끊임없이 이루어지고 있음을 짐작케 한다. 이전 장에서 착시 현상을 통해 지각적 추론 작용이 모습을 드러냈던 것처럼 이런 무의식적 모니터링 프로세스가 겉으로 드러나는 경우가 있다. 나는 런던 지하철을 타고 출근하면서 여러 번 에스컬레이터를 갈아탄다. 그때마다 넘어지지 않도록 재빠르게 자세를 조절하며 몸을 지탱한다. 이러한 운동 반응에 익숙해진 나머지 에스컬레이터가 고장났을 때도 내 운동계통은 움직이는 계단의 효과를 감안해 자동적으로 자세를 교정한다. 심지어 멈춰선 에스컬레이터에 첫발을 내디딜 때는 으레 살짝 비틀거릴 거라는 예상을 하기도 한다.[7]

이러한 종류의 신속하고 자동적인 오류 교정을 계량화할 목적으로 고안한 전통적 실험에서 프랑스의 피에르 푸르느레Pierre Fourneret와 마르크 자느로Marc Jeannerod 교수팀은 자원한 참가자들에게 컴퓨터 커서를 화면상의 목표 지점으로 옮기는 과제를 수행하게 했다. 이어 참가자들의 손과 마우스를 가려 화면에서 커서만 볼 수 있게 한 다음 은밀한 컴퓨터 조작을 통해 커서 위치를 살짝 바꿔놓았다. 그러고는 무슨 일이 일어나는지 관찰했다. 커서가 제 위치에서 벗어나자마자 참가자들은 자신들도 모르게 커서의 위치를 즉각 바로잡았다. 연구팀은 보고서 결론에서 "피험자들은 자신들의 손이 수행한 실제 움직임을 거의 무시하는 것처럼 보였다"고 밝혔다. 낮은 수준의 시스템이 우리가 과제를 어떻게 수행하는지 무의식적으로 모니터링하다가 목표에서 조금만 벗어나도 즉각 개입해 가장 효과적으로 오류를 바로잡는다는 얘기다.[8]

라틴어로 '작은 뇌'를 뜻하는 소뇌cerebellum가 이러한 조절 기능에서 결정적으로 중요한 역할을 하는 것으로 알려져 있다. 소뇌는 뇌의 본체 아래쪽에 붙은 부차적인 뇌처럼 생겼지만, 뇌에 있는 850억 개의 뉴런 중 80퍼센트가 넘는 690억 개가 이곳에 모여 있다. 소뇌의 회로망은 수백만 개의 평행섬유parallel fiber가 거대하고 정교한 가지돌기나무dendritic tree를 가진 푸르키녜세포Purkinje cell와 직각을 이루는 질서정연한 아름다움의 극치를 보여준다. 입력 값(인풋)은 일련의 루프를 통해 피질에서 소뇌로 전달되는데, 피질 영역들로 인풋을 보내는 바로 그 소뇌의 영역들로 투사projection하는 방식이다. 이메일의 복사본을 받듯이 근육에 보낸 운동 명령의 사본을 받은 소뇌는 손이 목표물을 향해 부드럽게 움직이는 등 구체적 행동을 통해 기대했던 감각적 결과를 만들어낸다. 하지만 기대했던 결과가 손의 실제 위치에 관한 감각적 데이터와 일치하지 않을 때는 이를 바로잡기 위한 신속한 조정이 이루어진다.[9]

공학에서는 이러한 종류의 설계를 순방향 모델forward model이라고 한다. 순방향 모델에서는 특정한 운동 명령의 결과를 먼저 예측한 뒤 기대했던 것과 현재 상태의 편차를 추적해 필요에 따라 조금씩 수정을 가하게 된다. 나는 어렸을 때부터 배 타는 것을 좋아해 작은 보트를 타고 레이싱을 하기도 하고, 좀더 큰 배를 타고 크루징을 하기도 했다. 한 곳에서 다른 곳으로 배를 타고 이동할 때 간단한 순방향 모델을 이용하면 선박에 미치는 조류의 영향을 상쇄할 수 있다. 항구까지 가서 거기서 항해를 끝내는 것으로 코스를 잡았다면 우선 GPS를 이용해 현재 내가 항구로 가는 직선 항로의 왼쪽에 있는지 오른쪽에 있는지를 파악한 뒤 그에 맞춰 항로를 조금씩 수정하면 전체 진로에 대한 걱정 없이 항구까지 갈 수 있다. 강을 건널 때 본능적으로 상류 쪽을 향하게 모는 것과 마찬가지로 이 경우 배가 옆으로 살짝 기울면서 조류 속을 비스듬히 항해하는 것 같은 느낌을 받을 때가 있다. 무심한 관찰자의 눈에는 조류에 대비해 사전에 용의주도하게 계획한 결과로 보이겠지만, 실제로는 현장의 오류 신호를 토대로 수많은 미세조정을 한 결과다.

이러한 종류의 알고리즘에서 중요한 것은 당초 계획했던 것과 실제 일어나고 있는 것 사이의 편차를 계속해서 추적하는 것이다. 바꿔 말하면 감각을 통해 들어오는 정보가 당초 기대했던 것과 일치하면 그 정보는 그냥 무시될 수 있다는 뜻이다. 이는 실험을 통해 이미 입증된 예측 제어predictive control의 또 다른 특징이기도 하다. 예를 들어 내가 여러분의 팔을 강제로 움직인다면 여러분의 뇌는 관절과 근육의 위치 변화를 통해 팔이 움직이고 있다는 정보를 수신하게 될 것이다. 하지만 내 팔을 내가 움직이는 경우에는 일어날 것으로 기대했던 것과 실제로 일어나고 있는 것이 정확하게 일치하기 때문에 감각의 피드백은 약화된다. 이는 자기가 자기를 간지럽 태울 수 없는 이유이기도 하다. 우리의 움직임에서 나타날 수 있는 탈선을 감지하기 위해 만들어진 이러한 신경 알고리즘은 직관에 반하는 현상을 초래하기도 한다. 가령 여러분이 권투경기장이나 술

집에서 다른 사람에게 주먹을 날린다고 가정해보자. 주먹으로 얼굴을 맞은 상대는 여러분이 여러분의 손바닥을 주먹으로 때렸을 때보다 더 아프게 느낄 것이다. 주먹을 날린 사람은 주먹으로 맞는 느낌을 기대하고 있었지만, 맞은 사람은 기대하지 않았기 때문이다. 맞은 사람이 보복을 결심한다면 때린 사람이 생각하는 펀치의 강도보다 더 센 펀치를 날릴 것이다. 그래야 자신이 맞은 펀치의 강도와 균형이 맞는다고 생각할 것이기 때문이다. 치고받는 주먹질의 수위가 점점 올라가는 악순환은 그래서 생겨난다. 승용차 앞 좌석에 앉아 있을 때 뒤에서 두 아이가 싸우고 있다면 그 시나리오의 결말이 어떻게 될지는 여러분이 익히 알고 있을 것이다.[10]

이 모든 실험은 의식적 인식이 자리를 비웠을 때도 맹렬히 작동하는 일련의 자기 모니터링 프로세스가 있다는 것을 말해준다. 우리가 의식하지 않고도 차분하고 신속하게 행동할 수 있는 것은 예측 제어가 가진 힘과 유연성 덕분이다. 러시아워 때 움직이고 있는 에스컬레이터에 발을 디디면 내 몸은 현장의 알고리즘에 맞춰 자세를 조정한다. 물의 흐름을 감안해 배의 항로를 미세하게 조정하는 것처럼 말이다. 하지만 항로가 목표 지점에서 1킬로미터 이상 벗어나는 등 예상했던 것보다 편차가 훨씬 커지면 간단한 조정이나 수정만으로는 항로를 원래 상태로 되돌리기 어렵다. 바로 이때가 우리 행동에 대한 무의식적 조정이 오류를 인식하는 의식적 단계로 넘어가는 지점이다.

오류 감지에서 자신에 대한 학습까지

인간이 자기 잘못을 인식하는 과정에 관한 최초의 연구 중 하나는 1960년대에 심리학자 패트릭 래빗Patrick Rabbitt이 진행한 실험이다. 래빗은 이어지는 숫자 열에 따라 버튼을 누르는 까다롭고 반복적인 과제를 고안했다. 여기까지는 딱히 특별할 게 없다. 영리한 부분은 따로 있었다. 래빗은 참가자들에게 본인 스스로 실수를 했다는 생각이 들 때는 두 번째 버튼을 누르게 했다. 래빗은 피험자들이 두 번째 버튼을 누를 때까지 걸린 시간을 정확하게 측정해 사람들이 자기 잘못을 아주 신속하게 바로잡는다는 사실을 알아냈다. 오류를 깨닫는 데 걸린 시간이 외부 자극에 가장 빨리 반응했을 때 걸린 시간보다 0.04초 짧았다. 래빗은 간단하면서도 명쾌한 이 실험을 통해 뇌는 외부세계에서 들어오는 신호에 기대지 않고, 효율적인 자체 계산을 통해 자기 잘못을 모니터링하고 탐지할 수 있다는 것을 입증했다.

이 같은 신속한 오류 탐지 프로세스는 마찬가지로 신속한 오류 교정 프로세스로 이어진다. 자극이 A 범주에 속하는지, B 범주에 속하는지 판단하는 간단한 결정을 하면서 버튼을 잘못 누른 경우 그로부터 0.01초 이내에 오류를 바로잡기 위해 버튼 누르기를 제어하는 근육이 수축하기 시작한다. 이러한 교정 프로세스가 충분히 빠르게 진행된다면 처음부터 실수를 막을 수 있을지도 모른다. 급하게 작성한 이메일을 보내려고 근육을 수축해 전송 버튼을 누르기 직전, 이메일 내용에 문제가 있다는 추가적 증거를 발견하고 마지

막 순간 결정적 마우스 클릭을 보류하는 것처럼 말이다.[11]

래빗의 실험으로부터 20여 년이 지나 오류 감지를 지원하는 뇌의 내부적 프로세스가 발견되기 시작했다. 그중 하나가 미국의 심리학자 윌리엄 게링William Gehring이 1992년 제출한 박사학위 논문을 통해 발표됐다. 게링은 뇌전도electroencephalograph(EEG)를 통해 까다로운 과제를 수행 중인 피험자들의 뇌파를 기록했다. EEG는 작은 전극망을 이용해 뇌 속에 있는 수많은 뉴런의 연합 활동에 따라 두개골 외부에 형성되는 전기장의 변화를 측정한다. 참가자가 오류를 범하면 0.1초가 지나기도 전에 독특한 뇌파가 관찰된다는 사실을 게링은 확인했다. 이처럼 신속한 뇌의 반응은 잘못을 지적받기도 전에 사람들은 자신의 실수를 아주 빠르게 인식할 수 있다는 래빗의 실험 결과를 설명하는 데 도움을 줬다. 뇌의 이러한 활동에는 오류관련 부정성error-related negativity(ERN)이란 명칭이 붙었는데, 이제는 깜짝 놀랐을 때 쓰는 '맙소사!'만큼이나 심리학자들이 즐겨 쓰는 용어가 됐다.[12]

이제 우리는 오류 관련 부정성은 버튼 누르기나 큰 소리로 책 읽기 같은 다양한 과제를 수행할 때 범한 오류에 따라 일어나며, 전두엽 중간에 파묻혀 있는 뇌 영역인 등쪽전방대상피질dorsal anterior cingulate cortex(dACC)에 의해 생겨난다는 것을 알고 있다. 자기 모니터링이라는 인간의 신경적 특성은 발달 과정 초기부터 자리를 잡는다. 생후 12개월 된 유아들에게 컴퓨터 화면으로 일련의 이미지를 보여주고 아기들의 눈 움직임을 기록하는 실험이 있었다. 때때로 사람 얼굴을 비춰주고, 아기들이 그것을 쳐다보면 음악이나 번쩍이는 형형색색 불빛으로 상을 주었다. 이 실험에서는 아기들이 얼굴을 쳐다보지 않는 경우, 즉 보상을 받을 수 있는 행동을 하지 않는 경우를 오류로 간주했다. 오류를 범했을 때 EEG 기록을 보면 보통 성인들보다 반응 시간이 좀더 걸리긴 하지만, 오류관련 부정성의 명백한 신호를 보여준다는 것을 알 수 있다.[13]

오류 관련 부정성을 '오류 예측' 신호의 특수한 경우로 생각해볼 수도 있다. 오류 예측은 말 그대로 미래에 대한 예측의 오류를 추적하는 것으로, 세상에 대한 효과적 학습을 가능케 하는 알고리즘의 중요한 특징이다. 오류 예측이 학습에 어떻게 도움이 되는지 살펴보기 위해 여러분 사무실 근처에 새로운 커피숍이 문을 열었다고 상상해보자. 여러분은 아직 그 커피숍이 어떨지 모르지만, 가게 주인이 최고의 에스프레소 기계를 들여놓고, 좋은 분위기를 내려고 인테리어에도 신경을 썼다는 것은 안다. 그래서 여러분의 기대치는 높다. 커피 맛도 좋을 거라고 예상한다. 직접 가게에 가서 커피를 주문해 한 모금 마셔보았더니 그냥 좋은 정도가 아니라 오랫동안 마셔본 커피 중 최고였다. 커피 맛이 기대 이상이었기 때문에 여러분은 그 가게에 대해 좋은 평점을 매기고, 자연스럽게 그 커피숍은 출근길에 들르는 단골 가게가 된다.

그로부터 몇 주가 지났다. 바리스타가 자만심에 빠졌는지 커피 맛이 더는 예전 같지 않다. 여전히 좋긴 하지만 기대했던 정도는 아니다. 이때 여러분이 경험하는 것이 예측의 부정적 오류로, 여러분은 평소보다 조금 더 큰 실망감을 느끼게 될 것이다.

예측을 하고, 또 그것을 업데이트하는 능력은 뇌 안에 있는 그 이름난 화학물질인 도파민dopamine과 관련이 있다. 도파민은 유명할 뿐더러 흔히 오해를 불러일으켜 대중매체에서는 '쾌락' 물질로 취급된다. 우리가 좋아하고 즐기는 돈, 음식, 섹스 같이 것들이 도파민 분비를 촉진하는 것은 사실이다. 하지만 단지 특정한 경험에 대한 보상 신호만으로 도파민을 이해하는 것은 옳지 않다. 지금은 고전이 된 유명한 실험이 1990년대에 신경과학자 월프럼 슐츠Wolfram Schultz에 의해 진행됐다. 원숭이를 대상으로 한 이 실험에서 슐츠는 도파민을 생성하고, 그것을 뇌의 다른 영역들로 보내는 중뇌midbrain 세포에서 나오는 신호를 기록했다. 그리고 원숭이를 훈련시켜 방에 불이 켜지면 주스 방울이 떨어질 거란 기대를 갖게 했다. 처음에는 도파민 생성에 관여하는 중뇌 세포들이 주스에 반응함으로써 쾌락 이론과 일치하는 결과가 나왔다. 하지만 시간이 지나 주스 방울이 떨어지기 전에 불이 먼저 켜진다는 사실을 원숭이들이 깨닫게 되면서 도파민 반응은 사라졌다. 주스를 언제 기대할 수 있는지 원숭이들이 학습했기 때문이다.[14]

이 실험에서 나타난 도파민 반응 패턴에 대한 한 가지 뛰어난 설명은 신경세포들이 주스에 대한 원숭이의 예측에서 오류를 추적한다는 것이다. 새로 문을 연 가게에서 맛본 예기치 못한 맛있는 커피처럼 주스는 원숭이들이 처음에는 기대하지 못한 보상이었다. 하지만 우리가 그 가게에 갈 때마다 맛있는 커피를 기대하듯이 시간이 지나면서 원숭이들도 방에 불이 켜지면 주스를 기대하게 되었다는 얘기다. 슐츠의 실험과 거의 때를 같이해 컴퓨터 신경과학자인 피터 다얀Peter Dayan과 리드 몬터규Read Montague는 심리학 분야에서 시행착오 학습에 관한 연구를 하고 있었다. 레스콜라-와그너Rescorla-Wagner 규칙(조건 자극과 무조건 자극이 짝을 이뤄 초기에 강력한 자극이 주어졌을 때 학습 효과를 극대화할 수 있다는 이론—옮긴이)으로 알려진 유명한 학습 이론에 따르면 주로 학습은 예기치 않은 상황에서 이루어진다. 이 이론에는 직관적 타당성을 부여할 수 있다. 오늘 맛본 커피 맛이 어제와 똑같다면 커피숍에 대한 나의 평점을 바꿀 이유가 없고, 따라서 새로 학습할 것도 없다. 다얀과 몬터규는 레스콜라-와그너 규칙을 변형한 알고리즘으로 도파민과 관련한 뉴런의 반응을 훌륭하게 설명할 수 있음을 보여주었다. 슐츠, 다얀, 몬터규의 연구 결과가 발표되고 얼마 안 있어 나의 박사학위 논문 지도교수였던 레이 돌런Ray Dolan은 도파민 인풋을 받아들이는 뇌 영역에서 나타나는 신경 반응이 예상되는 오류 예측 신호를 면밀하게 추적한다는 사실을 발견했다. 이러한 선구적 연구 결과들이 어우러지면서 오류 예측을 계산하고, 이를 이용해 세상에 대한 우리의 경험을 새롭게 업데이트하는 것이 뇌가 작동하는 근본 원리임이 밝혀졌다.[15]

오류 예측에 대해 이해했다면 다음은 유사한 계산이 자기 모니터링에 중요한 이유를 알아볼 차례다. 학교에서 과제를 제출했을 때도 그렇고, 하프마라톤에서 자신의 종전 기록을 깼을 때도 그렇고, 때때로 우리는 주어진 과제 수행에 대해 긍정적이든 부정적이든 직접적인 피드백을 경험한다. 하지만 일상의 다른 많은 분야에서 피드백은 감지하기 어렵거나 아예 없는 경우도 많다. 그렇다면 오류 관련 부정성을 보상에 대한 내면적 신호, 좀더 구체적으로 말해 보상 부재를 반영한다고 보는 것이 유용한 관점이 될 수 있다.

즉 우리의 기대(좋은 성과)와 현실(오류)의 차이를 전달하는 것이 오류 관련 부정성이라고 보는 것이다.

간단한 곡을 연주하기 위해 피아노 앞에 앉았다고 치자. 음은 각기 고유한 소리를 갖고 있다. 어떤 음이 다른 음보다 '낮다'거나 '못하다'고 말하면 이상할 것이다. 단음을 내는 경우라면 A를 치든 G#을 치든 어느 게 더 상을 받을 만큼 잘했다고 할 수 없다. 하지만 그리그의 〈피아노 콘체르토 A단조〉를 연주하면서 A 대신 G#으로 첫음을 냈다면 즉각 귀에 거슬리는 음 이탈에 움찔하며 놀랄 것이다. 외부의 피드백이 개입하지 않더라도 잘못된 음을 내는 것은 우리가 기대한 연주에서 일어난 명백한 오류다. 이러한 수행 오류를 추적함으로써 우리의 뇌는 명시적인 피드백이 없는 경우에도 우리가 잘하고 있는지 아닌지 판단한다.[16]

당연한 일이지만, 실수가 예상될 때는 보통 실수를 잘 저지르지 않는다. 오류를 막기 위한 예방 조치를 할 수 있기 때문이다. 인간이 저지르는 실수의 이러한 특징은 내가 좋아하는 코미디 프로그램인 BBC의 〈더 패스트 쇼The Fast Show〉에 활용돼 코믹 효과를 높였다. '운수 나쁜 알프Unlucky Alf'로 불리는 맘씨 좋은 노인은 카메라 쪽으로 몸을 돌려 진한 북부 잉글랜드 사투리로 이렇게 말한다. "저 아래 저기 있는 거 보이지? 사람들이 도로 끝에 엄청나게 큰 구덩이를 파고 있잖아. 나는 재수가 없어서 아마 저기에 빠질 거야." 도로쪽으로 느긋하게 걸어가는 노인을 지켜보며 무슨 일이 일어날까 걱정하고 있는데, 아니나 다를까 어느 지점에 이르자 엄청난 돌풍이 불면서 바람에 휩쓸린 노인은 구덩이에 빠지고 만다. 이 코미디가 재미있는 이유는 대비 태세와 선견지명에도 불구하고 참사를 피하지 못했기 때문이다. 하지만 그보다는 일어날 것으로 전혀 예상하지 못한 실수 때문에 놀라게 되는 경우가 더 많다. 시트콤 애니메이션 〈심슨 가족The Simpsons〉의 주인공 호머가 상황이 벌어지고 나서야 실수를 깨닫고 "도D'oh!"라고 소리치는 것처럼 말이다.

기대하는 수행 성과를 예측하고, 의도한 대로 수행하고 있는지 계속 추적하는 것은 자기 모니터링을 실행하는 효과적인 방법 중 하나다. 잘못을 범했을 때는 그것을 성공 예측에서 생긴 부정적 오류로 등록하는 것이다. 외적 보상—커피가 기대했던 것보다 좋았는지 나빴는지, 최근에 보너스를 받았는지 못 받았는지 등—을 감지하는 데 관여하는 뇌 회로와 과제를 수행할 때 내면적 오류를 추적하는 데 관여하는 뇌 회로 사이에는 놀라울 정도로 완벽한 대칭 구조가 존재한다. 두 회로 모두 도파민과 밀접한 관련이 있어 보인다. 예를 들어 얼룩무늬되새zebra finches는 자신들의 노랫소리에 뜻밖의 소리가 뒤섞이면 도파민 뉴런의 발화가 감소하는 현상을 보인다. 이 특별한 도파민 뉴런은 노래 학습에 관여하는 뇌의 다른 영역에 투영된다. 도파민이 새의 뇌에 상주하며 최근 노래 학습 훈련의 성패를 알려주는 일종의 탤런트 쇼 심사위원 역할을 하는 셈이다. 공통의 오류 예측 알고리즘이 세상과 자신에 대한 학습에 관여한다고 했을 때 우리가 예상할 수 있듯이, 새가 노랫소리를 내는 과정에서 범한 내면적 오류를 추적하는 회로와 똑같은 회로가 외적 보상도 추적하는 것이다.[17]

자기를 인식하기

정리해보자. 지금까지 우리는 내면적 상태(항상성)의 변화를 감지해 수정하는 것부터 우리의 행동이 처음의 의도에서 벗어나지 않도록 모니터링하는 것까지 오류 교정 시스템이 다양한 차원에서 작동하는 경우들을 만났다. 다양한 형태의 자기 모니터링 능력은 동물 세계에 광범위하게 퍼져 있고, 특히 인간은 발달 단계 초기부터 모습을 드러낸다.[18] 또한 우리는 불확실성을 판단하고 내면적 상태와 행동을 모니터링하는 알고리즘은 인간의 뇌처럼 복잡한 자율규제 시스템 어디에서나 볼 수 있는 특징이라는 것도 알았다. 이 두가지 필수 블록은 자동적이고 무의식적으로 진행되는 자기 모니터링이란 의미로 심리학자들이 사용하는 용어인 암묵적implicit 메타인지의 핵심을 이룬다. 반면 명시적explicit 메타인지는 우리가 의식적으로 인식하는 메타인지를 가리킨다. 지금 하는 일을 망쳤다고 스스로 확신할 때는 명시적 메타인지가 작동하고 있는 것이다.

암묵적 메타인지와 명시적 메타인지의 관계를 비행기 조종사와 자동항법장치(오토파일럿)의 상호작용으로 설명한다면 좀 거칠지만 유용한 비유가 될 수 있다. 비행기의 '전자 두뇌'에 해당하는 자동항법장치는 비행기의 고도와 속도 등에 대한 정밀한 자기 모니터링 기능을 수행한다. 조종사는 오토파일럿의 작동을 감지하고 감시한다. 오토파일럿에 대한 모니터링을 제어하는 일은 조종사들의 생물학적 뇌가 맡고 있다. 조종사들은 오토파일럿이 하는 일을 주시하고 있다가 필요할 때 개입한다는 점에서 조종사와 오토파일럿의 상호작용은 초보적 형태의 '항공기 인식aircraft awareness'이라고 할 수 있다. 암묵적 메타인지와 명시적 메타인지의 상호작용은 하나의 뇌 안에서 일어난다는 점만 빼고는 조종사와 오토파일럿의 상호작용과 똑같다.

우리 뇌에 조종사에 해당하는 뭔가가 있어 머릿속에서 일어나는 일을 감시한다는 의미는 물론 아니다. 마음이 어떻게 작동하는지 묘사하기 위해 사용하는 개념과 모델은 마음이 신경의 하드웨어에서 어떻게 구현되는지 묘사할 때 사용하는 개념이나 모델과는 다른 경향을 보인다. 비유하자면 내 워드프로세서의 소프트웨어에 '존재하는' 이 책 속 단어들에 대해 얘기한다는 것은 말이 되지만, 내 노트북 회로판에 압축되어 있는 0과 1의 배열에서 단어를 찾는다는 것은 말이 안 된다. 따라서 우리는 자기인식을 다른 인지 프로세스(심리적 또는 계산적 분석 레벨)에 대한 '감시'와 '관찰'에 관여하는 무언가라고 말할 수도 있을 것이다. 그렇다고 우리 머릿속을 자세히 들여다보면 찾을 수 있는 감시자나 관찰자가 있다는 뜻은 아니다. 뇌에서 느낌이 생기고, 결정이 이루어지는 단일 장소는 없다는 인식이 인지 신경과학계에서 점점 보편화하고 있다. 메타인지도 마찬가지다. 자기인식이 '일어나는' 단일 위치는 없다.[19]

그럼에도 불구하고 인지과학적 관점에서 심리적 차원의 그림을 그려보면 몸과 마음을 '비행'하게 하는 데 필요한 많은 관련 프로세스를 명시적 메타인지의 관여 없이 자동항법장치가 다루는 모양새가 될 수 있다. 예측과 오류 예측은 우리의 정신을 태운 비행기가 일정 고도를 유지하면서 똑바로 날 수 있도록 끊임없이 조정 작업을 한다. 비행기의 고도를 3만 피트로 유지하기 위해 자동항법장치가 수행하는 부단한 조정 작업을 조종사가 대개 의식하지 못하듯이, 이러한 조정 작업의 대부분은 눈에 보이지 않는다.

동물에게도 암묵적 메타인지가 있다. 불확실성을 감지할 수 있고, 불확실하다고 느낄 때는 자기 행동의 오류를 추적한다. 이런 능력 덕분에 동물들도 앞 장에서 다룬 스미스의 불확실한 반응 테스트 같은 메타인지 테스트를 통과할 수 있다. 인간의 경우 생후 12개월밖에 안 된 유아들도 수준 높은 암묵적 메타인지 능력을 보인다. 성인에 이를 때쯤이면 대부분 자신과 타인의 마음에 대해 의식적으로 생각할 수 있는 명시적 형태의 메타인지 능력을 갖게 된다.[20]

그렇다면 남는 문제는 '왜'이다. 왜 우리는 의식적으로 자기 자신을 인식하는 놀라운 능력을 갖게 되었을까? 무의식적 자동항법장치의 거대한 집합체인 암묵적 메타인지는 자기인식 없이도 제 할 일을 다하는 것 같은데 말이다. 왜 애써 이 의식적 메타인지를 만드는 쪽으로 진화가 이루어졌을까?

　　　　　　　　Part 1 나 자신을 알라 - 자기인식의 과학

Chapter 3

나를 알고 너를 알기

"물질세계에 대한 우리의 그림이 감각 신호에 의해 제약받는 환상인
것과 마찬가지로 우리 자신과 다른 사람들의 정신세계에 대한 우리
의 그림은 우리와 그들이 하고 있고, 말하고 있는 것에 대한 감각 신
호에 의해 제약받는 환상이다."

―크리스 프리스,《마음 만들기》

불행하게도 시간을 거슬러 올라가 이미 사라진 우리 조상들의
자기인식 능력을 측정하는 것은 불가능하다. 하지만 자기인식의 기
원에 관한 한 가지 그럴듯한 가설은 이런 식으로 전개된다. 진화의
어느 시점에서 인간은 다른 사람들이 무엇을 생각하고, 무엇을 느

끼고, 무엇을 하는지 추적하는 것이 중요하다는 사실을 발견했다. 심리학자들은 "셰일라는 재닛이 여분의 음식에 대해 모른다는 것을 존이 알고 있다는 것을 안다"와 같은 유형의 사고를 하는 데 필요한 기술을 일컬어 '마음이론theory of mind' 또는 간단히 '마음읽기 mindreading'라고 부른다. 마음읽기가 자리를 잡고 어느 시점에 이르자 우리 조상들은 그 기술을 자기 자신에게 적용할 수도 있음을 깨닫게 된다. 인류 역사에서 이 특별한 전환은 인간의 마음에서 상당한 정도의 인지 변화가 나타난 5만~7만 년 전경에 일어났을 것으로 추정된다. 발견된 유물을 통해 그 무렵부터 팔찌나 구슬 같은 장신구의 착용이 보편화하기 시작했음을 알 수 있다. 이는 다른 사람들이 자신을 어떻게 인식하는지 신경 쓰고 이해하기 시작했다는 의미다. 프랑스 쇼베Chauvet에서 인도네시아 술라웨시Sulawesi까지 세계 각지에서 동굴 벽화가 일제히 등장하기 시작한 것도 그 무렵이다. 벽화를 그린 사람의 손을 본뜬 그림에서 들소, 돼지 같은 동물을 실물 크기로 그린 그림까지 인상적인 작품들이 남아 있다. 그것들을 왜 그렸는지는 확실히 알 수 없지만, 그 그림들이 다른 이들의 마음—다른 사람의 마음이든, 신의 마음이든—에 어떤 영향을 미칠지 인류 최초의 화가들은 어렴풋하게나마 인식하고 있었을 게 틀림없다.[1]

자신에 대한 인식과 타인에 대한 인식이 깊이 연계되어 있다는 얘기가 나오면 흔히 거론되는 사람이 옥스퍼드대학교 철학 교수인 길버트 라일Gilbert Ryle이다. 라일 교수는 타인의 마음을 이해하기 위해 사용하는 도구를 우리 자신에게 적용함으로써 자기성찰을 할 수 있다고 주장했다. 그는 "내가 나 자신에게서 찾아낼 수 있는 것들은 내가 다른 사람에게서 찾아낼 수 있는 것들과 동일하고, 그것들을 찾아내는 방법 또한 거의 동일하다"고 말했다.[2] 오래전 《뉴요커 New Yorker》에 실린 만화에서 남편이 아내에게 "내 생각을 내가 어떻게 알겠어? 내가 독심술사가 아닌데…"라고 말하는 대목은 라일의 생각을 명쾌하게 보여준 명장면이라고 할 수 있다.

나는 유니버시티칼리지런던에서 박사학위를 마치고 나서 라일 교수의 견해를 처음 접하게 됐다. 뇌 컴퓨터 모형 전문가인 너새니얼 도Nathaniel Daw 교수의 지도 아래 박사후과정을 시작하기 위해 뉴욕으로 옮긴 직후였다. 그 과정을 밟으면서 나는 두 가지 목표를 세웠다. 열여섯 살 때 너무 일찍 포기한 수학을 제대로 공부하는 것이 첫 번째 목표였고, 두 번째는 자기인식에 관한 컴퓨터 모형을 구축하는 것이었다. 처음에는 뉴욕대학교(NYU)에 1~2년 정도만 있을 생각이었다. 하지만 뉴욕은 떠나기 힘든 도시였고, 나는 체류 기간을 계속 연장했다. 두 가지 점에서 그것은 행운이었다. 그 기회를 이용해 너새니얼과 나는 메타인지 모형을 만들 수 있었고(해볼 가치가 있는 모든 학문이 그렇듯이 당초 예상보다 시간은 오래 걸렸지만), 국제연합United Nation(UN)에서 외교관으로 근무 중이던 아내를 만날 수 있었기 때문이다.

너새니얼과 내가 개발한 모델은 '메타인지 2차모형second-order model of metacognition'으로 알려져 있다. 자기를 성찰할 때 사용하는 계산 기제computational machinery는 입력 값만 다를 뿐 다른 사람에 대해 생각할 때 사용하는 계산 기제와 똑같다고 우리는 생각했다. 자기인식에 관한 라일 교수의 견해에서 파생된 2차 견해라고 할 수 있는 우리 생각이 틀리지 않다면, 사회적 인지를 연구함으로써 자기인식의 작동 방식에 관한 비밀을 밝혀낼 수 있어야 한다. 좀더 구체적으로 말하자면 다른 사람의 마음에 대해 우리가 생각하는 방식의 비밀 말이다.[3]

아이들의 자기인식 능력

"키스는 캐런이 영화표를 사는 것을 그가 원한다고 캐런이 생각하고 있다고 믿는다"는 문장에서 보듯이 마음읽기의 결정적 특징은 재귀성이다. 이 문장의 재귀적 구조에서 각 단계는 현실과 상충할 수 있다. 예를 들어 캐런은 전혀 그렇게 생각하지 않을지도 모르고, 설사 그렇게 생각하더라도 키스는 캐런이 영화표를 사는 것을 원치 않을 수도 있다. 마음읽기의 성패는 어떤 특정한 상황에 대한 다른 사람의 관점이 우리 자신의 관점과 상충할 가능성을 표현할 수 있는 능력에 달려 있다. 어떨 때는 그것을 표현하기가 어려울 수 있다.《뉴요커》의 다른 만화에 달린 "물론 나는 당신이 느끼기 바란다는 것을 당신이 알아차렸다고 내가 생각한 것을 당신이 어떻게 상상했는지 신경을 써"라는 캡션이 이를 잘 보여준다.

다른 사람이 생각하고 있다고 우리가 생각하는 것과 다른 사람이 실제로 생각하고 있는 것 사이의 불일치는 희극적 오해의 풍부한 원천이 될 수 있다. 1981년 미국의 지미 카터 전 대통령이 일본의 한 대학에서 연설하면서 농담을 했는데, 농담의 분량에 비해 통역은 아주 짧았다. 그럼에도 청중은 일제히 폭소를 터뜨리며 미국에서 똑같은 농담을 했을 때보다 훨씬 뜨거운 반응을 보였다. 카터 대통령은 통역을 어떻게 했는지 궁금했다. 한참을 망설이던 통역은 "카터 대통령이 우스운 이야기를 했으니 모두 웃어야 합니다"로 통역했다고 털어놓았다.

성인이 되면 우리는 보통 마음읽기가 힘든 일이 아니라는 것을 알게 된다. 누가 무엇을 아는지 재귀적으로 계산하며 속을 끓일 필요가 없다. 우리는 통상적인 대화를 할 때 서로의 마음에서 어떤 일이 벌어지고 있는지에 대해 일정 정도의 가정—우리는 무엇을 알고 있고, 다른 사람들은 무엇을 알고 있는지—을 공유하고 있다. 내가 아내에게 "지금 가고 있어"라고 문자를 보내면 아내는 그것이 내가 집이나 동물원, 또는 화성으로 가고 있다는 뜻이 아니라 아이를 데리러 주간보육센터로 가고 있다는 의미인 줄 안다. 하지만 이 유창한 마음읽기 능력은 태어날 때부터 타고난 것도 아니고, 자라면서 누구나 갖게 되는 것도 아니다.

다른 사람의 마음을 읽는 능력을 테스트하기 위해 고안된 전통적 실험에서는 아이들에게 보통 다음과 같은 이야기를 들려준다. "맥시는 자기 초콜릿을 벽장에 숨겼어. 맥시가 밖에 나간 사이 엄마는 그 초콜릿을 벽장에서 서랍으로 옮겼지. 집에 돌아온 맥시는 그 초콜릿을 어디서 찾으려 할까?" 맥시는 초콜릿이 벽장에 있다고 생각한다—사실과 상충하기 때문에 잘못된 믿음false belief이라고 한다—는 사실을 인식할 줄 아는 경우에만 아이들은 정답을 맞힐 수 있다. 네 살까지의 아이들은 종종 이 테스트에서 실패한다. 초콜릿이 있다고 맥시가 생각하는 곳보다 실제로 초콜릿이 있는 곳에서 찾으려 할 거라고 대답하기 때문이다. 자폐증을 가진 아이들도 이런 종류의 잘못된 믿음 테스트를 어려워하는 경향을 보인다. 이는 다른 사람의 마음 상태를 매끄럽게 추적하는 데서 자폐아들이 겪는 어려움을 시사한다. 자폐아들에게 마음읽기 문제는 아주 특수할 수 있다. 한 실험에서 자폐아들에게 물리적 배열을 암시하는 그림들(예컨대 언덕을 굴러 내려가는 바위)을 보여주고 시간 순서대로 정리하라고 했을 때는 보통 아이들보다 낮지는 않아도 비슷한 결과를 보였다. 하지만 마음 상태의 변화에 대한 이해가 필요한 그림들(예를 들어 자신의 테디베어 인형을 누군가가 가져간 걸 알고 깜짝 놀라는 소녀)을 보여주고 정리하라고 했을 때는 부분적으로 장애를 보였다.[4]

아이들의 자기인식에 관한 실험에서도 유사한 특징이 나타난다. 시모나 게티Simona Ghetti 연구실이 진행한 실험에서 연구자들은 아이들에게 배, 아기, 마차, 빗자루 같은 일련의 그림을 보여주고 순서대로 외우라고 했다. 그런 뒤 연구자가 제시한 두 개의 그림 중 앞에서 본 것을 골라내게 했다. 한 쌍의 그림이 끝날 때마다 각자의 선택에 대한 자신감을 알아보기 위해 다른 아이가 고른 그림 중 자신이 정답을 골랐다고 확신하는 정도—아주 불확실, 약간 불확실, 확실 3단계—에 가장 어울린다고 생각하는 그림을 고르라고 했다. 각 연령 그룹 모두 비슷한 개수의 그림을 까먹는 경향을 보임으로써 엇비슷한 수준의 기억력을 보였다. 하지만 연령별로 메타인지 능력은 확연한 차이를 보였다. 3세 연령 그룹의 자신감은 정답을 골랐을 때나 오답을 골랐을 때나 거의 차이를 보이지 않았다. 자신이 맞았는지 틀렸는지 판단하는 능력에서 미약한 수준을 드러냈다. 반면 4세와 5세 그룹은 양호한 메타인지 능력만 아니라 상을 탈 생각에 자신감이 높은 답부터 먼저 제시하는 경향을 보였다. 성인이 다지선다형 시험을 칠 때 답이 불확실하다고 느끼는 문제는 일단 건너뛰듯이 4세가 될 무렵이면 아이들도 자신들이 틀릴 수 있다는 것을 알아차리고 대답을 옆으로 밀어놓는 분별력을 보인다는 뜻이다.[5]

세상을 보는 다른 사람의 시각이 자신의 시각과 다른지 아닌지 판단할 수 있는 능력—마음읽기—은 아이들이 명시적 메타인지 능력을 갖게 되는 시기와 거의 비슷하게 발현된다는 사실은 흥미롭다. 마음읽기와 메타인지라는 이 두 가지 능력은 현실과 일정한 거리를 유지하면서 우리가 믿는 것이 실제와 다를 수 있는 때가 언제인지 인식할 수 있느냐에 달려 있다. 바꿔 말해 세상에 대한 우리의 판단이 부정확할 수 있다는 것을 이해하는 데 사용하는 기제는 우리가 다른 사람의 잘못된 믿음을 판단할 때 사용하는 기제와 같다는 뜻이다. 이를 시험하기 위해 아이들에게 '속임수' 물건을 주는 실험을 했다. 돌멩이라고 해놓고 사실은 스펀지를, 초콜릿이 든 상자라고 해놓고 사실은 연필이 든 상자를 주었다. 그 물건들을 처음 봤을 때 뭐라고 생각했느냐는 질문에 3세 아이들은 돌멩이는 스펀지이고, 초콜릿 상자는 연필 상자임을 처음부터 알았다고 대답했다. 하지만 5세 연령대 아이들 대부분은 물건들에 대한 자신들의 첫인상이 잘못된 줄 알았다고 대답함으로써 자기의심self-doubt 단계에 성공적으로 진입했음을 보여주었다. 이것을 변형한 다른 실험에서는 테이블을 사이에 두고 아이들을 서로 마주 보게 앉혀놓은 뒤, 테이블 위에 상자 여러 개를 올려놓았다. 각 상자 안에는 동전이나 초콜릿 등 깜짝 선물이 하나씩 있었다. 그러고는 아이들 중 한 명에게만 상자 안에 무엇이 있는지 말해주었다. 상자 안에 무엇이 들었는지 듣지 못한 3세 아이들 중 절반만 상자 안에 무엇이 있는지 모른다고 정확하게 인식했다. 반면 5세 아이들은 모두 자신들의 '무지 ignorance'를 인식하고 있었다.[6]

물론 이 모든 결과가 단순한 우연의 일치일 수도 있다. 메타인지와 마음읽기는 별개의 능력인데 어쩌다 보니 비슷한 비율로 발달하는 것일 수 있다. 그게 아니면 두 능력이 선순환 구조로 밀접하게 얽혀 있을 수도 있다. 메타인지가 좋을수록 마음읽기 능력이 발달하고, 마음읽기 능력이 발달할수록 메타인지도 좋아지는 식으로 말이다. 이 가설을 시험하는 한 가지 방법은 아이들의 발달 단계 초기에 나타나는 마음읽기 능력의 차이를 보고 나중에 발현될 자기인식 능력을 통계적으로 예측할 수 있는지 따져보는 것이다. 적어도 한 연구에서는 그게 사실로 밝혀졌다. 4세 아이의 마음읽기 능력을 토대로 나중에 그 아이가 보여줄 자기인식 능력을 예측할 수 있었다. 언어 능력의 차이를 감안해도 결과는 마찬가지였다. 이 가설을 시험하는 또 다른 방법은 메타인지와 마음읽기라는 두 가지 능력이 서로를 방해하는지 따져보는 것이다. 만일 그렇다면 이 두 가지가 공통의 정신적 자산에 기반하고 있다고 볼 수 있기 때문이다. 최근의 연구 결과는 이러한 예상에 부합했다. 다른 사람이 어떻게 느끼는지에 대한 생각이 과제 수행에 관한 자기성찰 능력은 방해하지만, 과제 수행의 다른 측면이나 자신감에는 영향을 미치지 않는 것으로 나타났다. 이는 자신이나 다른 사람에 대한 인식이 공통의 신경 기제에 기반하고 있다고 했을 때 예상했던 것과 정확하게 일치하는 것이다.[7]

자기인식은 어디서 갑자기 툭 튀어나오는 것이 아니다. 앞 장에서 본대로 자기 모니터링의 필수 블록들은 생후 12개월 때부터 자리를 잡기 시작한다는 것을 실험실 연구를 통해 알 수 있다. 동공의 움직임을 관찰해보면 3세가 안 된 유아들도 잘못된 믿음에 민감하게 반응하는 확연한 신호를 감지할 수 있다. 2세 무렵부터 아이들은 부모나 교사가 정한 규칙이나 표준에 따라 자기 행동을 평가하기 시작한다. 거기에 못 미쳤을 때는 죄책감이나 당혹감을 나타내고, 성공했을 때는 자부심을 표시하는 등 자기의식적 감정self-concious emotion을 드러낸다. 메타인지와 자기의식적 감정의 연관성은 "다른 사람들이 우리에 대해 생각하는 것을 생각하다 보면… 얼굴을 붉히게 된다"는 찰스 다윈Charles Darwin의 말에서 일찍이 예상됐던 것이다.[8]

거울에 대한 이해와 언어 구사력도 아이들의 자기인식 능력 발현에 기여하는 것으로 보인다. 널리 알려진 거울 테스트에서 아이들은 몸에 점같이 생긴 것을 찍고 실험에 참여한다. 거울을 본 아이들이 점을 문질러 없애려고 몸을 움직인다면 거울 속에 있는 사람이 다른 사람이 아닌 자기 자신이라고 인식하고 있다는 증거다. 2세 무렵이면 대부분의 아이가 이 시험을 통과한다는 것은 그때쯤이면 이미 아이들이 자기 몸의 존재를 이해하기 시작한다는 뜻이다. 거울 속에서 자기 자신을 인식하는 능력을 보면 그 아이가 얼마나 자주 '나', '나에게', '나의', '나의 것' 같은 1인칭 대명사를 사용하게 될지도 예측할 수 있다. 자기 몸에 대한 인식은 더 일반적인 자기인식의 중요한 전조인 셈이다.[9]

능숙한 언어 구사는 재귀적 사고의 촉진제가 되기도 한다. '내가 X를 믿는 것'인지 아니면 '그녀가 X를 믿는 것'인지 생각하는 메타인지와 마음읽기라는 정신적 곡예는 동일한 언어적 도구 세트를 사용한다. 아이들의 언어 습득 과정에서 심적 상태를 나타낼 때 사용하는 단어들, 예를 들어 '믿다', '생각하다', '잊다', '기억하다'와 같은 단어들이 '배고프다'처럼 신체 상태를 나타내는 단어들보다 늦게 나타나는 것은 우연이 아닌 것으로 보인다. 신체 언어에서 정신 언어로의 전이는 아이들이 다른 사람의 마음을 이해하는 능력을 습득할 때쯤 영어, 프랑스어, 독일어 등 구사하는 언어와 상관없이 공통적으로 일어난다. 언어와 마찬가지로 마음읽기도 재귀적이다. 다른 사람의 마음 상태일 거라고 믿는 것을 자기 자신의 마음에 이입하는 것이기 때문이다.[10]

여러분의 아이나 손주에게서 자기인식이 나타나는 것을 지켜보는 것은 황홀한 경험일 수 있다. 내 아들 핀은 이 책을 절반쯤 썼을 때 태어났다. 핀이 태어난 지 18개월이 됐을 때는 마지막 교정 작업 중이었는데, 그 무렵 우리는 복도에 전신 거울이 있는 새 아파트로 이사했다. 어느 날 오후 함께 공원에 갈 준비를 마친 핀이 그 거울 앞에 서서 고개를 양옆으로 조금씩 움직이면서 거울에 비친 제 모습을 시험하는 모습을 가만히 지켜본 적이 있다. 핀은 거울을 쳐다

Part 1 나 자신을 알라 - 자기인식의 과학

보면서 한 손을 제 입에 집어넣고는(거울 만지기의 전형적 특징) 미소가 가득한 얼굴로 나를 돌아보며 킥킥거렸다.

최초의 자기인식과 아이들의 장난기 사이에 어떤 연관성이 있는지도 모른다. 초기 연구에 따르면 자기인식의 표시(거울 보며 자기 알아보기나 1인칭 대명사 사용하기 등)는 바나나를 전화기로 사용하거나 테디베어 인형을 위해 세심한 티파티를 열어주는 등 아이가 소꿉놀이pretend play를 했는지 여부와 관련이 있다. 메타인지가 발현됨에 따라 아이들이 믿는 것과 실제의 차이를 인식하고, 자신들을 위한 가상 세계를 만들어내는 것일 수 있다. 메타인지와 마음읽기가 하는 폭넓은 역할을 생각하면 아이들이 하는 소꿉놀이와 어른들의 연극이나 소설 감상 사이에는 매혹적인 연관성이 있다. 우리는 어른이 되어서도 소꿉놀이를 멈추지 않는다. 다만 그 대상이 달라질 뿐이다.[11]

아이들에게서 발견되는 자기인식의 이러한 전조 가운데 일부는 다른 동물들에서도 발견된다. 뉴욕 브롱스동물원에 있는 침팬지, 돌고래, 코끼리는 거울 테스트를 통과할 수 있었다. 특히 침팬지는 다른 동물들이 보는지 못 보는지 추적할 수도 있다. 예를 들어 눈을 가린 동물은 먹을거리를 못 본다는 것을 안다. 개는 시선을 선택하는 정교한 능력을 보여준다. 실험자가 쳐다보고 있지 않을 때 먹을 것을 슬쩍하거나 아무 장난감이나 물어오라고 시키면 굳이 주인의 시선 방향에 있는 장난감을 물어온다. 하지만 오로지 인간만이 세상에 대한 다른 사람의 시각이 나의 시각과 진짜로 다를 수 있다는 것을 이해할 수 있는 듯하다. 예를 들어 침팬지 B가 등을 돌린 상태에서 맛있는 스낵이 옮겨지고 있는 것을 침팬지 A가 보더라도(유인원 판 맥시 테스트) 침팬지 A는 이 정보를 자신에게 유리하게 활용해 혼자 몰래 그 스낵을 차지할 줄 모른다. 그것을 할 수 있으려면 좀더 어려운 계산 문제를 풀 수 있어야 한다. 어떤 믿음이 잘못됐음을 인식하기 위해서는 뚜렷하게 서로 다른 두 가지 세계상을 저글링하듯 비교하며 따질 수 있어야 한다. 어떤 방식으로든 인간의 뇌는 그것을 따지는 방법을 찾아냈고, 그 과정을 통해 자신에 대해 생각하는 비범한 능력을 획득했다. 생물학적으로 어떻게 인간의 뇌가 이토록 놀라운 묘기를 가능하게 하는지 알아보면서 이 장을 마치려 한다.[12]

뇌의 자기성찰 기제

런던의 링컨스인필즈법원 가까이에 있는 헌터박물관Hunterian Museum은 갖가지 뇌를 전시하고 있다. 이 박물관은 18세기 계몽주의의 절정기에 외과 의사이자 과학자로 활동한 스코틀랜드 출신의 존 헌터가 수집한 놀라운 해부학 표본의 전당이라 할 수 있다. 내가 이 박물관에 처음 간 것은 유니버시티칼리지런던에서 뇌 과학 박사학위 과정에 들어간 직후였다. 딱 맞는 크기의 맞춤형 병에 조심스럽게 보존된 상태로 고풍스런 나선형 계단 주변의 방들에 전시돼 있는 온갖 종류의 뇌—인간과 동물의 뇌—가 특별히 나의 관심을 끈 것은 당연했다. 거기에 있는 모든 뇌는 각각의 주인이 주변 환경을 이해하고 먹을 것을 찾고 (운이 좋았다면) 짝을 찾는 데 도움을 주었을 것이다. 포르말린 용액에 영구보존 처리되기 전까지 뇌 속의 복잡한 뉴런 망은 그 주인이 삶의 전쟁터에서 살아남아 새로운 하루를 맞이할 수 있도록 전기 자극에 불을 붙였을 것이다.

헌터박물관에 가서 사람들의 뇌를 볼 때마다 으스스한 느낌이 들었다. 어떤 면에서 그것들은 다른 동물의 뇌와 마찬가지로 정교하게 다듬어진 정보처리 장치라는 것을 알고 있지만, 병 속에 든 사람의 뇌를 대할 때면 거의 종교적인 경외감 같은 것을 떨쳐내기 힘들었다. 저 모든 각각의 뇌는 한때 스스로 살아 있음을 알았다. 인간을 한층 더 재귀적으로 만들고, 자기를 인식하게 만드는 인간의 뇌란 도대체 무엇이란 말인가? 그 마법의 재료는 무엇일까? 그런 마법의 재료가 있긴 한 걸까?

인간의 뇌를 동물의 뇌와 비교하는 것에서 한 가지 단서를 찾을 수 있다. 사람의 뇌는 신체 크기에 비해 유난히 큰 것으로 알려져 있다. 부분적으로는 사실이지만, 흔히 생각하는 것과는 조금 다르다. 사실 뇌와 신체 크기를 비교하는 것은 큰 의미가 없다. 이는 노트북이 데스크톱보다 작기 때문에 똑같은 칩이라도 노트북에 들어가 있는 칩이 데스크톱에 든 칩보다 성능이 좋다고 말하는 것과 비슷하다. 이런 유의 비교는 서로 다른 종—인간을 포함해—의 뇌가 유사한지 상이한지 이해하는 데 별반 도움이 안 된다.

서로 다른 종의 뇌를 올바르게 비교하는 열쇠는 뇌의 크기가 아니라 브라질의 뇌 과학자 수자나 에르쿨라누-오우젤Suzana Herculano-Houzel이 '뇌 수프brain soup'라고 부르는 것 안에 든 뉴런의 숫자에 있다. 죽은 사람이나 동물의 뇌를 분쇄기에 넣고 돌리면 뇌 전체 덩어리에 있는 뇌세포의 수만 별도로 계산해낼 수 있기 때문에 서로 다른 종의 뇌에 대한 의미 있는 비교가 가능해진다.

모양과 크기가 다른 다양한 뇌에 대한 힘겨운 연구 끝에 매우 흥미로운 패턴 하나가 나타나기 시작했다. 인간과 원숭이, 침팬지 같은 유인원을 포함한 영장류의 뇌 속에 든 뉴런의 숫자는 뇌의 부피에 따라 선형적으로 증가한다는 사실이다. 어떤 원숭이의 뇌 크기가 다른 원숭이의 두 배라면 그 원숭이가 가진 뉴런도 두 배라는 뜻이다. 하지만 쥐 같은 설치류의 경우에는 뇌의 크기에 따른 뉴런의 증가세가 완만한 상승곡선을 그리다가 어느 시점에 가서는 평탄해지기 시작한다. 즉 멱법칙power law(한 수가 다른 수의 거듭제곱으로 표현되는 두 수의 함수 관계—옮긴이)으로 알려진 함수 관계를 따른다. 설치류의 뉴런 숫자를 10배로 늘리려면 뇌의 크기를 40배로 키워야 한다. 주어진 뇌의 용적에 뉴런을 쟁여 넣는 방식에서 설치류는 영장류보다 효율성이 훨씬 떨어지는 셈이다.[13]

이런 연구 결과를 인간의 진화라는 맥락에서 살펴보는 것이 중요하다. 진화는 나쁜 것에서 좋은 것으로 일방통행으로 진행하는 과정이라기보다 가지 뻗기, 즉 분지分枝의 과정이다. 진화는 나무와 모양이 닮았다. 뿌리 쪽으로 내려가면 다른 동물들이나 우리나 조상이 같다. 하지만 수백만 년 전 나무의 몸통에서 다른 종들이 가지를 쳤고, 그 가지들이 또 가지를 치고, 가지의 가지들이 또 가지를 치면서 오늘에 이르렀다. 이렇게 보면 호모 사피엔스Homo sapiens라고 하는 인간은 진화 나무의 정상—정상이라고 할 만한 것도 없지만—에 있는 것이 아니라 단지 하나의 특별한 나뭇가지를 차지하고 있을 뿐이다. 그런 점에서 설치류의 뉴런에서 발견되는 축척비법칙scaling law(자연계에서 일어나는 거시적 현상의 규모와 빈도 사이에 나타나는 일정한 비례적 규칙성—옮긴이)이 1억 500만 년 전 영장류 계통에서 갈라져 나간 아프로테리아상목Afrotheria(아프리카코끼리 포함)과 그보다 훨씬 늦게 갈라져 나온 우제목Artiodactyl(돼지와 기린 포함)에서도 발견된다는 점은 더욱 놀랍다. 진화 나무에서 차지하는 위치와 상관없이, 영장류는 진화의 관점에서 특이 사례outlier처럼 보인다. 하지만 다른 영장류와 비교한다면 인간은 그렇지 않다.[14]

영장류가 국외자로 뽑힌 이유는 주어진 뇌의 용적에 더 많은 뉴런을 담을 수 있는 매우 효율적인 방법을 갖고 있기 때문으로 보인다. 소와 침팬지 뇌의 중량은 비슷하지만, 뇌의 뉴런 수는 침팬지가 소의 약 2배에 달한다. 영장류의 뇌 부피가 크다고 자랑스러워할 수 있는 이유는 뉴런의 숫자만 놓고 볼 때 영장류의 뇌가 다른 종에 비해 유리하기 때문이다. 정리하자면 인간의 뇌가 특별한 이유는 두 가지다. 첫째 우리가 영장류이기 때문이고, 둘째 우리의 머리가 다른 영장류보다 상대적으로 더 크기 때문이다.[15]

이것이 정확히 무엇을 의미하는지 아직 우리는 잘 모른다. 하지만 아주 개략적으로 말하면 이른바 고차원적 기능에 쓸 수 있는 처리 능력processing power이 단지 더 크다는 뜻이 아닐까? 지각, 행동, 항상성 유지도 물론 대단히 중요한 기능이지만, 그것을 뛰어넘는 고차원적 기능, 즉 자기인식에 쓸 수 있는 처리 능력 말이다. 이제 우리는 인간의 뇌에는 감각피질인지 운동피질인지 규정하기 어려운 커다란 띠 모양의 피질 영역이 있다는 것을 안다. 전통적으로 연합피질association cortex이라고 불러왔지만, 사실 애매한 명칭이다. 들어오고 나가는 수많은 인풋과 아웃풋의 결합이나 연결을 돕는 영역이라는 뜻으로 그렇게 불러왔을 뿐이다.

어떤 전문용어를 선호하든, 분명한 것은 다른 영장류에 비해 인간의 뇌에서는 이 연합피질 영역이 특별히 발달해 있다는 점이다. 예를 들어 연합피질의 일부로, 뇌의 앞쪽에 있는 전전두피질의 여러 부위를 현미경으로 관찰해보면 리본처럼 생긴 피질 막에서 추가적인 뇌세포 층을 발견할 수 있다. 이른바 과립층granular layer이다. 우리는 아직도 이 세포층이 어떤 역할을 하는지 완전히 이해하지 못한다. 다만 서로 다른 종의 뇌를 비교할 때 과립층이 해부학적 랜드마크 구실을 한다는 것은 안다. 인간의 전전두피질의 과립층 부위는 원숭이에 비해 훨씬 크고 주름도 많다. 설치류에는 아예 과립층이 없다. 인간의 자기인식에 특별히 중요한 역할을 하는 것으로 보이는 부위가 바로 연합피질의 이들 영역—특히 전전두피질—이다.[16]

뇌의 이 부위가 인간의 자기인식을 어떻게 지원하는지 규명하는 것이 연구실에서 우리가 진행하는 많은 실험의 목표다. 만일 여러분이 웰컴인간뇌영상센터를 방문해 피험자를 자원하면 우리는 다양한 종류의 뇌 스캐너 사진이 붙어 있는 알록달록한 응접실에서 여러분을 맞이할 것이다. 안내를 받아 지하로 내려가면 각 촬영실에 설치된 여러 가지 대형 뇌 스캐너 실물을 볼 수 있다. 스캐닝 실에 입장하는 피험자의 안전을 보증하는 서류를 작성한 뒤 여러분은 스캐너 침상에 눕게 된다. 스캐너의 자기공명영상장치(MRI)는 강력한 자기장을 사용하기 때문에 실험에 참가하는 자원자들은 몸에 금속성 물체를 지니고 들어갈 수 없다. 침상에 누운 여러분은 머리 위에 있는 프로젝터 스크린을 통해 여러 가지 지시사항을 보게 될 것이다. 스캐너가 윙 소리를 내며 돌아가는 동안 우리는 여러분에게 여러 질문을 할 것이다. "이 단어를 본 기억이 있습니까?", "어떤 그림이 더 밝다고 생각하십니까?" 같은 질문들이다. 때로는 "당신이 제시한 답이 맞다고 얼마나 확신하십니까?"처럼 자신의 판단에 대한 생각을 요구하는 질문도 할 것이다.

MRI는 강력한 자기장과 전파의 파동을 이용해 몸속 세포 조직의 위치와 유형을 정확하게 찾아낸다. 또 MRI 스캔을 이용해 실험 참가자들의 고화질 3차원 입체 뇌 영상도 만들 수 있다. 스캐너의 세팅을 고속 스냅촬영 모드로 바꾸면 수 초 간격으로 연속 촬영을 할 수 있기 때문에 뇌 부위별 혈류산소포화도의 변화를 추적할 수 있다. 이를 fMRI라고 한다. 신경의 발화가 격렬할수록 더 많은 산소를 소모하기 때문에 혈류산소포화도는 신경 활동의 정도를 나타내는 유용한 지표다. 뉴런의 빠른 발화에 비해 fMRI의 신호는 매우 느린 편이다. 하지만 이 신호에 통계 모형을 적용하면 사람이 특정한 과제를 수행할 때 더 활발해지거나 덜 활발해지는 영역에 하이라이트 표시를 한 뇌 지도를 재구성하는 게 가능하다.

내가 여러분을 fMRI 스캐너에 눕히고 자기 자신에 대해 생각할 것을 요청한다면 십중팔구 나는 연합피질의 핵심적인 두 부위에서 나타나는 활성도 변화를 관찰할 것이다. 내측전전두피질medial prefrontal cortex과 쐐기앞소엽precuneus이라고도 하는 내측두정엽피

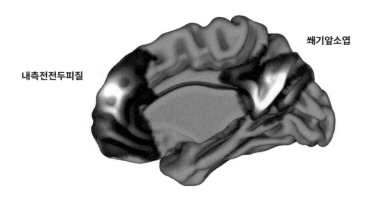

쐐기앞소엽

내측전전두피질

메타 분석 도구인 뉴로쿼리NeuroQuery를 이용해 그린 뇌의 안쪽 표면 활성화 지도. 검색어는 '자기지시적'. (https://neuroquery.org, accessed September 2020.)

질medial parietal cortex로, 때로는 둘을 합쳐 피질중심구조cortical midline structures라고 부르기도 한다. 이를 보여주는 그림이 위에 나와 있다. 이 그림은 특정 검색어—이 경우엔 '자기지시적self-referential'—와 일치하는 뇌 활성화 패턴에 관한 문헌을 찾아주는 소프트웨어를 통해 구했다.

　피험자들에게 '친절한'이나 '불안해하는' 같은 형용사가 피험자 자신 또는 영국 여왕 같은 유명인에게 해당되는지 판단해달라고 했을 때 내측전전두피질에서 강력한 활성화가 감지됐다. 가장 최근에 있었던 생일파티처럼 자기 자신과 관련한 기억을 떠올릴 때도 같은 영역이 활성화하는 것으로 나타났다. 놀랍게도 다른 사람에 대해 생각할 때도 뇌의 같은 부위가 활성화했다. 이는 마음읽기와 자기인식이 공통의 신경기제에 의해 뒷받침된다는 라일 교수의 생각과 일치하는 것이다. 이 두 활동 패턴이 얼마나 일치할지는 다른 사람이 우리와 얼마나 닮았는가에 달려 있다.[17]

뇌 영상기술은 강력한 도구지만, 누군가가 스캐너 안에서 하고 있거나 생각하고 있는 것과 신경 활동 패턴의 상관관계를 보여줄 때만 의미가 있다. 뇌 영상만으로는 뇌의 특정 영역이나 활동 패턴이 특정한 인지 프로세스에 인과적으로 관여하고 있는지 알 수 없다. 그보다는 경두개자기자극법transcranial magnetic stimulation(TMS) 같은 자극 기술을 이용해 인과관계를 조사할 수 있다. TMS는 강력한 자기 파동으로 피질 내 특정 영역의 정상적 신경 활동을 일시적으로 방해한다. TMS를 이용해 두피 정중앙을 자극하면 자기 자신과 관련이 있는 형용사를 식별하는 속도에 선별적으로 영향을 미친다. 이는 이 영역에서의 정상적인 뇌 프로세스가 자기성찰에 중요하다는 것을 시사한다.[18]

이 네트워크의 손상은 말 그대로 자기 자신을 아는 능력의 상실이라는 자기인식의 심각한 변화로 이어질 수 있다. 뇌 손상이 메타인지에 문제를 야기할 수 있다는 힌트는 1980년대 중반에 처음 나왔다. 캘리포니아대학교 샌디에이고캠퍼스에서 박사후과정 연구원으로 있던 아서 시마무라Arthur Shimamura는 환자 'HM'에 대한 후속 연구를 진행 중이었다. 뇌전증 치료를 위해 뇌수술을 받았다가 새로운 것을 기억하는 능력을 영구 상실한 것으로 밝혀져 유명해진 환자다. 수술을 담당한 의사는 기억력에 결정적으로 중요한 해마가 있는 내측측두엽medial temporal lobe 부위를 절제했다. 시마무라가 담당한 환자들은 HM처럼 측두엽이 손상된 상태였기 때문에 그들 중 다수가 기억상실 증세를 보인 것은 놀랄 일이 아니었다. 놀라운 것은 환자 중 일부는 자신의 기억 장애를 인식하지 못했다는 점이다. 실험실 테스트에서 그들은 심각한 메타인지 장애를 보였다. 정답 여부에 대해 스스로 느끼는 자신감 수위를 평가하지 못했다.

메타인지 결함을 보인 환자 중 일부는 알코올 중독과 관련이 있는 코르사코프증후군Korsakoff's syndrome을 앓고 있는 것으로 나타났다. 이들은 측두엽 같이 기억의 저장과 관련이 있는 부위만 아니라 전전두피질을 포함한 전두엽 부위에도 손상을 입고 있었다. 시마무라의 연구는 메타인지에는 전전두피질도 중요하다는 것을 보여준 최초의 연구였다.[19]

하지만 연구 결과에는 한 가지 문제가 있었다. 시마무라의 환자들은 모두 기억상실증을 앓고 있었기 때문에 왠지 메타인지 장애는 기억력 상실에 비해 부차적인 것으로 비칠 수 있다는 점이다. 이는 자기인식에 관한 과학적 연구 결과를 해석할 때 유념해야 할 점 중하나가 무엇인지 보여준다. 어떤 그룹이 다른 그룹보다 빈약한 메타인지 능력을 보이더라도 지각, 기억, 의사결정 등에서 더 안 좋은 상태를 보이면 메타인지에 대한 관심이 떨어진다. 메타인지 능력의 상실이 사실이라 하더라도 다른 인지 프로세스의 변화 때문일 수 있다고 보는 것이다. 과제 수행의 다른 측면에서는 개인 간 또는 집단 간에 차이가 없지만, 유독 메타인지에서만 차이가 있는 경우라면 다른 요인들로는 설명할 수 없는 자기인식의 변화만 따로 분리해냈다고 좀더 자신 있게 말할 수 있을 것이다.

이 잠재적 혼입변수confounding variable(종속변수에 잠재적으로 영향을 미칠 수 있는 변수 중 제대로 고려되지 못하고 간과된 변수—옮긴이)를 통제하기 위해서는 메타인지는 손상됐지만 기억력은 멀쩡한 환자를 찾아낼 필요가 있었다. 1989년 발표한 두 번째 논문에서 시마무라와 그의 동료들은 바로 그런 환자들의 경우를 다뤘다. 전전두피질이 손상된 환자들 중 일부 그룹에 기억력은 비교적 정상이지만, 메타인지가 훼손된 사람들이 있었다. 뇌의 내측측두엽 부위가 손상되면 기억력 장애를 일으키지만 메타인지에는 문제가 없고, 전두엽 부위가 손상되면 메타인지는 훼손되지만 상대적으로 기억력에는 문제가 없는 것으로 나타났다. 이른바 이중해리double dissociation(능력 A는 우수한데 능력 B는 문제가 있는 사례처럼 두 가지 능력이 뇌에서 서로 분리되어 있는 상태—옮긴이) 현상으로, 신경과학계에서는 희귀한 경우였다. 시마무라의 발견은 자기인식은 손상이나 질환에 의해 선별적으로 영향을 받을 수 있는 뇌의 독특한 프로세스에 의존하고 있다는 것을 명쾌하게 보여주었다.[20]

시마무라의 발견은 메타인지 연구의 선구자 중 한 명인 토머스 넬슨Thomas Nelson이 비슷한 시기에 수행한 특이한 연구 결과를 설명하는 데도 도움을 줬다. 등산 애호가였던 넬슨은 등산과 심리학에 대한 개인적 관심을 결합해 에베레스트 등정에 오른 자기 친구들을 대상으로 기억력 테스트를 실시했다. 높은 해발 고도에도 불구하고 그의 친구들은 기본적인 기억력 테스트는 문제없이 통과했다. 하지만 자신들이 써낸 답이 정답일지 아닐지 예측하는 데서는 정확성이 현저히 떨어졌다. 극한적 고도가 메타인지에 큰 영향을 미쳤다고 볼 수 있다. 에베레스트 정상(8848미터)의 대기 중 산소함유량은 해수면 산소함유량의 약 3분의 1 수준이다. 산소 부족이 전전두피질의 기능에 상당한 지장을 초래했기 때문에 등산가들이 일시적으로 시마무라의 환자들과 유사한 특징을 보였다고 말할 수 있을 것이다.[21]

그로부터 몇 년 후 기능적 뇌 영상화 기술이 도입되면서 정상 작동 중인 건강한 뇌를 측정함으로써 그러한 가설을 직접 시험할 수 있는 길이 열렸다. 카오연칭Kao Yun-ching과 그녀의 동료들은 자원자들에게 산이나 방 같은 일련의 그림들을 기억하게 하고는 fMRI를 이용해 그들의 뇌 활동 변화를 영상화했다. 각각의 그림 보기가 끝날 때마다 피험자들이 메타인지를 활용할 수 있도록 "당신이 나중에 이 그림을 기억할까요?"라고 물었다. 카오는 실제로 그림을 기억했는지, 그림을 기억할 것으로 예측했는지 등 두 가지를 기준으로 피험자들의 뇌 활동을 분류했다. 그림을 실제로 기억한 사람들 경우 예상대로 측두엽에서 신경 활동 증가가 관찰됐다. 하지만 측두엽은 메타인지 능력과는 무관하고, 메타인지적 판단은 내측전전두피질 영역의 활성도와 관련이 있는 것으로 나타났다. 피험자들이 실제로 나중에 그림을 기억했는지 여부와 상관없이, 기억할지 못할지를 예측할 때 내측전전두피질에서 신경 활동이 증가했다. 특히 메타인지가 좋은 사람들의 경우 이 영역의 활성도가 크게 높아졌다. 건강한 뇌를 영상화한 결과는 시마무라가 기억상실증 환자들로부터 도출한 결론을 뒷받침한다. 전전두피질이 자기인식의 결정적 중추라는 결론 말이다.[22]

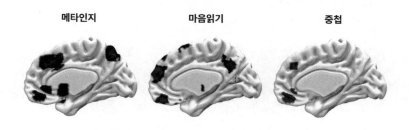

| 메타인지 | 마음읽기 | 중첩 |

메타인지에 대한 메타분석을 통해 그린 뇌 활성화 지도. 뇌 영상 데이터 플랫폼인 뉴로신스 Neurosynth에 '멘털라이징mentalizing'을 검색어로 입력했을 때 나온 뇌 활성화와 비교했다. 바카로와 플레밍(2018)의 허락을 구해 재구성했다.

성년에 이를 무렵이면 대개 우리는 자신이 아는 것과 다른 사람들이 아는 것에 대해 생각하는 데 능숙해진다. 얼마 전 앤서니 바카로Anthony Vaccaro와 나는 그동안 축적된 마음읽기와 메타인지에 관한 문헌을 조사해 다양한 논문에서 보고된 뇌 활성화 패턴을 종합한 뇌 지도를 만들었다. 일반적으로 메타인지와 관련된 뇌 영역은 마음읽기와 관련한 영역보다 좀더 등쪽dorsal이면서 뒤쪽posterior인 경향을 보였다. 하지만 내측전전두피질의 배쪽ventral이면서 앞쪽anterior에서는 마음읽기와 메타인지와 관련한 뇌 활동의 명백한 중첩overlap 현상이 관찰되었다. 이는 자신과 남에 대해 생각할 때 유사한 신경 기제가 작동한다는 의미로, 우리가 자기 자신을 어떻게 인식하게 되는지에 관한 라일식 2차 견해와 맥을 같이 한다.[23]

인간 정신의 진화

우리는 동물에도 어느 정도 자기인식의 전조가 있다는 것을 이미 알고 있다. 메타인지의 과학은 흑과 백보다는 회색 그늘을 다룬다. 동물들도 최소한 암묵적 메타인지 능력은 갖고 있어서 기억이나 결정에 대한 자신감을 가늠한 뒤 이를 근거로 미래의 행동 방향을 정한다. 그렇기 때문에 동물의 뇌에서 자신감과 메타인지의 신경적 상관관계를 식별해낸다고 해서 이상할 것은 없다. 설치류와 원숭이의 전두엽과 두정엽에서 발견되는 신경 활동 패턴 같은 것 말이다.[24]

다시 말하지만 자기인식은 '모 아니면 도' 같은 현상이라기보다는 하나의 연속체로 이해해야 한다. 자기인식의 많은 전조들은 영유아에서도 나타난다. 하지만 특별한 수준의 자기인식은 성인이 된 인간에게서만 나타나는 것으로 보인다. 이는 다른 모든 것을 떠나 연합피질 신경망이 확장된 결과로 봐야 한다. 이것이 능숙한 언어 구사력과 결합해 자기 자신에 대한 심층적이고 재귀적인 모형 구축에 필요한 계산적 토대를 형성한다.[25]

감각피질과 운동피질은 계층 구조로 되어 있으며 그 시스템의 일부는 정보 입력 쪽에 가깝고 또 다른 쪽은 정보 처리 쪽에 가깝다고 보는 견해를 우리는 이미 접한 바 있다. 연합피질도 이와 유사한 준계층 구조를 갖고 있다는 것이 요즘 견해다. 예컨대 전전두피질에는 일정한 기울기가 있어서 뇌의 앞쪽으로 갈수록 점점 더 추상적인 연상 작용이 일어난다. 자기인식에 관여하는 피질중심계cortical midline system는 1차적인 감각 및 운동 영역과의 연결로 볼 때 가장 멀리 떨어져 있는 것 중 하나로 보인다. 사람들이 스캐너 안에서 조용히 쉬고 있을 때도 전전두피질의 신경망이 확실히 활성화하는 것은 우연이 아닐 것이다. 아무것도 하지 않을 때 우리는 종종 생각을 자기 자신으로 돌려 과거를 돌아보고 잠재적 미래를 상상한다. 심리학자 엔델 툴빙Endel Tulving은 이러한 형태의 메타인지에 '자기주지능력autonoesis'이라는 이름을 붙였다. 인간은 과거에 대한 기억, 현재에 대한 지각, 미래에 대한 예상 속에 존재하는 자기 자신을 인식한다는 의미다.[26]

메타인지와 마음읽기의 연관성은 자기인식이라는 유별난 능력을 갖추는 쪽으로 인간이 진화해온 원동력을 이해하는 단서를 제공한다. 먼 옛날 우리의 정신적 삶이 어떻게 형성됐는지 알기 어렵기 때문에 지금 하려는 얘기 중 많은 부분은 물론 추측이다. 하지만 경험에서 우러난 추측이라고 할 수 있다. 영장류에 적용되는 축적비 법칙 덕분에 피질이 급속히 확장되면서 인간 뇌 피질의 뉴런 수는 전례 없이 증가했다. 이를 활용해 인간은 획기적으로 차별화된 전전두피질과 지각·행동의 표준적 루프를 뛰어넘는 특별한 기제를 만들어냈다. 하지만 에르쿨라누-오우젤이 지적했듯이 열량의 급격한 증대가 없었다면 인간의 뇌가 지금처럼 커질 순 없었을 것이다. 열량 확대에 필요한 연료는 사회적 협력의 선순환에서 왔을 것이다. 사회적 협력을 통해 더욱 정교해진 수렵과 조리법은 피질의 추가 확장을 촉진했고, 이는 다시 훨씬 큰 규모의 협력과 더 많은 열량 확보로 이어졌을 것이다. 이러한 긍정적 피드백 루프 덕에 다른 사람과 조정하고 협력하는 능력은 더욱 소중해졌을 것이다. 마음속으로 생각하고 있는 것을 다른 사람과 공유할 수 있게 하고, 지각적 또는 인지적 자원을 한데 모을 수 있게 함으로써 메타인지가 사회적 차원에서 제공하는 특별한 혜택을 우리는 이미 살펴본 바 있다. 입 밖에 내는 단순하고 일방적인 말을 다른 사람들이 생각하고 느끼는 것에 대한 공통의 이해로 전환하기 위해서는 마음읽기가 중요해졌을 것이다. 다른 많은 동물에게도 자기 모니터링 능력이 있지만, 다른 개체의 마음속 내용을 명시적으로 표출하는 능력과 필요성을 갖고 있는 것은 오로지 인간뿐이다.[27]

지금까지 함께 한 여정을 정리해보자. 우리는 불확실성을 판단하고, 자기 모니터링에 관여하는 단순한 시스템이 어떻게 작동하는지 살펴봤다. 메타인지를 가능케 하는 필수 블록 중 많은 것들이 무의식적으로 작동하면서 신경의 자동항법장치 기능을 제공한다. 동물의 왕국은 이 기능을 폭넓게 공유하고 있다. 특히 인간은 발달 단계 초기부터 이 기능을 선보인다. 자기인식은 걸음마를 시작하는 아기 때부터 나타나기 시작해 3~4세가 되면 완전히 모양을 갖춘다. 하지만 3세 무렵의 자기인식은 평생을 함께할 성찰적 사고의 시작에 불과하다. 다음 장에서는 성인들의 삶 전반에 걸쳐 자기인식 능력에 계속해서 영향을 미치는 다양한 요인들을 살펴볼 것이다. 이러한 요인들을 활용함으로써 우리는 성찰의 힘을 의식적으로 촉진하고 가다듬을 수 있는 도구들을 발견하게 될 것이다.

Chapter 4

자기를 인식하는 수십억 개의 뇌

"이 세상에서 가장 큰 위험인 자아 상실은 아무것도 아닌 것처럼 조용히 일어날 수 있다. 다른 모든 상실, 예를 들어 팔, 다리, 5달러, 아내… 의 상실은 눈에 띄기 마련이다."

―쇠렌 키르케고르, 《죽음에 이르는 병》

2002년 2월 12일, NBC 기자인 짐 미클라스제스키Jim Miklaszewski는 도널드 럼즈펠드 미국 국방장관에게 이라크가 대량살상무기를 보유하고 있는 증거에 대해 물었다. 이 질문에 럼즈펠드는 유명한 답변을 남겼다.

"우리가 알다시피 세상에는 우리가 알고 있음을 알고 있는 것들이 있고, 모르고 있음을 알고 있는 것들도 있다. 하지만 세상에는 우리가 모르는지도 모르는 것들도 있다. 우리 나라와 다른 자유 국가들의 역사를 돌이켜볼 때 진짜 어려운 문제가 되는 것은 대개 후자의 범주에 속한다."

모르고 있음을 안다거나 모른다거나 하는 생각은 외부세계(무기나 경제적 위험처럼)에 대해 판단할 때 필요하다. 럼즈펠드의 논변은 이라크 침공을 지지하는 쪽으로 미국 여론을 설득하는 데 영향을 미쳤다. 백악관과 영국 정부는 모르는지조차 모르는 그 특별한 문제—결국은 환상에 불과한 대량살상무기—를 방치하는 것은 너무 위험하다는 판단에 의기투합했다. 우리는 자기 자신에 대한 판단에 동일한—모르는지조차 모르는—카테고리를 적용함으로써 자기인식을 계량화하는 도구를 만들 수 있다.

처음에는 이 말이 이상하게 들릴 것이다. 그렇다면 책의 색인이 유용한 비유가 될 수 있을 것 같다. 색인의 각 항목은 대개 그 항목이 나와 있는 쪽수를 가리킨다. 색인은 그 책의 자기 자신에 대한 지식을 표상한다고 볼 수 있다. 색인의 항목은 그 주제를 다루고 있는 쪽수와 일치하기 때문에 책의 메타인지는 정확하다. 그러나 색인을 만들면서 실수로 아무 상관도 없는 항목을 끼워 넣었다면 그 책의 메타인지에는 문제가 발생한다. 실제로는 그 항목에 해당하는 페이지가 없음에도 색인은 있다고 '생각'할 것이기 때문이다. 마찬가지로 색인을 만드는 사람이 항목 하나를 빠뜨렸다면 색인이 '알지' 못하는 무엇인가에 대한 정보가 책에 담기게 될 것이다. 이 또한 부정확한 메타인지의 한 형태다.

책의 색인과 유사한 방식으로 사람 마음의 메타인지 메커니즘은 우리가 무엇을 알고 무엇을 모르는지에 대한 감각을 제공한다. 외운 대사를 기억할 수 있을 것이라는 배우의 믿음처럼, 우리가 알고 있고 알고 있다는 것을 아는 것들이 있다(책과 색인이 일치하는 경우). 또한 쇼핑 리스트 없이 장을 보러 가면 몇 가지는 생각나지 않을 가능성이 있는 것처럼, 모르거나 알 수 없을 것이란 것을 우리가 아는 경우도 있다. 럼즈펠드의 분류 체계에 있는 '모르는지도 모르는 것'처럼 우리가 모른다는 사실조차 모르는 경우도 많이 있다. 자기인식이 고장 난 경우다.

자기인식의 측정과 계량화는 초창기 일부 선구적 심리학자들이 심취한 주제였음에도 불구하고, 심리학에서는 논쟁적 역사를 갖고 있다. 1880년대 빌헬름 분트Wilhelm Wundt(독일의 심리학자이자 철학자로, '근대 심리학의 아버지'로 일컬어지는 인물이다—옮긴이)는 지각과 느낌에 대한 사람들의 생각을 체계적으로 정리한 데이터를 축적했다. 이를 위해 분트는 연구실에서 수천 시간을 보내며—데이터를 분석하는 도구가 발명되기 이전인 탓도 있었지만—지각과 느낌에 대한 사람들의 판단을 꼼꼼하게 기록했다. 하지만 '내성주의 introspectionism' 분석으로 알려진 분트의 연구는 신뢰할 수 없고 심리학의 다른 분야에 비해 정확성이 떨어진다는 비판을 받았다. 그 여파로 초창기 심리학계는 두 파로 갈라졌다. 행동주의 진영에 속하는 학자들은 자기인식은 연구 대상이 되기에 부적절하다고 주장했다. 프로이트 추종자들이 포진한 다른 진영은 자기인식의 중요성은 인정하면서도 연구실 실험보다는 정신분석을 통해 규명하는 게 낫다는 주장을 폈다.[1]

어떤 면에서는 둘 다 맞고, 어떤 면에서는 둘 다 틀렸다고 볼 수 있다. 심리학에는 엄격한 실험이 필요하다는 행동주의자들의 주장은 옳지만, 인간의 자기인식은 그와 무관하다고 본 것은 잘못이다. 프로이트주의자들이 자기인식을 중요하고 형상화하고 바꿀 수 있는 것으로 본 것은 맞지만, 과학적 실험이 아닌 스토리텔링에 국한해 접근한 것은 잘못이다. 역설적이지만 사람들이 하는 이야기에만 의존해서는 자기인식의 과학은 성립할 수 없다. 당연한 얘기지만, 메타인지가 부족하면 메타인지가 부족하다는 사실 자체를 알기 어렵다. 그래서 필요한 게 정량적 접근이다.[2]

메타인지의 정확성을 측정하는 최초의 시도 중 하나가 1960년대 스탠퍼드대학교 대학원생인 조지프 하트Joseph Hart에 의해 이루어졌다. 사람들은 흔히 지금 당장 기억해낼 수 있는 것보다 더 많이 알고 있다고 생각하는 경향이 있다는 점에 착안한 하트는 그 둘 사이의 편차를 이용하면 메타인지를 파악할 수 있을 것으로 생각했다. "엘튼 존의 진짜 이름은 무엇인가?"라고 물으면 사람들은 실제로는 기억을 못하면서도 마치 정답을 아는 것 같은 착각에 빠진다. 정답이 나올 듯 말 듯 혀끝에서 맴도는 상태를 심리학자들은 '설단 tip of the tongue' 상태라고 부른다. 하트는 일련의 퀴즈에 대한 응답자들의 반응에서 관찰된 설단 상태의 강약을 통해 응답자가 나중에 정답을 맞힐 수 있을지 없을지 예측할 수 있다는 것을 알았다. 바꿔

말해 설사 정답을 기억해내지 못할지라도 아는 것은 안다고 하는 정확한 느낌은 갖고 있다는 것이다.[3]

하트의 접근 방식은 자기인식의 양적 척도를 개발하는 열쇠가 됐다. 하트는 자기 자신에 대한 판단 데이터를 체계적으로 수집하고, 이를 실제의 인지적 수행 성과와 비교하는 것이 가능함을 보여주었다. 예를 들어 우리는 사람들에게 다음과 같은 질문을 할 수 있다.

- 당신은 이 주제에 대한 공부를 할 수 있을까요?
- 당신의 결정이 옳다고 어느 정도나 확신합니까?
- 당신은 간밤에 아내에게 진짜로 말을 한 건가요, 꿈을 꾼 건가요?

이 질문들에 답하려면 다른 인지 과정(구체적으로 학습, 결정, 기억)의 성공 여부에 대한 판단이 필요하다. 그러면 각각의 경우 우리의 판단이 실제 성과와 관련이 있는지 평가할 수 있다. 즉 학습에 대한 판단이 실제 학습 성과와 관련이 있는지, 결정에 대한 자신감이 올바른 의사결정을 내릴 가능성과 관련이 있는지 따져볼 수 있다. 서로 다른 여러 상황에서 사람들이 보이는 자신감을 관찰하고 그들이 제시한 답이 실제로 맞는지 틀리는지 기록할 수 있다면, 사람들이 가진 메타인지의 정확도를 보여주는 상세한 통계적 그림을 완성할 수 있을 것이다. 사람들의 반응을 표로 요약하면 다음과 같다.

	강한 자신감	약한 자신감
정답	A	B
오답	C	D

　표 안의 각 상자에 들어갈 판단의 상대적 비율이 메타인지의 정확성을 계량화하는 눈금자 역할을 한다. 메타인지가 뛰어난 사람들은 자신의 판단이 옳았을 때 강한 자신감(A)을 보이고, 틀렸을 때 약한 자신감(D)을 보이는 경향을 드러낸다. 반면 메타인지가 안 좋은 사람들은 실제로는 자신이 틀렸는데도 때때로 강한 자신감(C)을 보이거나 자신이 옳은데도 약한 자신감(B)을 보인다. A와 D가 많고 B와 C가 적을수록 메타인지가 더 좋다는 의미인데, 이런 경우를 일컬어 메타인지 감수성metacognitive sensitivity이 좋다고 한다. 메타인지 감수성은 자신감의 전반적 경향성을 가리키는 메타인지 편향 metacognitive bias과는 미묘하면서도 중요한 차이를 보인다. 전반적으로 자신감이 높은 상태에서 잘못을 저지를 때마다 내가 그 사실을 알고 있다면(D), 나의 메타인지 감수성은 높은 편이라고 할 수 있다. 우리는 통계적 모형에서 나온 매개변수를 사람들의 자신감 평가(메타-d' 혹은 Φ 등으로 표시)에 맞춤으로써 사람들의 메타인지 감수성을 계량화할 수 있다. 그 어느 때보다 정교한 모형들이 개발되고 있지만, 그 모형들의 목적은 결국 자기 평가가 실제적인 정답과 오답 여부를 추적하는 정도를 숫자로 나타내는 것으로 귀결된다.[4]

메타인지 능력의 차이는 어디서 오는가?

2006년 내가 유니버시티칼리지런던의 인지신경과학 박사학위 과정에 들어갔을 때는 뇌 영상 분야의 연구 성과들이 자기인식의 신경적 기반에 대한 명확한 힌트를 막 제공하기 시작하던 때였다. 하지만 실험실에서 메타인지를 정확히 계량화하는 데 필요한 도구 는 빠져 있었다. 박사학위 과정 초기에 나는 뇌 영상 실험의 실행과 분석 방법을 익히는 데 대부분의 시간을 보내면서도 부수적 프로젝 트로 메타인지 측정 도구 개발에 참여했다. 박사학위 과정 마지막 1년을 남겨두고서야 나는 자기인식 연구에 필요한 이 도구 세트를 신경과학에 접목시킬 수 있겠다는 생각을 우연히 하게 됐다.

2008년 7월의 어느 화창한 여름 날, 나는 우리 센터의 저레인 트 리즈Geraint Rees 팀에서 신경학 박사학위 과정을 밟고 있던 리모 나 바일Rimona Weil과 퀸스퀘어에서 점심을 먹었다. 리모나는 자신과 저레인트가 인간의 개인 간 차이가 어디서 오는 것이고, 그 차이가 뇌 구조와 기능의 측정 가능한 차이와 관련이 있는가 하는 문제에 어떻게 관심을 갖게 됐는지 이야기했다. 나는 그녀에게 메타인지와 관련해 내가 수행한 부수적 프로젝트에 대해 설명했다. 그렇다면 우리 둘이 힘을 합쳐 개인의 메타인지 차이가 뇌의 어디에서 오는 지 규명할 수 있겠다는 것을 거의 동시에 깨달았다. 이 프로젝트가 향후 10년 동안 내 삶의 모습을 결정지을지 그때는 몰랐다.

리모나와 나는 메타인지 능력의 차이를 결정짓는 것으로 보이 는 뇌 신경망에 우선 초점을 맞추기로 하고, 사람들에게서 나타나는 메타인지의 개인적 차이를 뇌 구조의 미묘한 차이와 연결시키는 작업에 착수했다. 실험을 위해 우리 연구실을 찾은 참가자들은 두 가지 테스트를 받았다. 조용한 방에 앉아 1시간 넘게 이어지는 시각적 이미지에 관한 까다로운 결정과 판단을 하는 것이 첫 번째 테스트였다. 참가자들은 컴퓨터 화면에 반짝하고 나타난 첫 번째 이미지와 두 번째 이미지 중 어느 쪽에 좀더 밝은 이미지 조각이 들어 있는지 신속하게 결정해야 했다. 또 결정이 끝날 때마다 자신의 대답에 대한 자신감을 6점 척도로 판단해 표시하게 했다. 실수가 많으면 컴퓨터가 자동적으로 난이도를 조절해 좀더 쉬운 문제가 나오도록 했다. 반대로 참가자가 잘 맞히면 좀더 어렵게 조절했다. 이런 방법으로 과제 수행 점수를 비슷한 수준으로 맞춰줌으로써 우리는 참가자들의 메타인지 능력, 즉 순간순간 달라지는 자신의 과제 수행 성과를 판단하는 능력을 측정하는 데 집중할 수 있었다.

첫 번째 실험을 통해 우리는 두 가지 성적표를 얻었다. 하나는 참가자들의 시각적 식별 능력을 보여주는 성적표이고, 또 하나는 그들의 메타인지 능력을 보여주는 성적표였다. 첫 번째 과제에서는 전원이 고루 좋은 점수를 받았지만, 두 번째 과제, 즉 메타인지 감수성 테스트에서는 참가자별로 큰 차이를 보였다.

첫 번째 실험을 마친 참가자들을 상대로 MRI를 이용해 뇌를 스캐닝하는 것이 두 번째 실험이었다. 두 번의 스캐닝을 통해 우리는 두 가지 데이터를 얻었다. 첫 번째 스캐닝으로 뇌의 서로 다른 영역들에 있는 회색질(뉴런의 세포체)의 부피 차이를 수치화한 데이터를 얻었고, 두 번째 스캐닝을 통해서는 뇌에 있는 백색질(뇌의 각 영역을 연결하는 부위)의 차이를 조사했다. 뇌 손상을 입은 환자들을 대상으로 한 선행 연구 결과로 볼 때 우리는 메타인지와 관련된 전전두피질에서 차이를 발견하게 될 것으로 가정했다. 하지만 그 차이가 구체적으로 무엇일지에 대해서는 전혀 감을 잡지 못했다.

결과는 놀라웠다. 메타인지가 좋은 사람일수록 뇌의 맨 앞쪽에 있는 전전두피질 영역인 전두극frontal pole(앞쪽전전두피질 또는 전두극피질로도 알려져 있음)에 회색질이 더 많은 것으로 나타났다. 또 이 영역에서 들어오고 나가는 신경섬유다발에 있는 백색질도 더 많은 것으로 조사됐다. 이 발견을 통해 우리는 정확한 자기인식을 지원하는 뇌 회로의 일부를 우연히 만난 것일 수 있다고 생각했다.[5]

오랜 시간에 걸친 힘겨운 정신물리학적 실험과 뇌 스캐닝을 통해 데이터를 수집하는 작업은 어렵지만, 일단 데이터가 쌓이면 분석 작업은 놀랄 정도로 빠르게 진행된다. 뇌 영상 데이터 분석용 소프트웨어 패키지 가운데 가장 널리 사용되고 있는(게다가 무료임) 것이 우리 센터가 개발한 통계적매개변수사상Statistical Parametric Mapping(SPM) 프로그램이다. 그전까지는 아무도 건강한 뇌에서 메타인지와 관련한 차이를 찾아볼 생각을 못했다. 헛수고로 끝날 가능성이 매우 컸기 때문이다. 하지만 이제는 뇌 영상 데이터 처리를 위해 수백 줄의 컴퓨터 코드를 입력하고 나면 SPM 프로그램에서 단 한 번의 클릭으로 우리가 어떤 유의미한 결과를 얻은 것인지 아닌지 금방 알 수 있게 됐다. 텅 빈 뇌 영상이 컴퓨터 화면에서 통계학적 지도로 변하는 모습을 지켜보는 것은 가슴 두근거리는 경이로운 경험이었다.

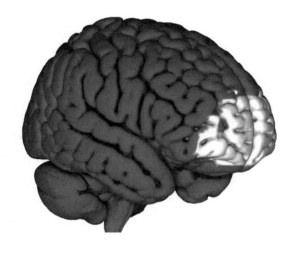

우리 연구는 예비적 성격인데다 거칠고 간접적인 뇌 구조 측정 방식인 복셀기반형태계측voxel-based morphometry(국소적인 뇌의 변형을 통계적으로 측정해 3차원 공간에 투영하는 뇌 영상 분석 기법—옮긴이)에 의존하고 있었다. 시간이 지난 지금은 우리 연구가 이런 종류의 실험으로는 샘플 크기가 너무 작고 검정력이 부족한 연구였음을 알고 있다. 통계학적 검정력은 어떤 효과가 실제로 존재한다고 했을 때 실험을 통해 그 효과를 낼 수 있을지 여부를 말해준다. 필요한 샘플의 숫자는 발견할 것으로 기대하는 효과의 크기에 따라 결정된다. 통계학적으로 남자가 여자보다 키가 크다는 사실을 밝혀내려면 남녀 각각 15~20명 정도의 샘플이 필요하다. 그 정도면 샘플에

섞일 수 있는 노이즈를 제거하면서도 통계적 차이에 자신감을 가질 수 있다. 하지만 남녀 모두 어린이가 어른보다 키가 작다는 것을 밝혀내는 데는 그보다 적은 수의 샘플—남녀 간 차이보다 효과 크기effect size가 크기 때문에—이면 된다. 뇌 영상의 경우 효과 크기가 점점 작아지는 경향이 있고, 특히 개인 차이에 있어서는 더욱 그렇다는 것이 요즘에는 정설이다. 따라서 우리가 연구를 수행했던 몇 년 전에 비해 지금은 훨씬 큰 규모의 샘플이 필요하다.[6]

다행스럽게도 메타인지에서 전두극피질이 하는 역할에 관한 비슷한 증거들이 다른 연구실에서도 속속 나오고 있었다. 어떤 과학적 발견에 자신감을 갖기 위해서는 다양한 접근법을 통해 그것을 재현하는 것이 중요하다. 때마침 같은 해 일본 교토대학의 나카무라 가츠키中村克樹 교수 연구팀이 우리와 유사한 연구 결과를 발표했다. 다만 뇌의 구조가 아니라 기능을 측정하는 방식을 사용한 점이 우리와 달랐다. 나카무라 교수팀은 전두극피질의 활성화 수준을 보면 개인 간 메타인지의 차이를 미리 알 수 있다는 걸 밝혀냈다. 몇 년 후 나의 동료인 라우하콴劉克頑이 뉴욕에 있는 컬럼비아대학교 실험실에서 우리의 연구를 재현해 같은 결과를 얻어냄으로써 전두극 내 회색질의 부피가 큰 사람이 메타인지 능력에서 우월하다는 사실을 또 한 번 입증했다.[7]

전전두피질의 맨 앞쪽에 있는 전두극은 앞장에서 우리가 만난 뇌의 정보처리 계층 구조의 맨 꼭대기 근처에 있는 것으로 생각된다. 다른 영장류에 비해 인간의 전두극피질이 가장 확장된 뇌 영역 중 하나인 것은 우연이 아닌 듯하다. 인간과 마카크원숭이 뇌에 대한 해부학적 연구를 통해 옥스퍼드대학교 연구원들은 전전두피질 영역의 많은 소영역들을 두 종에서 똑같이 확실하게 식별할 수 있었다. 두 종의 유일한 차이가 외측전두극lateral frontopolar에서 발견된다는 사실도 알아냈다. 인간의 뇌는 외측전두극에 새로운 간이역 하나를 확보한 것으로 보인다.[8]

첫 번째 실험 이후 새로운 데이터가 우리 연구실에 계속 쌓임에 따라 지금은 많은 자원자가 다양한 과제를 수행하면서 보인 메타인지 감수성을 계량화한 여러 데이터 세트를 보유하고 있다. 이 데이터로부터 우리는 인간의 메타인지는 개인별로 놀라울 정도로 크고 지속적인 차이를 보인다는 사실을 알아가고 있다. 과제 수행 능력이 비슷한 수준인데도 어떤 사람은 자신의 과제 수행 능력에 대한 통찰력이 제한적인 반면 어떤 사람들은 자신들이 잘하고 있는지 아닌지 잘 인식하고 있다. 통제된 실험실 환경에서 확인한 메타인지의 또 다른 특징은 메타인지는 비교적 과제 수행과는 무관하다는 점이다. 과제 수행을 잘하지 못하리란 걸 인지하고 있는 한 여러분의 메타인지는 좋은 상태에 있는 것이다(오답에 어울리는 낮은 자신감을 가짐으로써). 미적분을 엉터리로 이해하고 있었음을 깨닫거나 새로 배운 언어에서 자신의 미숙함을 고통스럽게 자각하는 상황의 실험실 버전이다. 스스로 저지른 멍청한 짓을 깨닫는 데 가장 유용한 도구가 자기인식이란 얘기다.

이러한 도구를 사용해 메타인지를 계량화하는 실험에서 사람들은 자신감 과잉일 때―자신이 다른 사람들보다 잘하고 있다고 생각할 때―도 수행 성과의 변화에는 꽤 민감한 반응을 보였다. 여론

조사를 해보면 사람들은 자신을 평가할 때 통상적으로 '평균 이상'이라고 생각하는 경향—과잉 자신감 메타인지 편향—을 보인다. 운전 실력, 직무 수행 능력, 지능을 평가할 때 모두 마찬가지다(대표적인 직군이 학자들이다. 한 연구에서 미국 대학 교수의 94퍼센트가 자신의 강의 능력을 평균 이상이라고 평가한 것으로 조사됐는데, 이는 통계적으로 불가능한 숫자다!). 일반적으로 부풀려진 자기 평가에도 불구하고 시험을 치면서 실수를 하거나 운전을 하면서 기어를 잘못 넣으면 여전히 우리는 그걸 알아차릴 수 있다.[9]

우리는 또 메타인지는 비교적 한 개인의 안정적 특징이라는 점도 밝혀냈다. 즉 성격적 특성과 비슷하다. 오늘 검사를 받으면서 여러분이 양호한 메타인지를 보였다면 내일 검사 때도 여러분은 양호한 메타인지를 보일 가능성이 크다. 이런 성향을 가리켜 아르헨티나의 신경과학자인 마리아노 시그만Mariano Sigman은 '메타인지 지문 metacognitive fingerprint'이라는 표현을 썼다.[10] 성격적 특성과 닮은 메타인지의 특징은 인간의 메타인지 형성에 그 사람의 인성, 인지 능력, 정신 건강 등도 일정한 역할을 하는 게 아니냐는 추론을 가능케 한다. 우리 연구팀의 트리샤 서우Tricia Seow와 마리옹 루오Marion Rouault는 수백 명의 자원자를 대상으로 기분, 불안, 습관, 신념 등에 관한 일련의 질문에 답하게 했다. 각 참가자들의 답변 패턴으로부터 일정한 숫자 세트들을 뽑아내 그 숫자들을 불안감과 우울증 수준, 강박행동 수준, 사회적 위축 수준 등 정신건강 상태를 보여주는 3차원 모형 상의 위치와 연동시켰다. 모형 상의 위치를 통해 각 개인의 메타인지 지문을 예측한 뒤 별도의 과제를 통해 그들의 메타인지를 측정했다. 불안감이 심한 사람일수록 자신감은 낮았지만, 메타인지 감수성은 높아지는 경향을 보였다. 반면 강박증이 심한 사람들은 정반대의 패턴을 보였다. 이 실험 결과는 자신을 어떻게 생각하는 가는 정신건강에 따라 달라질 수 있다는 견해와 일치한다.[11]

이 실험에 우리는 간단한 지능지수(IQ) 검사도 포함시켰다. 예상대로 IQ는 전반적으로 과제 수행 능력과 일관된 상관성을 보였지만, 메타인지 감수성과는 무관한 것으로 나타났다. 샘플 숫자가 거의 1000명에 가까웠기 때문에 IQ와 메타인지 사이에 체계적 관계가 존재한다면 우리는 그것을 탐지했을 것이다. 지능과 자기인식은 별개라는 또 다른 증거는 내가 뉴욕대학교에서 박사후 연구원으로 있을 때 신경심리학자인 캐런 블랙먼Karen Blackmon과 공동으로 진행한 연구에서도 나왔다. 앞쪽전전두피질에 생긴 종양을 절제한 환자들의 경우 통제그룹에 비해 IQ에서는 차이가 없지만, 메타인지 감수성은 상당한 장애를 보인다는 사실을 알게 된 것이다. 자기인식과 지능 모두 전전두피질에 의존하고 있지만, 유연한 생각을 지원하는 뇌 회로와 생각에 대한 생각을 지원하는 뇌 회로는 분명히 다를 수 있다는 점에 우리는 큰 호기심을 느꼈다.[12]

자신감과 성과의 관계

메타인지의 추상적 능력은 전전두피질 계층 구조의 최상위 레벨이 뇌의 다른 영역에서 오는 광범위한 입력 정보에 접근할 수 있다는 점을 고려하면 이해할 수 있다. 전전두피질의 최상위 레벨에는 일종의 광각렌즈가 있다. 이를 통해 서로 다른 출처에서 오는 수많은 정보를 한데 모아 우리의 기량과 능력에 관한 추상적 모형을 만든다. 이 점은 인간의 자기인식 생성에 관여하는 뇌 회로가 지각과 행동을 초월한다는 것을 암시한다. 감각계통에서 오는 정보의 불확실성에 대한 판단을 행동의 성공 여부에 관한 정보와 결합하는 방식으로 말이다. 우리가 이 책의 출발점에서 만난 자기인식의 두 가지 필수 블록이 이제 서로 얽히고 있다.

실험실 연구에서 새로 드러난 증거도 이런 견해를 뒷받침하고 있다. 예를 들어 TMS를 이용해 운동 계획에 관여하는 뇌 회로를 살짝 교란하면 판단력 자체에는 영향이 없지만, 지각적 판단에 대한 자신감에는 변화를 줄 수 있다. 마찬가지로 어떤 결정을 내리는 간단한 행동—그 자극은 A 또는 B라고 말하는 행동—만으로도 메타인지 감수성을 개선할 수 있다. 이는 우리 자신의 행동이 자기인식을 떠받치는 계산에 중요한 입력값이 될 수 있음을 시사한다.[13]

타이피스트들을 대상으로 한 실험 결과 또한 잘못을 감지하는 능력은 우리가 하는 행동(자판 누르기)과 그 행동의 지각적 결과(화면에 나타난 단어) 양쪽을 추적하는 능력에 달려 있다는 것을 보여준다. 피험자가 실수를 깨닫기 전에 먼저 개입해 자동으로 실수를 바로잡아주는 컴퓨터 코드—문자 자동완성 기능을 갖춘 스마트폰처럼—가 작동하도록 실험을 조작하면 피험자는 타이핑 속도를 늦추면서도—뇌 어딘가에 실수를 기록한다는 의미—자신이 실수했다는 사실은 인정하지 않는다. 그와 반대로 'word'라고 입력하면 화면에 'worz'로 표시되도록 코드를 조작해 실수를 유발하게 만들면 피험자는 자신이 저지르지도 않은 실수에 대해서도 순순히 잘못을 인정한다.[14]

인간은 무엇을 했어야 하는지 알았지만 그렇게 하지 않았을 때만 자기 잘못을 인정하고 실수를 후회한다. 이 점을 반영해 설계한 실험에서 신경과학자 루시 찰스Lucie Charles와 스타니슬라스 데하네Stanislas Dehaene는 인식할 수 없을 정도로 자극이 짧은 경우에는 실수를 모니터링하는 신경적 특성이 사라진다는 사실을 알아냈다. 직관적으로 보면 이것은 일리가 있다. 자극을 알아차리지 못하면 추측할 수밖에 없기 때문에 우리가 잘못을 저지른 것인지 아닌지 알 수가 없다. 우리는 입력값(지각)과 출력값(행동)이 명료하고, 모호하지 않을 때만 자신의 수행 성과를 의식적으로 평가할 수 있다.[15]

광각렌즈가 메타인지를 지원한다는 말은 현재의 신체 상태도 과제를 수행하면서 느끼는 우리의 자신감에 큰 영향을 미칠 수 있다는 뜻이다. 예컨대 컴퓨터 화면에 동공의 크기와 심장 박동에 변화를 일으킬 정도로 혐오스러운 얼굴이 아주 짧은 시간(사실상 못 알아볼 정도로 잠깐) 동안 확 떠올랐다 사라져도 사람들은 그와 무관한 과제를 수행하면서 느끼는 자신감에 미묘한 영향을 받는다. 몸 상태와 자기인식 사이의 비슷한 혼선은 사람들에게 냄새를 물어볼 때도 발견된다. 사람들은 바닐라나 허브 같이 덜 자극적인 냄새보다 석유나 마늘 냄새 같이 자극적인 냄새를 식별할 때 더 자신감을 보이는 경향이 있다. 1장에서 본 착시 현상의 메타인지 버전으로 볼 수 있다. 우리가 일상생활에서 느끼는 불확실성은 감정적·신체적 상태와 관련이 있는 경우가 많기 때문에 실험실 분위기를 조금만 바꿔도 메타인지적 판단력에 적잖은 영향을 미칠 수 있다.[16]

메타인지에 관한 이러한 실험실 연구를 종합해보면 인간의 자기인식은 몸과 뇌의 상태에 따라 미묘한 차이를 보인다는 것을 알 수 있다. 뇌는 서로 다른 출처로부터 온 다양한 정보를 취합해 자신이 가진 세계상에 대한 자신감을 보여주는 전체적 그림을 만들어낸다. 메타인지의 이러한 포괄적 속성은 인간의 자기인식에 유연성을 부여한다. 하루하루를 살면서 우리는 보고 기억하고 느끼는 것에 대해 생각하고, 직장이나 스포츠 팀에서 맡은 임무를 수행하면서 우리가 어떻게 했는지 평가한다. 기억력 테스트와 일반상식 퀴즈처럼 서로 다른 두 과제를 수행할 때 두 가지 성과 사이에는 상관관계가 없다 하더라도 두 과제 수행에 작용하는 메타인지 사이에는 상관관계가 있다는 것을 보여주는 연구 결과도 있다. 우리가 맞는지 틀리는지 알 수 있는 능력은 우리가 풀려고 하는 특정 문제를 뛰어넘는 능력이다. 메타인지가 한 인간의 포괄적 자질에 기반하는 것이라면 기억이 정확한지 생각할 때 사용하는 신경기제와 사물을 명확하게 보고 있는지 생각할 때 사용하는 기제는 서로 닮았다는 뜻일 수 있다. 이 두 가지 판단에 필요한 정보 출처는 매우 다른데도 말이다. 우리 연구실에서 나온 데이터는 이러한 추론을 뒷받침한다. 전전두피질에서 나온 뇌 영상 데이터 기록을 이용해 우리는 기억력 과제(두 개의 이미지 중 어느 것을 기억하고 있습니까?)에 대한 사람들의 자신감 수준을 예측하는 기계학습 알고리즘을 훈련시킬 수 있었다. 이를 위해 우리는 지각 과제(두 개의 이미지 중 어느 것이 더 밝습니까?)를 수행하는 동안 기록한 신경 패턴에 관한 데이터를 이용했다. 우리가 이것을 할 수 있었다는 사실 자체가 상대적으로 추상적이고 포괄적인 신경 코드를 이용해 뇌가 자신감을 추적한다는 것을 시사한다.[17]

자존감이나 자부심 같은 개인의 성격적 특성이 내면적 모형의 계층 구조 꼭대기에 앉아서 직장, 가정, 경기장 등에서 우리가 기울이는 다양한 노력의 성과에 대한 하위 수준의 판단 정보를 계속해서 제공받고 있다고 생각해볼 수도 있다. 마리옹 루오가 주도한 연구를 통해 우리는 간단한 의사결정 과제 수행에 관한 사람들의 '국부적local' 자신감 평가가 전반적으로 과제를 잘 수행하고 있는지에 대한 '전체적global' 평가에 필요한 정보 제공에 사용된다는 것을 알게 됐다. 여기서 생긴 기대는 잘못을 알리는 다양한 형태의 신호에 대한 하위 레벨의 자기 모니터링 알고리즘의 반응에도 영향을 미친다. 이런 효과를 보여주는 인상적인 실험에서 새러 뱅슨Sara Bengtsson은 '가장 똑똑한' 같은 단어가 들어간 문장을 반복해서 읽어줌으로써 스스로 똑똑하게 느낄 준비가 된 사람들에서는 그와 무관한 과제에서 저지른 실수에 대해서도 뇌 반응이 증가한 반면 '바보천치' 같은 단어를 읽어줌으로써 스스로 멍청하게 느낄 준비가 된 사람들에서는 실수와 관련한 뇌 활동이 감소했음을 보여줬다. 이 실험 결과는 우리 자신에 대한 상위 레벨의 평가에 영향을 미치는 높은 기대치와도 일치한다. 잘할 수 있을 거라는 느낌이 들었는데도 실수를 저질렀을 때는 잘못할 것이라고 생각했을 때보다 예측 오류가 더 크게 느껴진다.[18]

여기서 한 가지 가설을 세워볼 수 있다. 우리가 앞에서 만난 피질중심구조가 다양한 심적 상태에 대한 자신감의 핵심적 또는 최소한의 표상representation을 생성하고, 이것이 외측전두극피질과의 상호작용을 통해 자기 자신에 대한 명시적 판단을 지원한다는 가설이다. 이 가설과 일치하는 여러 데이터도 있다. EEG와 fMRI를 이용한 최근 연구에서 자신감을 나타내는 신호는 내측전전두피질에서 먼저 포착되지만, 명시적인 자기 평가가 필요할 때는 외측전두극의 활성화로 이어지는 것으로 나타났다. 우리는 또한 내측전전두엽과 외측전전두엽 영역의 상호작용 정도(두 영역 간 활성 프로필의 상관관계 수준을 조사·분석하는 방법으로 측정)를 통해 사람들의 메타인지 감수성을 예측할 수 있다는 사실도 알아냈다.[19]

다양한 과제에 대한 자원자들의 자신감과 수행 성과에 관한 데이터를 꼼꼼히 준비해놓고 나면 개인별 자기인식 프로필을 보여주는 상세한 그림을 그리기 시작할 수 있다. 또한 뇌가 어떻게 자기인식을 지원하는지 이해할 수 있게 된다. 세상에 똑같은 사람은 없다. 그 차이는 근본적으로 어디서 오는 걸까? 그것을 바꿀 수는 없는 것일까?

청소년기의 메타인지 발달

뇌의 작동 방식은 진화evolution와 발달development의 복잡한 상호작용이 낳은 결과다. 우리 정신과 신체 구조의 기본 특징도 이 점에선 마찬가지다. 순수하게 유전적 요인 때문이라고 말할 수 있는 경우는 거의 없다. 하지만 영향을 미치는 여러 요인의 상대적 힘을 고려할 필요는 있다. 앞서 만난 뉴런의 자동항법장치를 앞에서 끌고 가는 것은 유전적 영향력이다. 우리의 시각체계가 맹렬한 속도로 역문제를 풀 수 있는 것은 환경 속에서 물체를 효율적으로 지각하고, 범주화할 수 있는 쪽으로 자연선택natural selection이 이루어졌고, 그에 맞춰 시각체계가 형성됐기 때문이다. 수많은 세대를 거치며 시각 문제를 더 잘 풀 수 있는 종은 살아남았고, 그렇지 못한 종은 소멸했다.

하지만 우리 머릿속의 메커니즘은 양육과 교육에 의해서도 달라질 수 있다. 예컨대 우리의 교육체계에는 읽기라는 인지 과정이 들어가 있다. 문자 텍스트를 읽는 데 적합한 쪽으로 신경계통을 변화시키기 위해서다. 우리가 깨알 같은 글씨도 감지하고 인식하는 시각체계를 갖게 된 것은 유전적 진화의 결과지만, 그 나머지는 모두 문화, 육아, 교육의 몫이었다.

읽기는 의도가 개입된 디자인의 한 사례다. 자기 아이들이 읽기를 잘하기를 바라는 부모는 아이를 학교에 보내고 국가는 그 목표를 달성하기 위한 교육 프로그램을 개발한다, 하지만 의도하지 않은 방식—부모 또는 교사와 아이들의 자연스러운 상호작용 같은—으로 사회와 문화에 의해 형성되는 정신적 능력도 있다. 옥스퍼드 대학교 심리학 교수인 서실리아 헤이스Cecilia Heyes는 마음읽기 프로세스도 마찬가지란 견해를 제시한다. 우리는 우리가 속한 사회적 집단의 구성원들로부터—대개는 본의 아니게—다른 사람의 마음을 읽는 방법에 대한 가르침을 받는다. 글을 읽을 수 있도록 우리가 의도된 가르침을 받는 것과 유사한 형태다. 마음읽기는 다른 사람의 심적 상태에 대해 이야기하는 공동체 안에서 양육되는 과정에서 획득하게 되는 인지 도구의 한 사례다.[20]

마음읽기 문화에 관한 비교 연구를 통해 이러한 견해의 타당성을 검증할 수 있다. 예를 들어 사모아에서는 심적 상태—기분이 어떤지, 무슨 생각을 하는지—에 대해 이야기하는 것은 무례한 것으로 여겨진다. 사모아에서 자란 아이들은 평균 8세가 되어서야 마음읽기 테스트를 통과한다. 서구에서 자란 아이들에 비해 훨씬 늦다. 마음읽기가 문화적 소산임을 보여주는 가장 설득력 있는 증거는 아마도 니카라과 수어(1970~1980년대 사이 니카라과의 청각장애 아동들이 다른 수어를 참조하지 않고 자유롭게 만들어냈다고 한다. 세계에서 가장 최근에 탄생한 언어 체계로 알려져 있다—옮긴이)를 사용하는 청각장애인들을 대상으로 한 조사 결과일 것이다. 니카라과 수어가 처음 만들어졌을 때는 심적 상태를 표현하는 아주 기본적인 단어들밖에 없었다. 그래서 초창기에 수어를 배운 사람들은 잘못된 믿음false belief에 대한 이해가 상당히 빈약했다. 하지만 10년쯤 지나 마음을 표현하는 단어가 상당수 추가됨으로써 언어가 성숙해진 뒤 수어를 익힌 사람들은 훨씬 능숙하게 마음읽기를 하는 것으로 나타났다.[21]

문화와 육아의 역할을 강조한다고 해서 유전적 요인을 배제하거나 문화적 학습 실패에 유전적 소인이 있을 수 없다는 뜻은 물론 아니다. 예를 들어 난독증의 경우 유전적 요인으로 인해 시각정보 통합에 어려움을 겪는 문제가 나타날 수 있다. 이 유전적 문제는 대부분의 경우 눈에 띄지 않고 넘어가지만, 읽기처럼 시각적 스킬에 가중치가 부여되는 상황에 처하면 비로소 정체를 드러낸다.

DNA가 완전히 똑같은 일란성 쌍둥이와 DNA의 일부만 똑같은 이란성 쌍둥이를 비교하는 방법으로 유전자 코드가 쌍둥이 정신생활의 다양한 측면에 영향을 미치는 추가적 요인들을 분석할 수 있다. 5세 쌍둥이 1000여 쌍으로부터 확보한 데이터를 토대로 이 분석 방법을 마음읽기에 적용했더니 과제 수행 성과와의 상관관계에서 일란성 쌍둥이와 이란성 쌍둥이는 거의 차이를 보이지 않는 것으로 나타났다. 이는 마음을 읽는 스킬의 차이를 만드는 주요인이 유전자에 있는 것이 아니라 공유하는 환경(똑같은 부모)에 있음을 시사한다.[22]

마찬가지로 메타인지에서도, 발달 과정 초기에는 초보자용 유전자 키트가 암묵적 자기 모니터링을 가능케 하지만, 그 역할을 물려받아 일을 끝내는 것은 우리 부모와 교사다. 아이들과 까꿍 놀이를 하는 부모들은 "나 보여?", "나 안 보여?" 하며 아이들이 무엇을 느끼고 무엇을 생각하는지 이해하도록 돕는다. 또 아이들의 다양한 울음소리를 통해 아이들이 피곤한지 배가 고픈지 알아챈다. 아이들은 자라면서 부모로부터 계속해서 피드백을 받고, 이를 통해 자신에게 일어나고 있는 일을 이해한다. 스포츠 팀 코치는 어린 선수들에게 경기장에서 초조감이나 흥분을 느끼는 것은 준비 부족보다 시합에 몰두하기 때문이라고 설명할 것이다.[23]

발달과 학습 기간이 길어지면서 메타인지는 아동기는 물론이고 청소년기에도 계속 변화한다. 새라-제인 블레이크모어Sarah-Jayne

Blakemore 연구팀과 내가 공동으로 수행한 연구에서 11세에서 17세까지 10대 청소년 28명에게 리모나와 내가 개발한 메타인지 테스트를 실시했다. 어떤 이미지에 좀더 밝은 조각이 들어 있는지 판단하고, 그 판단에 대한 자신감을 평가하는 테스트였다. 테스트가 끝난뒤 각 참가자들의 자신감 평가를 근거로 정답과 오답을 예측하는것이 얼마나 신뢰할 만한지 계산했다. 전체적으로 자원자들이 몇번이나 정답을 맞혔는지도 따졌다. 그 결과 우리는 더 밝은 조각이든 그림을 고르는 능력에서는 나이가 문제가 안 됐지만, 메타인지에서는 문제가 된다는 사실을 알게 됐다. 같은 10대라 하더라도 나이가 많을수록 자신이 잘하고 있는지 아닌지 모니터링하는 능력이올라가 A레벨 시험(16~18세에 준비해 18세에 치르는 영국의 대학입학자격시험—옮긴이)을 칠 연령대의 청소년들이 가장 높은 수준의 자기인식 능력을 보였다.[24]

청소년들의 메타인지 발달이 장기간에 걸쳐 진행되는 것은 뇌에 있는 메타인지의 핵심 허브 중 하나인 전전두피질이 다 자라기까지는 오랜 시간이 걸린다는 사실과 관련이 있다. 신경세포 간연결(시냅스) 개수는 유아가 성인의 약 두 배에 달한다. 하지만 뇌가 자라면서 필요가 없는 연결은 차츰 제거된다. 대리석으로 조각을 하면서 필요 없는 부분을 떼어내는 것과 마찬가지다. 전두엽 일부 영역에서 확연한 구조적 변화가 관찰된 아동들에서 메타인지 개선 효과가 가장 뚜렷하게 나타난다. 앞장에서 메타인지와 마음읽기의 연계를 다루면서 언급했던 복내측전전두피질ventromedial prefrontal cortex이 특히 그렇다. 자기 마음에 대한 감수성이 아동기와 청소년기에 걸쳐 장기간 서서히 발달한다는 것은, 완전한 자기인식을 갖추는 일은 길고 고된 과정이며, 생각을 위한 추가적 도구들을 익힐 필요가 있음을 보여주는 또 하나의 증거인지 모른다.[25]

메타인지가 무너질 때

전체 인구에서 개인 간 차이는 비교적 감지하기 어렵기 때문에 뇌와 메타인지의 상관관계를 파악하기 위해서는 대규모 샘플이 필요하다. 그러나 불행하게도 자기인식의 극적인 변화는 정신건강에 이상이 있을 때 주로 나타난다. 정신적 문제로 발생하는 자기인식의 이상 현상을 가리킬 때 신경과 의사와 정신과 의사가 쓰는 용어가 다르다. 신경과 의사들은 질병인식불능증anosognosia이라고 표현한다. 문자 그대로 하면 '앎의 부재absence of knowing'다. 정신과 의사들은 '통찰력 결여lack of insight'라는 표현을 쓴다. 특히 정신의학에서 통찰력 결여는 의식적 부정conscious denial에 기인하는 것으로, '문제 있음'의 인정을 회피하는 전략으로 여겨져왔다. 하지만 최근 들어 통찰력 결여는 뇌 손상이나 정신건강 이상으로 인해 메타인지를 담당하는 뇌의 메커니즘에 생긴 변화 때문일 수 있다는 증거가 점점 늘어나고 있다.[26]

충격적인 사례가 2009년 신경심리학회지인 《뉴로사이콜로지아Neuropsychologia》에 발표됐다. 출판계에서 은퇴한 지 얼마 지나지 않은 67세의 매우 지적인 여성 환자 'LM'의 사례였다. 그녀는 갑자기

쓰러져 왼쪽 다리와 팔을 쓸 수 없게 됐다. 뇌 영상 촬영 결과 뇌 오른쪽에 스트로크(뇌졸중이나 뇌경색처럼 뇌에 혈류 공급이 부족해서 생기는 갑작스러운 이상 증세—옮긴이)가 와서 마비 증세가 생긴 것으로 파악됐다. 유니버시티칼리지런던 대학병원 임상의인 카테리나 포토풀루Katerina Fotopoulou 박사가 진찰을 했을 때 LM은 오른팔은 움직일 수 있었고, 몸짓과 함께 정상적인 대화도 가능했다. 하지만 몸 왼쪽은 완전한 마비 증세를 보였다.

그로 인해 꼼짝없이 병원 침대에 붙들려 있으면서도 LM은 별일 아니라고 믿고 있는 점이 눈에 띄었다. 이유를 묻자 LM은 팔을 움직일 수 있고, 손뼉도 칠 수 있다면서 '반신불수'라는 도전을 가볍게 물리쳤다. 그러고는 실제로 자신의 건강한 오른손을 몸 앞쪽으로 가져가 가상의 왼손과 부딪히며 손뼉을 치는 흉내를 냈다. 자신에 대한 LM의 인식은 현실과 현저한 괴리를 보였다. 그럼에도 그녀의 정신은 온전한 상태였기 때문에 가족과 의료진은 사실은 그게 아니라고 LM을 납득시킬 수가 없었다. 뇌 손상 탓에 자기인식도 손상을 입었기 때문이다.[27]

뇌졸중이나 뇌종양 같은 신경의학적 문제가 생겼을 때 임상의들은 흔히 뇌 손상 결과를 표현하면서 자아감sense of self의 근저가 공격당했다는 표현을 쓴다. 영국의 신경외과 의사인 헨리 마시Henry Marsh는 "전두엽이 손상된 사람들은 자아에 대한 통찰력을 거의 잃게 된다. 그러니 자아가 변했다는 것을 '내'가 어떻게 알겠는가? 비교 대상 자체가 사라진 것이다"라고 말한다.[28] 이런 상태를 가리켜 '전두엽의 역설'이라고 부르기도 한다. 전두엽이 손상된 사람들은 요리를 하거나 은행 업무를 보는 등 일상생활을 하는 데 상당한 어려움을 겪지만, 메타인지가 고장 났기 때문에 도움이 필요하다는 사실 자체를 알지 못한다. 전두엽의 역설이라고 부르는 이유다. 메타인지가 없으면 우리가 무엇을 잃었는지 이해하는 능력도 잃게 된다. 자기인상self impression과 실제 자기 행동—가족이나 친구 눈에 비친 행동—사이의 연결이 약화되는 것이다.[29]

질병인식불능증은 여러 형태의 치매에서도 자주 발견된다. 다음과 같은 가공의 사례를 살펴보자. 66세인 메리는 코네티컷의 작은 마을에 혼자 살고 있다. 매일 아침 그녀는 걸어서 식료품 가게에 간다. 최근까지 아무 문제 없이 수행해온 일과 중 하나다. 그런데 가게에 도착해 무얼 사러 왔는지 생각나지 않는 경우가 생기기 시작했다. 당황한 그녀는 귀찮지만 쇼핑 리스트를 작성하기로 한다. 손주들 이름을 깜빡깜빡하는 것을 보고 딸도 엄마한테 문제가 생겼다는 것을 눈치챘다. 의사들이 보기에 메리는 알츠하이머병에 걸린 게 틀림없지만, 비슷한 상태에 놓인 수백만 명의 다른 사람들과 마찬가지로 그녀는 자신에게 일어나고 있는 기억 파괴 현상을 모르고 있다. 설상가상으로 알츠하이머는 기억을 지원하는 뇌 영역뿐만 아니라 메타인지를 지원하는 영역까지 공격한다. 메타인지 장애는 심각한 결과를 초래한다. 도움을 청하거나 약을 복용하거나 기억력 상실 탓에 위험에 처할 수 있는 상황—예컨대 차를 몰고 밖으로 나가는 것—을 회피하는 것을 꺼리게 된다. 그럼으로써 본인의 피해 위험은 물론이고 가족이나 간병인의 부담을 가중시킨다. 이렇듯 임상학적으로 대단히 중요한데도 메타인지는 보통 신경심리학적 표준 진단 항목에 들어가 있지 않다. 소수의 선구적 연구를 제외하고는 메타인지 결여를 단지 치매의 입증되지 않은 특징으로 보는 시각이 여전히 우세하다. 현장의 임상의들은 문제의 심각성을 절박하게 이해하면서도 치매의 결과로 나타난 메타인지 결여를 계량화하거나 조사하는 일은 관행적으로 하지 않는다.[30]

메타인지의 점진적 변화가 어떻게 끝내 현실과의 완전한 연결 차단으로 이어지는지 알아내기는 어렵지 않다. 내 기억과 지각이 정확한지 아닌지 판단할 수 없다면 실재하는 것과 내가 방금 상상한 것의 차이를 구별하기 힘들다. 현실과 상상을 분간하지 못하는 이런 종류의 실패는 사실 우리 모두가 경험하는 것이다. 내 어린 시절의 가장 오랜 기억 중 하나는 할아버지, 할머니와 함께 동물원에서 코끼리를 본 것이다. 그게 진짜 기억일 수 있지만, 아닐 수도 있다. 그분들이 나를 동물원에 데려갔다는 얘기를 오랫동안 듣고 자란 탓에 생긴 상상 속의 기억을 사실로 여기고 있는 것인지도 모른다. 현실과 상상을 구별할 수 있으려면 자신에게 다른 인지 과정의 본성에 관한 것을 물어야 한다. 이 경우에는 내 기억이 정확한지 부정확한지가 될 것이다. 자기 자신을 비판적으로 바라보고 자기 기억과 지각에 의문을 제기할 때 사용하는 인지 과정이 메타인지의 근간으로, 바로 이것이 실제와 실제가 아닌 것을 구별하는 능력에도 기여하는 것으로 보인다.[31]

지금까지 말한 사례들 가운데 가장 심각한 경우는 조현병에서 주로 발견된다. 조현병은 평생 유병률이 1퍼센트에 달할 정도로 비교적 흔한 질환이다. 성년 초기에 나타나기 시작해 현실과의 심각한 단절을 초래할 수 있다. 조현병 환자들은 흔히 환각이나 망상(예컨대 누군가가 자기 생각을 지배하고 있다고 믿는 것)에 시달린다. 조현병 같은 정신질환도 뇌의 변화와 관련이 있다. 뇌졸중 환자의 경우처럼 MRI 스캔으로 뇌의 변화를 정확하게 짚어낼 수 있는 것은 아니지만, 뇌의 각 영역끼리 신호를 주고받게 하는 화학반응과 뇌의 신경망 연결에서 좀더 섬세하고 광범위한 변화를 포착할 수 있다. 신경망의 재배열로 연합피질과 뇌의 다른 영역들의 연결에 문제가 발생하면 자기인식의 상실과 현실과의 단절로 이어질 수 있다.

나의 박사학위 과정 지도 교수 중 한 분이었던 크리스 프리스 Chris Frith 교수는 정신병에서 나타나는 많은 증상의 근본 원인으로, 자기인식의 결손에 초점을 맞춘 유력한 조현병 이론을 정립했다. 우리가 다음에 무엇을 할지 알 수 없으면 외부나 외계의 어떤 힘이 내 행동과 생각을 지배하고 있다고 합리적으로 추론할 수도 있지 않겠느냐는 것이 착상의 출발점이었다. 메타인지와 마음읽기가 공통의 기반을 갖고 있기 때문에 메타인지 모델링이 왜곡되면 그 여파는 다른 사람들에게도 미칠 수 있다. 망상 증상을 보이는 환자들은 다른 사람들이 자신과 교신을 시도하고 있다거나 자신을 해치려 한다고 믿게 될 가능성이 있다.[32]

심리학자들은 현실과 상상을 어떻게 구별하는지 테스트하기 위해 기발한 실험을 고안해냈다. 우선 실험 참가자들에게 '로럴과 하디Laurel and Hardy'같이 익숙한 문구를 주고, 큰 소리로 읽으라고 했다. '로미오와 ○○?' 같은 미완성 문구를 주었을 때는 '로미오와 줄리엣'처럼 스스로 알아서 두 번째 단어를 채워 넣으라고 했다. 이어 다른 사람들이 읽는 것을 듣게 했다. 그런 뒤 참가자들에게 문구의 두 번째 단어를 자신이 본 것인지 아니면 상상한 것인지 물었다. 전반적으로 옳은 판단을 했지만, 완벽한 것은 아니었다. 실제로는 상상한 것인데 보았다고 하거나 그 반대로 답하는 경우가 가끔 있었다. 사람들에게 어떤 것이 지각한 것이고 어떤 것이 상상한 것인지 물으면, 뇌 영역 중 메타인지와 관련성이 있는 것으로 이미 밝혀진 전두극피질이 활성화한다. 전전두피질의 구조 변화를 통해서도 현실을 모니터링하는 능력을 예측할 수 있다. 조현병을 앓는 사람들에서도 유사한 신경망의 변화가 관찰된다.[33]

자기인식의 오류는 뇌의 메타인지 회로에 생긴 신체적 손상 때문이라고 이해하면 현실과의 접촉 능력을 상실하기 시작한 환자들을 좀더 부드럽고 인간적인 시선으로 바라볼 수 있게 된다. 삶이 어떻게 달라졌는지 모른다고 그들을 타박하는 대신 그들의 메타인지 상실은 질병의 결과라고 이해하게 된다. 메타인지 기능에 초점을 맞춘 치료와 처치가 자기인식의 회복과 조절에 도움이 되는 것으로 밝혀질지도 모른다. 메타인지 치료법 개발을 위한 최근의 시도들은 자신감 과잉이나 망상적 확신에 의심의 씨앗을 뿌려 자기성찰을 유도하는 방향으로 나아가고 있다. 망상을 완화하는 작지만 지속적인 효과가 임상실험에서 확인된 치료법이 독일과 호주에서 조현병에 대한 권장 치료법으로 인정받기도 했다.[34]

메타인지 능력은 변한다

이제 우리는 자기인식은 뇌 기능에 기반하고 있으며, 사회적 환경의 영향을 받는다는 것을 알았다. 자기인식의 필수 블록(자기 모니터링과 오류 탐지 기제)은 아주 어릴 때부터 자리를 잡기 시작해 청소년기에 들어선 후에도 완전한 자기인식에 이를 때까지 계속 발달한다. 또 다른 사람의 심적 상태를 이해하는 능력과 마찬가지로 문화와 교육에 의해서도 영향을 받는다. 이 모든 발달적 변화는 성인의 메타인지에 결정적으로 중요한 전전두엽과 두정엽 영역의 신경망 구조와 기능의 지속적 변화를 수반한다.

성인이 될 때쯤이면 대부분의 사람은 자기 자신을 알 수 있는 상당히 신뢰할 만한 능력을 갖추게 된다. 우리는 사람들의 메타인지는 개인별로 큰 차이가 있다는 것을 알았다. 과제 수행은 잘하지만, 자기가 얼마나 잘하고 있는지에 대한 통찰은 부족한 사람도 있다. 과제를 제대로 수행하지 못하고 있음에도-오히려 그럴 때 특히-자신이 잘하는지 못하는지 날카롭게 인식하는 사람도 있다. 자기인식은 자신이 잘못하고 있다고 생각하는지 아닌지 알려주는 내면의 신호 역할을 한다. 그렇기 때문에 메타인지가 조금만 뒤틀려도 지속적인 자신감 과잉이나 부족을 초래해 수행 성과에 대한 불안감과 스트레스 증대로 이어질 수 있다.

다행인 것은 메타인지는 돌에 새겨진 것처럼 고정불변이 아니라는 점이다. 예컨대 환자 LM의 사례는 예상하지 못한 좋은 결말로 끝이 났다. 한 번은 포토풀루 박사가 진찰을 하면서 비디오카메라로 LM과 나눈 대화를 녹화했다. 며칠 후 박사는 LM에게 비디오 테이프를 보여줬는데, 눈에 띄는 변화가 일어났다. 비디오가 끝나기가 무섭게 LM은 아주 자발적으로 "내가 아주 현실적이진 않았네요"라고 소감을 얘기했다.

의사: 그게 무슨 뜻이죠?
LM: 왼쪽 몸을 전혀 움직일 수 없다는 데 대해 내가 현실적이지 않았다는 말이에요.
의사: 지금은 어떻게 생각하세요?
LM: 전혀 움직일 수가 없어요.
의사: 무엇 때문에 마음이 바뀌신 거죠?
LM: 저 비디오. (비디오를 보기 전에는) 내가 이렇다는 걸 몰랐어요.

짧은 대화였지만, 그것을 계기로 회복된 LM의 통찰력은 그로부터 6개월 뒤에도 여전히 정상이었다. 자기 몸에 대한 새로운 정보를 직접 본 것이 자기인식을 갑작스럽게 전환하는 방아쇠가 되기에 충분했던 것이다. 물론 이것은 보고된 유일한 사례다. 통찰력을 상실하고 회복하는 역학은 질병에 따라, 사람에 따라 큰 차이를 보일 것이다. 하지만 이 사례는 중요한 교훈을 담고 있다. 메타인지는 고정된 게 아니라는 사실이다. LM이 자신에 대한 시각을 교정할 수 있었듯이 우리도 자신의 메타인지 오류를 바로잡고 개선할 수 있다. 이를 위해서는 자기인식이 오류를 일으키는 상황을 확실히 아는 게 좋은 출발점이 될 것이다. 다음 장에서 이 문제를 다룬다.

Chapter 5

메타인지는 언제 실패하는가

"극도로 단단한(어려운) 세 가지가 있다. 강철, 다이아몬드, 그리고 자기 자신을 아는 것이다."

—벤저민 프랭클린

우리는 자기인식의 신경과학을 돌아보는 여정의 거의 끝이자 1부의 종착점에 왔다. 우리는 불확실성에 대한 감수성과 자기 모니터링 능력이라는 뇌의 근본적 특징이 자기인식의 필수 구성 요소임을 보았다. 세상으로부터 정보를 받아들이고, 그것을 처리해 지각과 운동에 내재된 역문제를 푸는 단순한 시스템에서 우리는 출발했다. 수많은 신경의 자동항법장치들은 우리 행동이 궤도에서 이탈하지 않도록 끊임없이 조절의 방아쇠를 당긴다. 자기 모니터링의 상당 부분은 무의식적으로 일어나기 때문에 명시적 자기인식 단계까지 올라가지도 않는다. 발달 과정 초기부터 나타나는 인간의 무의식적 자기인식은 초보자용 유전자 키트에 의존하고 있을 가능성이 크다. 또한 인간은 메타인지의 여러 측면을 다른 동물들과 공유하고 있다.

이러한 필수 블록들은 인간에게서 완전한 자기인식이 발현하는 것을 이해하는 출발점을 이룬다. 사회적 상호작용과 언어가 결합해 서로를 강화하고, 재귀적이고 심오하고 계층적인 모형을 구성하는 능력이 확장되면서 인간의 뇌는 의식적 메타인지라는 독보적 능력—자기 자신의 마음을 아는 능력—을 획득했다. 아동기 때 서서히 발달하기 시작하는 이러한 형태의 메타인지는 성인이 된 뒤에도 정신건강, 스트레스 수위, 사회·문화적 환경 변화에 민감하게 반응한다.

이 책의 2부에서는 자기인식이라는 이 비범한 능력이 어떻게 인간의 마음에 엄청난 힘을 불어넣는지 살펴보게 될 것이다. 학습, 교육, 복잡한 의사결정, 타인과의 협업, 자기 행동에 대한 책임 등에서 자기인식이 수행하는 역할과도 만나게 될 것이다. 2부를 시작하기에 앞서 자기인식의 과학에서 뽑아낸 세 가지 교훈에 대해 잠깐 언급해보고자 한다.

메타인지의 유혹

무엇보다 메타인지 '능력'과 그 결과인 자기인식의 '정확성'을 구별하는 게 중요하다.

아침에 잠에서 깨어났을 때부터 우리의 메타인지 능력은 사용 가능한 상태가 된다. 우리는 사고를 내면으로 돌려 자기 자신에 대해 생각할 수 있다. 반면 메타인지의 정확성은 우리의 성찰적 판단이 자신의 스킬이나 능력을 정확하게 추적하는지 아닌지에 달려 있다. "자기가 회의를 좌지우지하고 있다는 것을 빌은 전혀 모르고 있었어"라고 말할 때처럼 자기인식이 부족하다고 동료나 친구를 비판할 때 우리가 흔히 염두에 두는 것이 메타인지의 정확성이다. 이 비판에는 우리가 빌에게 회의를 제멋대로 주도하고 있는 것은 아닌지 잘 생각해보라고 요구하더라도―더구나 데이터가 그것을 입증하고 있음에도―빌은 아니라고 할 가능성이 크다는 생각이 암묵적으로 깔려 있다.

이미 보았듯이 메타인지가 우리를 잘못된 길로 이끌어 객관적 현실과 동떨어지게 하는 경우가 많이 있다. 우리가 알아차리기 전에 실수를 끼워 넣거나 없애버리는 '교활한' 실험을 통해 이따금 우리의 메타인지가 바보가 될 수 있음을 우리는 이미 보았다. 이것을 단순히 자기인식의 실패 케이스로 치부하고 싶은 마음이 들 수도 있다. 하지만 이것은 노이즈 섞인 내부 데이터로부터 주어진 시점의 과제 수행 상태에 관한 최선의 추측을 도출할 수밖에 없는 시스템에서 충분히 예견할 수 있는 일이다.

사실 메타인지는 지각에 비해 착각이나 왜곡에 훨씬 취약한 모습을 보이기 쉽다. 우리는 환경으로부터 지속적인 피드백을 받기 때문에 우리의 감각은 늘 현실과 접촉을 유지한다. 내가 컵의 크기를 실제보다 두 배 큰 것으로 오인했다면 컵을 잡으려다 엎을 가능성이 크다. 실제로 엎었다면 나는 그 실수를 통해 재빠르게 나의 세계상을 재설정하게 될 것이다. 내 몸은 환경과 긴밀히 연결되어 있기 때문에, 내 감각이 감내할 수 있는 폭에는 그만큼 여유가 있다. 그에 비하면 자기인식의 기제는 훨씬 힘든 일을 한다. 상당히 느슨하고 산만한 피드백 루프로부터 내가 맞았는지 틀렸는지에 대한 감각을 만들어내는 정신의 연금술을 펼쳐야 하기 때문이다. 자기 자신에 대한 착각의 결과는 대개 눈에 덜 띈다. 위원회 모임에 참석한 나의 자기인식이 부족하더라도 사람들이 내게 약간 당혹스러운 표정을 지을지는 몰라도, 그것 때문에 내가 컵을 엎거나 층계참에서 굴러떨어지는 일은 없을 것이다. 요컨대 자기인식은 현실에 닻을 내리고 있다기보다 착각에 흔들릴 가능성이 크다는 얘기다.

메타인지에 착각이 일어나는 가장 큰 이유 중 하나는 유창성 fluency으로 알려져 있다. 유창성은 정보 처리의 용이성을 가리킬 때 심리학자들이 쓰는 일종의 '만능 용어catch-all term'다. 불이 환하게 켜진 조용한 방에서 이 책을 읽고 있다면 희미한 불빛 아래서 읽을 때보다 책 속의 단어들이 훨씬 능숙하게 처리될 것이다. 유창성은 우리가 해석하는 정보에 색을 입힌다. 증권시장에 관한 한 연구에서는 발음하기 쉬운 이름(예를 들어 디어본드Dearbond)을 가진 직원이 많은 회사가 발음하기 어려운 이름(예컨대 조젬넌Jojemnen)을 가진 직원이 많은 회사보다 평균적으로 평판이 더 좋은 것으로 나타났다. 유창성은 메타인지에도 영향을 미칠 수 있기 때문에 실제로는 잘하지 못하는데도 잘하고 있다고 느끼는 상황이 생길 수 있다. 우리는 몸동작이 빠를수록 자신의 의사결정에 더 큰 자신감을 느끼는 경향이 있다. 반응이 빠르다고 정확성이 높아지는 것은 아닌데도 말이다. 마찬가지로 폰트 크기와 기억력은 상관이 없는데도 큰 폰트로 인쇄된 단어일수록 더 잘 기억할 수 있다고 믿는다. 유창성 탓에 메타인지가 착각을 일으키는 사례는 그 밖에도 수없이 많다. 우리가 이 책 앞부분에서 만난 착시 같은 지각적 착각의 메타인지 버전이다.[1] 다음은 노벨상을 받은 심리학자 대니얼 카너먼Daniel Kahneman의 얘기다.

"어떤 판단에 대한 주관적 자신감은 그 판단이 맞을 확률에 대한 합리적 평가가 아니다. 자신감은 정보의 일관성과 정보 처리의 용이성을 반영하는 하나의 느낌일 뿐이다. 불확실성을 진지하게 인정하는 태도를 취하는 것이 현명한 처사다. 그럼에도 어떤 사람이 높은 자신감을 공개적으로 드러낸다면 그것은 대개 그 사람이 자기 마음속에 하나의 일관된 스토리를 만들었다는 뜻이지, 그 스토리가 꼭 진실이라는 뜻은 아니다."[2]

사실 메타인지적 판단을 내리는 프로세스는 뇌가 다른 종류의 역문제를 푸는 과정으로 볼 수 있다. 제한된 데이터를 토대로 자기 자신에 대해 어떻게 생각할지를 결정하는 답안 도출 과정인 셈이다. 우리의 감각계통이 한데 모은 정보를 서로 억제시키면서 세상을 보는 우리의 시각이 닻을 내리게 하듯이 다양한 신호들이 상호 억제하며 우리 자신에 대한 시각이 닻을 내리게 한다. 입력 정보가 이러한 시각 형성에 도움이 될 때도 있지만, 어떤 때는 중간에 빼앗겨 없어지기도 한다. 지각적 착각이 세상 '저기에' 있는 것을 파악하려는 강력한 생성 모형generative model의 작용을 드러내듯이 잘못된 피드백, 교활한 실험자, 사후 정당화 등에 의한 메타인지 착각은 자기인식을 떠받치는 건설적 프로세스의 작용을 드러낸다. 메타인지의 취약성은 위험이면서 기회다. 이미 본 대로 뇌 손상이나 장애로 인해 자기인식이 왜곡되거나 파괴될 수 있는 것은 위험이다. 하지만 우리가 어떻게 아이들을 교육하고, 다른 사람들과 상호작용하고, 삶을 꾸려나가느냐에 따라 자기인식의 틀과 형태가 달라질 수 있는 것은 기회다.

자기인식이 사라지는 경우

부재중이거나 꺼져 있는 경우가 많다는 것은 자기인식의 또 다른 놀라운 특징이다. 노련한 운전자나 피아노 연주자처럼 과제 학습이 잘되어 있는 경우에는 수행하고 있는 일의 세부사항을 다 알 필요가 점점 없어진다. 우리가 행동 모니터링에 대해 이야기할 때 본 것처럼 무의식적 미세조정만으로 우리 행동이 제 코스를 잘 따라가게 하는 데 문제가 없다. 하위 레벨의 프로세스가 계획대로 굴러가고 있다면 굳이 오류를 예측하는 상위 레벨에 정보를 전달할 이유가 없다. 자기인식은 '알 필요가 있을 때만 알려주는 방식'으로 작동한다. 이러한 특징은 자기인식이 생각보다 자주 집을 비우는 이상한 결과를 낳았다.

대규모 조직의 전형적인 문제 해결 방식은 자기인식의 개입에 관한 유용한 비유가 될 것이다. 하급 직원이 해결할 수 있는 문제라면 상급자(또는 그 상급자의 상급자)에게 갈 것 없이 직원이 알아서 문제를 처리하는 것이 바람직하다는 게 일반적 통념이다. 하지만 이 경우 상급자는 문제 자체를 모르게 될 가능성이 있다. 계층 구조의 저 아래쪽에서 오류 신호가 다루어지고, 상급자가 있는 전망 좋은 방에는 전달되지 않는다. 그렇게 되면 문제에 대한 조직의 메타인지적 인식이 부족해질 수 있다. 물론 하급 직원이 일을 얼마나 효과적으로 잘 처리했느냐에 따라 문제가 될 수도 있고, 안 될 수도 있다. 또 다른 예로 운전을 보자. 익숙한 길에서는 핸들이나 변속기어를 거의 의식하지 않고, 수 킬로미터씩 주행하는 경우가 있다. 그때 우리의 생각은 걱정, 근심, 계획 따위를 맴돌며 떠돌아다닌다. 이런 경우를 가리켜 심리학자 조너선 스쿨러Jonathan Schooler는 "우리 마음이 당면한 상황에서 벗어나 방황하는 모습을 발견하고 깜짝 놀라곤 한다"고 표현했다. 인간의 자기인식을 담당하는 신경기제는 여러 이유로 우리가 지금 당장 하고 있는 일과 분리될 수 있다. 그 일이 어떤 일이든 말이다.[3]

실험실 연구에 따르면 이러한 메타인지 페이드아웃 현상은 생각보다 훨씬 흔하다. 과제에 따라 15~50퍼센트 선이다. 지속적 주의응답과제sustained attention to response task(SART)라고 하는 실험이 있다. 아주 단순하고 따분한 실험이다. 빠르게 바뀌는 화면 위의 숫자를 보고 실험 참가자는 3이 아닌 숫자가 화면에 나타났을 때만 버튼을 눌러야 한다. 3이라는 숫자가 반응 억제 신호인 셈이다. 참가자가 과제 수행 중 딴생각을 했다고 사후에 보고한 구간에서 응답 속도는 오히려 올라갔지만, 3이란 숫자를 보고 버튼을 누르는 잘못은 더 많이 범한 것으로 나타났다.

이 실험 데이터를 통해 딴 데 정신이 팔려 있을 때 우리의 행동은 생각이 없는 반복적 자극-반응 모드로 전환된다는 것을 알 수 있다. 자극에 반응하기 위해서는 불가피하게 지각과 운동 패턴을 계속할 수밖에 없지만, 내가 SART를 수행 중이라는 인식은 잠들어 버린다. 술에 취하면 이런 행동 패턴이 더욱 심해진다. 딴생각을 하는 경향은 강해지지만, 자신이 그렇다는 것을 인식할 확률은 낮아진다. 딴생각은 과제 수행을 잘하고 있을 때일수록 늘어날 가능성이 크다. 스킬이 좋아질수록 자기인식이 불필요하다는 생각을 하기 쉽다.[4]

딴생각하기는 수행 중인 과제에 대한 인식의 불이 어떻게 켜지고 꺼지는지를 보여주는 좋은 사례다. 딴생각을 한다는 것이 자기인식이 완전히 사라진다는 뜻은 아니다. 그게 무엇이 됐든 우리가 백일몽을 꾸는 대상으로 초점이 다시 맞춰진다는 의미다. 초점을 다시 맞춘다는 것은 우리가 자신을 더 이상 세상의 행위자로 인식하지 못한다는 뜻일 수 있다. 이스라엘 와이즈만과학연구소Weizmann Institute of Science의 연구자들은 이런 식으로 자기인식이 점점 사라지기 시작했을 때 뇌에서 어떤 일이 일어나는지 알아보기 위해 영리한 실험을 했다. 그들은 실험 참가자들에게 두 가지 과제를 부여했다. 첫 번째 fMRI 스캐너 실험에서 피험자들은 제시된 일련의 그림들에 동물이 있는지 아닌지만 대답하면 됐다. 두 번째 스캐너 실험에서는 똑같은 그림들을 보여주고, 각각의 그림이 감정적 경험을 불러일으키는지 아닌지 잘 생각해보라고 했다. 이 실험에서 영리한 점은 제시된 자극(동물 그림)과 요구하는 행동(버튼 누르기)이 두 번 다 동일했다는 점이다. 하위 레벨의 프로세스는 똑같지만 메타인지의 개입 여부만 다르게 설정한 것이다.

두 실험에서 나타난 뇌 활동 패턴을 스캐너 이미지로 비교한 결과 첫 번째보다 두 번째 실험 때 전전두엽 영역의 신경망이 더 많이 활성화한 것으로 나타났다. 전전두피질이 자기인식을 뒷받침한다고 보면 당연히 예상할 수 있는 결과다. 하지만 이 실험의 핵심은 따로 있다. 좀더 어려운 동물 분류(범주화) 과제를 세 번째 실험 조건에 포함시킨 점이다. 자극이 더 빠른 반응을 요구할수록 스트레스는 커지고 몰입도도 올라간다. 세 번째 과제를 수행하는 동안 두정엽, 전운동피질, 시각 영역 등 뇌의 많은 영역에서 활성화 레벨이 증가했지만, 놀랍게도 메타인지와 관련된 전전두피질 신경망의 활성도는 오히려 떨어진 것으로 나타났다. 이는 과제에 점점 마음을 빼앗기면서 자기인식이 위축됐음을 시사한다. 영화나 비디오게임에 완전히 몰입해 있을 때 자기인식이 꺼지는 경험은 이와 유사한 신경적 변화로 설명될 수 있을 것이다.[5]

이유는 다르지만, 자기인식의 페이드아웃을 유발하는 다른 요인은 스트레스다. 뇌 생물학적으로 인간과 동물의 스트레스 반응에 대해서는 많은 것들이 밝혀져 있다. 특히 글루코코르티코이드 glucocorticoid라는 스트레스 호르몬의 작용이 전전두피질의 기능을 약화시키는 요인이란 점은 많은 연구 결과로 뒷받침되고 있다. 스트레스를 받으면 가장 먼저 위험에 노출되는 기능 중 하나가 메타인지일 수 있다. 사회적 스트레스 테스트 때 가장 많은 코르티솔(콩팥 위에 있는 부신겉피질에서 생성되는 호르몬 물질로 지방질, 당질, 단백질의 대사에 관여한다—옮긴이) 분비를 보인 사람의 메타인지가 제일 큰 손상을 입었다는 연구 결과가 이러한 견해를 뒷받침한다. 또 다른 실험에서는 코르티솔 분비를 촉진하는 하이드로코르티손 hydrocortisone을 소량 복용한 그룹은 위약(플라시보) 투약 그룹에 비해 메타인지 감수성이 크게 떨어진 것으로 나타났다.[6]

스트레스와 메타인지 기능 저하의 연관성은 몇 가지 우려스러운 결과를 야기한다. 우리의 자기인식이 장애를 일으키기 쉬운 때가 우리에게 자기인식이 가장 절실히 요구될 때인 것은 거의 틀림없다. 업무에서 스트레스가 밀려오거나 돈이나 가족과 관련한 근심거리로 스트레스가 쌓일 때 메타인지를 작동시키면 실수를 깨닫거나 외부의 도움을 받거나 전략을 바꿈으로써 더 나은 결과를 도출할 수 있을지 모른다. 반대로 스트레스를 받을 때 메타인지를 꺼버리면 실수를 무시하거나 도움을 청하는 것을 꺼리거나 될 대로 되라는 식이 될 가능성이 크다.

우리가 자기인식의 과학에서 도출할 수 있는 두 번째 교훈은 때에 따라 자기인식의 기제는 우리가 지금 하고, 말하고, 생각하는 것에서 벗어나 있을 수 있다는 것이다. 당연한 얘기지만, 이러한 페이드아웃이 언제 일어날지 아는 것은 극히 어렵다. 전두엽의 역설과 마찬가지로 자기인식의 상실은 그 상실 자체를 인식하는 데 필요한 기능에 영향을 미치기 때문이다. 이 같은 자기인식의 페이드아웃은 우리가 생각하는 것보다 빈번하게 일어난다.[7]

메타인지의 인과적 힘

메타인지 과학의 마지막 교훈은 메타인지가 우리의 행동에 영향을 미친다는 점이다. 자기인식은 우리 마음의 단순한 부산물이 아니라 우리의 행동을 인도하는 인과적 힘을 갖고 있다. 이것을 어떻게 알 수 있을까?

이 질문에 대한 해답을 찾는 한 가지 방법은 사람들의 메타인지를 직접 바꾸어놓은 뒤 무슨 일이 일어나는지 관찰하는 것이다. 수행 성과에 대한 느낌이 달라지면 그 느낌은 여러분의 행동을 인도하는 인과적 역할을 하게 될 것이고, 그에 따라 다음에 무엇을 할지―문제를 건너뛸지, 마음을 바꿀지―에 대한 결정 또한 바뀌게 된다. 하지만 이러한 느낌이 인과적 역할과 무관한 우발적 징후에 불과하다면 메타인지 조작은 아무런 효과가 없을 것이다.

하지만 지금까지 나온 실험 데이터는 학습과 의사결정에서 메타인지가 하는 인과적 역할을 뒷받침하고 있다. 한 짝의 낱말―예컨대 오리와 당근―을 주고 외우라고 하면 사람들은 두 낱말을 그저 몇 번 반복해 읽기만 하면 쉽게 기억할 수 있다는 자신감 착각에 빠진다. 중요한 사실은 이런 식으로 더 큰 자신감을 갖게 되면 짝을 이루는 두 낱말을 다시 선택하지 못할 가능성이 크다는 점이다. 자신감 착각에 빠지면 대개 더는 학습할 필요가 없다고 믿게 된다. 의사결정에서도 '긍정 증거positive evidence' 조작이라는 속임수를 통해 유사한 자신감 착각을 유발할 수 있다. 두 가지 자극, 예컨대 이미지 A와 이미지 B 중 어느 것이 방금 컴퓨터 화면에서 반짝하고 나타났는지 바로 판단해야 한다고 가정해보자. A와 B는 노이즈와 함께 제시됐기 때문에 사실 A와 B를 구분하기는 쉽지 않다. 이제 두 이미지와 노이즈의 밝기를 모두 높인다고 해보자. A와 B 둘 다 신호 강도가 세졌지만, 객관적인 판단은 여전히 어렵다. 노이즈도 커졌기 때문이다. 이 속임수를 쓰면 여전히 정확한 선택이 어려운 상황인데도 사람들은 자신의 선택에 더욱 자신감을 갖게 된다. 고양된 자신감은 사람들의 행동에 영향을 미쳐 새로운 정보를 찾아보거나 마음을 바꿀 가능성을 축소시킨다. 수행 성과 자체에는 변함이 없더라도 수행 성과에 대한 느낌을 바꿈으로써 행동을 변화시킬 수 있다는 얘기다.[8]

강력한 도구가 다 그렇듯이 메타인지도 창조적이 될 수도 있고, 파괴적이 될 수도 있다. 정확한 메타인지는 하루하루 삶을 영위하는 데 엄청난 힘이 될 수 있다. 하지만 메타인지 차원에서 내린 사소한 결정이 참담한 결과를 초래할 수도 있다. 예를 들어 나는 연구 발표를 앞두고 얼마나 많은 시간을 강연을 준비하는 데 써야 할지 결정해야 할 때가 있다. 일주일 내내 준비한다면 말로 하는 강연은 잘할 가능성이 커지겠지만, 그것은 결국 참석자들의 발언 기회를 축소함으로써 연구의 진정한 의미를 퇴색시키는 결과로 이어질 수 있다. 내가 가진 약점에 대한 지식을 바탕으로 시간과 에너지를 어디에 써야 할지 알기 위해서는 일정한 수준의 메타인지가 필요하다. 메타인지 착각에 빠져 행동한다면 수행 성과는 나빠질 게 뻔하다. 내 언변이 형편없다고 생각해 일주일 내내 강연 연습에만 시간을 쏟아붓느라 정작 내가 해야 할 다른 일에는 시간을 못 쓸 수도 있다. 반대로 자신감이 넘쳐 아무 준비도 하지 않는다면 이 역시 참사로 끝날 가능성이 크다.

여기서 또다시 메타인지 착각의 위력에 대한 적절한 은유를 항공기 조종사들이 제공한다. 모든 게 정상이라면 항공기에 대한 서로 다른 레벨의 자기 모니터링은 동조同調 상태를 유지한다. 하위 레벨에서 자동항법장치와 계기판이 1만 피트 상공을 비행 중이라고 알려주면 조종사는 그것을 안 믿을 이유가 없다. 그러나 코리올리 착시Coriolis illusion로 불리는 치명적 상황에 처하면 얘기가 달라진다. 짙은 구름 때문에 조종사가 착각을 일으켜 실제로는 비행기가 수평 비행을 하고 있고, 계기판도 그렇다고 정확히 알려주고 있는데도 기체가 급격히 기울고 있다고 생각하는 것이다. 경비행기 조종 도중 미국 보스턴 남부 마서스비니어드 상공에서 추락해 숨진 존 F. 케네디 주니어의 죽음도 이 때문인 것으로 알려져 있다. 요즘 조종 훈련생들은 코리올리 착시 가능성에 대해 필수적으로 교육 받는다. 또 아주 확실한 이유가 없는 한 계기판을 믿으라는 얘기를 귀가 따갑도록 듣는다.

비행 교관 매뉴얼을 활용하면 메타인지 착각으로부터 우리 자신을 보호할 수 있다. 자기인식이 장애를 일으킬 수 있는 상황을 숙지함으로써 자신에 대한 명료한 시각이 유지될 수 있도록 하는 것이다. 가족이나 친구의 피드백 같은 다른 정보 소스가 우리에게 항로를 이탈하고 있다고 얘기할 때는 자신의 메타인지에 대한 과신을 경계해야 한다.

과학에서 많은 것들이 그렇듯이 어떤 것의 작동 원리를 이해하기 시작했다면 다음 단계는 그 활용 방법을 찾아보는 것이다. 2부에서는 아이들을 교육하고, 부담이 큰 의사결정을 내리고, 팀을 이루어 일을 하고, AI의 힘을 증대시키는 등 실제 현실에서 자기인식이 하는 역할에 초점을 맞출 것이다. 그러나 그것이 직답을 제시하는 자기계발 안내서가 되지는 않을 것이다. 자기인식의 과학이 X는 해야 하지만 Y는 해서는 안 된다고 말하는 경우는 드물기 때문이다. 그럼에도 자기인식이 어떻게 작동하고, 특히 왜 실패하는지 이해함으로써 그것을 더욱 잘 활용할 수 있는 방법을 터득할 수 있기 바란다.

뇌과학으로 다시 태어난
소크라테스의 지혜

Chapter 6

자신을 알아야 성공적인 학습이 가능하다

"어찌 보면 놀랍게도 우리는 자기 생각의 어떤 측면에 대해서든 생각할 수 있고, 그에 맞춰 자기 심리의 상을 수정하고 변경하고 제어하기 위해 인지적 전략(얼마간 간접적이고, 바로크 스타일일 수 있는)을 궁리해낼 수 있는 동물이다."

―앤디 클라크, 《수퍼사이징 마인드》

수도 이름, 연대표, 신체 기관 명칭, 화학원소 같은 것을 무조건 암기하는 것이 산업혁명 이래 지배적인 교육 모델이었다. 1817년 존 레슬리John Leslie는 《산수론The Philosophy of Arithmetic》에서 아이들에게 구구단이 아니라 50단까지 외우게 해야 한다고 주장했다. 찰스

디킨스Charles Dickens의 소설《어려운 시절Hard Times》에서 교사 그래드 그라인드는 "삶에서 필요한 것은 오로지 사실이다. 사실이 아닌 것은 심지도 말고, 사실 빼고 나머지는 다 뽑아버려라"라고 말하며 암기 위주 교육관을 설파한다. 교육의 목표는 남들보다 더 빨리 외우고, 더 많은 지식을 저장할 수 있는 사람을 양성하는 것이라는 생각이 깔려 있었다.

이런 교육 방식이 빅토리아 시대에는 나름대로 성과를 거뒀을 수 있다. 그러나 점점 복잡해지고 변화가 빨라지는 세상에서는 생각을 어떻게 하고 공부를 어떻게 하느냐가 얼마나 많이 아느냐 못지않게 중요해지고 있다. 수명의 연장으로 여러 개의 직업과 경력, 취미를 갖는 일이 보편화하면서 학습은 공적 제도교육을 마치면서 끝나는 게 아니라 평생 추구하는 문제가 됐다. 2017년 영국 시사주간지《이코노미스트Economist》에는 "아이들에게 생각하는 방법과 공부하는 방법을 가르치는 쪽으로 커리큘럼을 바꿔야 한다. 메타인지에 초점을 맞추게 되면 나중에 아이들이 필요한 기술skill을 익히는 데 훨씬 도움이 될 것"이라고 주장하는 기사가 실렸다.[1]

학습을 잘하는 사람과 못하는 사람의 차이는 평생에 걸쳐 나타난다. 이 책을 시작하면서 만났던 제인에게로 다시 돌아가보자. 원활한 학습을 위해 제인은 먼저 자신이 아는 것과 모르는 것을 파악한 다음 공부의 순서를 정할 필요가 있었다. 그 결정이 사소해 보일 수 있지만, 성공과 실패의 차이를 만들 수도 있다. 메타인지가 좋다면 제인은 효과적인 학습으로 자신을 이끌 수 있을 것이다. 반대로 메타인지에 문제가 있다면 뛰어난 공학도라 할지라도 제인의 실패는 예정돼 있다고 봐야 한다.

메타인지의 작동 방식과 관련해 우리가 1부에서 배운 교훈들은 교실에서 결정적으로 중요하다. 메타인지는 학습법의 기초이기 때문에 메타인지의 실패를 예방함으로써 우리가 얻는 보상은 상당할 수 있다. 이번 장에서는 지금까지 우리가 배운 메타인지의 작동 방식을 활용해 무엇을, 언제, 어떻게 공부하는 게 좋을지에 대한 판단을 개선하는 방법을 알아볼 것이다.

학습 과정에서 메타인지는 적어도 세 번에 걸쳐 게임에 참여한다. 우리는 보통 최선의 공부법은 무엇이고, 집중할 필요가 있는 교재는 무엇인지에 대한 믿음을 형성하는 것으로 학습을 시작한다. 심리학자들이 '학습 판단judgement on learning'이라고 부르는 단계다. 가령 고등학교 시절, 프랑스어 시험 준비를 하던 때로 돌아갔다고 생각해보자. 교재 공부와 어휘 암기를 위해 여러분은 하루 저녁을 따로 떼어놓았을 수도 있다. 자기도 모르게 이미 여러분은 자신의 프랑스어 공부에 대해 여러 가지 판단을 했을 것이다. 교재는 얼마나 잘 알고 있는지, 어떤 단어가 특히 외우기 어려운지, 기출문제를 풀어보는 게 나은지, 아니면 공부를 덮고 친구들과 놀러 나가는 게 나은지….

학습을 통해 일단 뭔가를 배웠다면 그것을 활용할 필요가 있다. 시험에서든, 저녁 모임 대화에서든, 〈백만장자 게임〉에서든. 1부에서 이미 본 대로 이때 메타인지가 개입해 자신의 지식에 대한 자신감에 동요가 일어나기 시작한다. 그 자신감은 자신이 떠들고 있는 것에 대해 실제로 아는지 모르는지에 대한 객관적 현실과 관련이 있을 수도 있고, 없을 수도 있다. 유창성에 대한 치명적 착각 때문에 부정확한 지식에 자신감을 느끼는 위험한 상황에 빠질 수도 있다. 시험지에 답안을 적고 난 뒤 시작되는 추가적 메타인지 프로세스도 있다. 이 마지막 과정을 통해, 혹시 내가 틀린 것은 아닌지, 지금이라도 생각을 바꾸거나 다른 답으로 고치는 게 나은지 심사숙고하게 된다. 학습 과정에 작용하는 자기인식의 이러한 측면들을 하나하나 짚어봄으로써 어떻게 하면 메타인지의 실패를 피할 수 있는지 알아보자.

학습과 관련한 메타인지 연구의 역사는 길다. 메타인지 연구 분야의 선구자들은 자기인식이 아이들의 학습에 미치는 영향에 관심을 가졌다. 이번 장은 학교 교실이나 대학교 강의실을 배경으로 진행된 연구들, 즉 '응용연구'에 바탕을 두고 있기 때문에 학생들을 어떻게 교육하는 게 좋을지에 관한 분명한 시사점을 제공할 것이다. 그럼에도 메타인지를 개선하는 최선의 길은 여전히 그 작동 방식을 이해하는 것이기 때문에 1부에서 우리가 발전시킨 자기인식 모형이라는 렌즈를 통해 응용연구의 결실에 대해 설명할 것이다.

효과적인 학습 방법 찾기

뇌 생리학을 공부하던 학부생 시절, 나는 세포의 유형과 해부학적 명칭이 적힌 긴 리스트를 외워야 했다. 대학 도서관 열람실에 쭈그리고 앉아 교과서에 나와 있는 낯선 용어들을 연습장에 써보는 것이 당시 내 공부법이었다. 푸르키녜Purkinje, 가시성상spiny stellate, 추체pyramidal, 대뇌동맥륜 circle of Willis, 소뇌벌레cerebellar vermis, 외선교체피질extrastriate cortex…. 잘 안 외워지는 단어에는 형형색색 형광펜으로 줄을 쳤다. 마지막 단계에서는—시간과 의지가 허락한다면—형광펜으로 색칠한 항목들만 색인카드에 옮겨 적은 뒤 시험 직전까지들고 다녔다.

　대개 이 방법은 효과가 있었다. 하지만 돌이켜 보면 이런 식의 시험 준비에 그저 맹목적인 믿음을 가졌던 것뿐이다. 시험을 잘 보려면 무엇보다 학습법을 결정하는 것이 절대적으로 중요하다. 그걸 못하면 본의 아니게 자기 발목을 잡는 꼴이 될 수 있다. 각자 선호하는 공부 스타일이 있기 마련이라는 얘기를 많이 한다. 그게 시각적 또는 청각적 방법일지, 아니면 운동감각적 방법일지는 사람마다다르다는 것이다. 하지만 이 얘기는 신화일 가능성이 커 보인다. 교육 전문 신경과학자인 폴 하워드-존스Paul Howard-Jones는 교사의 90퍼센트 이상이 학생이 좋아하는 공부 스타일에 따른 맞춤형 교육을 긍정적으로 보고 있지만, 이런 방식의 교육이 학생에게 정말로 도움이 된다는 증거는 미약하거나 없다고 지적한다. 실제로 대부분의 실험에서 공부 스타일과 수행 성과 사이에는 관련성이 없는 것으로 나타났다. 그럼에도 맞춤형 교육 방식은 BBC나 영국문화원British Council 같은 권위 있는 기관들에 의해 널리 전파되어왔다.[2]

　공부 스타일에 관한 믿음은 메타인지 착각에서 비롯된 것으로 보인다. 52명의 학생들을 대상으로 진행된 어느 연구에서 그림을 보면서 공부하는 것과 문자로 된 단어를 보면서 공부하는 것 중 어느 쪽이 선호하는 공부 스타일인지 물었다. 이어 여러 단어 짝들을 외우게 한 다음 그림 또는 단어 형태로 제시된 사물이나 동물 짝에 대한 기억력 테스트를 실시했다. 실험자들은 학생들이 단어 짝을 외우는 동안 예상되는 과제 수행 성과에 대해 학생들 스스로 느끼는 자신감을 측정했다. 실험 결과, 좋아하는 공부 스타일과 실제 수행 성과 사이에는 연관성이 없었다. 스스로 시각 선호 학습자라고 밝힌 학생들은 그림을 통한 학습에서 더 나은 성과를 보여주지 못했고, 언어 선호 학습자라고 말한 학생들도 단어를 통한 학습에서 더 나은 성과를 보여주지 못했다. 하지만 선호하는 스타일이 메타인지에는 영향을 미쳤다. 시각파는 그림을 통한 학습에, 언어파는 단어를 통한 학습에 더 자신감을 보였다.[3]

공부 스타일 신화는 메타인지 착각─좋아하는 스타일로 공부할 때 더 자신감을 느끼는─에 기인한 것일 수 있다. 문제는 학습에 도움을 주는 요인들이 때로는 공부에 대한 자신감을 떨어뜨리는 요인이 되기도 한다는 점이다. 다시 말해 A 전략을 사용할 때 공부가 더 잘된다고 느낄 수 있지만, 실제로는 B 전략이 최상의 결과를 도출하는 경우가 적지 않다는 얘기다.

디지털(화면) 읽기와 프린트(인쇄물) 읽기의 차이에서도 비슷한 효과를 발견할 수 있다. 이스라엘 하이파대학교 학부생 70명을 대상으로 실시한 실험에서 연구자들은 새로운 에너지원의 이점이나 운동 전 워밍업의 중요성 등 일정한 정보가 담긴 텍스트를 학생들에게 주고 읽으라고 했다. 주어진 시간의 절반은 컴퓨터 화면으로, 나머지 절반은 종이 인쇄물 형태로 텍스트를 제공했다. 각각의 텍스트 읽기가 끝난 다음, 앞으로 있을 선다형 퀴즈에서 문제를 얼마나 잘 맞힐 수 있다고 생각하는지 물었다. 컴퓨터 화면으로 읽었을 때가 인쇄물로 읽었을 때보다 자신감이 높았지만, 실제 결과는 양쪽이 비슷했다. 과잉 자신감에는 대가가 따랐다. 컴퓨터 화면이든 인쇄물이든 원하는 쪽을 택해 시간 제한 없이 읽으라고 한 뒤 수행 성과를 비교한 결과 컴퓨터 화면을 택한 학생들의 정답률은 63퍼센트인 반면 인쇄물을 택한 학생들은 72퍼센트의 정답률을 보였다. 컴퓨터 화면을 택한 학생들은 자신감이 큰 만큼 공부를 일찍 끝냈던 것이다.[4]

메타인지 착각이 우리를 잘못된 길로 이끌 수 있는 또 다른 경우는 연습을 해야 할지 말아야 할지, 한다면 어떻게 할지 결정해야 할 때다. 시험을 앞두고 관련 교재를 공부하는 경우 얘기다. 인지심리학의 고전적 가르침에 따르면 이른바 '분산연습spaced practice'이 정보를 유지하고 간직하는 데 더 효과적이다. 즉 교재를 한 번 죽 훑어본 뒤 하루이틀 지나 다시 한번 보는 것이 똑같은 양의 공부를 한번에 몰아서 하는 '집중연습massed practice'보다 효과적이라는 것이다. 하지만 여기서 또다시 메타인지 착각이 우리를 오도할 수 있다. 여러 차례의 실험을 통해 심리학자 네이트 코넬Nate Kornell은 대학생의 90퍼센트가 집중연습보다 분산연습을 통해 더 좋은 학업 성적을 거뒀음에도 불구하고 실험 참가자의 72퍼센트는 분산보다 집중이 더 효과적인 학습법이라고 응답했다고 보고했다. 벼락치기 공부가 메타인지 유창성을 유발해 이런 착각이 생겨났을 수 있다. 실제로는 아닌데도 공부가 잘되고 있는 것처럼 느끼는 것이다. 코넬은 이런 효과를 운동하러 헬스장에 가서 너무 가벼운 역기를 택하는 바람에 운동 효과를 보지 못하는 경우에 비유한다. 운동이 쉽게 느껴지는 것은 운동을 잘해서가 아니라 자기 입맛에 맞게 운동을 조작했기 때문이다. 우리는 헬스장을 나오면서 운동 잘했다는 느낌이 들기를 원한다. 같은 이치로 올바른 학습법으로 공부를 하고 난 뒤에는 정신적으로 가벼운 산책이 아니라 운동을 잘한 것 같은 느낌이 들어야 한다.

비슷한 맥락에서 노트 필기를 여러 번 반복해 읽는 것이 올바른 학습법이라고 믿는 학생들이 많다. 내가 도서관 열람실에 앉아 뇌의 해부학적 명칭이 적힌 색인카드를 여러 번 읽었던 것처럼 말이다. 이 방법이 유용하고 도움이 된다고 느낄 수도 있다. 물론 공부를 전혀 하지 않는 것보다는 당연히 나을 것이다. 하지만 여러 실험 결과는 자기 자신을 직접 테스트해보는 방법―문제풀이 연습을 하거나 자신이 알고 있는 것을 죽 적어보는 것―이 수동적인 반복읽기보다 효과적임을 보여준다. 최선의 공부법에 대한 우리의 메타인지적 믿음이 현실과 동떨어진 경우가 많다는 사실에 더 이상 놀라서는 안 된다.[5]

자신의 상황을 인식하기

'어떻게' 공부할지를 일단 결정했다면 그다음에는 '무엇'을 공부할지에 대한 일련의 세부적 결정을 내려야 한다. 예를 들면 수학과

화학 중 어느 쪽에 좀더 집중하는 게 나을지 결정해야 한다. 이러한 종류의 메타인지적 질문이 갖는 중요성은 우리가 학교를 떠난 이후에도 달라지지 않는다. 과학자라면 새로운 분석 도구나 새로운 이론을 익히는 데 시간을 더 써야 할지, 또 그렇게 함으로써 얻는 이득이 연구에 시간을 썼을 때보다 큰지 스스로 물어야 한다. 데이터 과학에서 데카르트까지 다양한 주제에 관해 양질의 정보를 제공하는 온라인 강의가 발달하면서 과학자들이 느끼는 딜레마는 그 어느 때보다 커졌다.

무엇을 공부할지 선택할 때 메타인지가 하는 역할에 관한 유력한 이론 중 하나가 불일치감소이론discrepancy reduction theory이다. 이 이론에 따르면 사람들은 어떤 주제에 관한 공부를 시작할 때 학습 목표 수준을 먼저 정하고, 공부를 통해 새롭게 알게 된 것에 대한 자기평가가 설정한 목표와 일치할 때까지 공부를 계속한다. 이 이론의 변형이 재닛 멧칼프Janet Metcalfe 컬럼비아대학교 교수의 근접 학습영역region of proximal learning(RPL) 모델이다. 멧칼프는 사람들은 자신이 알고 있는 것과 알기를 원하는 것 사이의 불일치를 줄이려고 애쓸 뿐만 아니라 너무 어렵지 않은 수준을 선호한다고 지적한다. 역기가 RPL 모델의 적절한 비유가 될 수 있다. 우리는 피트니스클럽에서 역기를 들 때 평소보다 약간 무겁지만, 들어 올릴 수 없을 정도로 무겁지는 않은 무게를 선택함으로써 최고의 운동 효과를 본다. 마찬가지로 학생들도 중급 수준의 난이도를 가진 교재를 선택함으로써 더 빨리 배울 수 있다.[6]

불일치감소이론과 RPL 모델 모두 동의하는 것은 학습 진도가 목표를 향해 나아가고 있는지 모니터링하는 것을 지원하는 형태로 메타인지가 학습에서 핵심적 역할을 한다는 점이다. 같은 맥락에서 메타인지를 미세하게 조정하면 교실에서 확실한 효과를 볼 수 있다. 한 연구에서 역사 시험을 앞두고 공부 중인 아이들에게 "요란하게 생각하라Think aloud!"고 지시한 뒤 반응을 관찰한 결과 아이들 생각의 31퍼센트가 메타인지와 관련이 있는 것으로 나타났다. 즉 자신이 무엇을 알고 무엇을 모르는지와 관계된 생각이었다. 독해력이 뛰어나고 성적이 우수한 학생일수록 메타인지를 더 많이 활용한다는 보고도 있다.[7]

메타인지를 촉진하는 쪽으로 학습에 개입하는 것이 학업적 성취에 폭넓은 효과가 있다는 것은 누가 봐도 명백하다. 스탠퍼드대학교의 퍼트리샤 첸Patricia Chen과 그녀의 동료들은 시험을 앞둔 학생들을 두 집단으로 나누는 방식으로 이런 생각에 대한 실험에 나섰다. 통제집단에 속한 학생들은 시험이 일주일 앞으로 다가왔기 때문에 시험 준비를 시작할 때임을 상기시키는 메모를 받았다. 실험집단 학생들에게는 똑같은 메모와 함께 시험 형식을 유추해볼 수 있게 하는 '전략적 연습strategic exercise' 문제 하나가 전달됐다. 즉 어떤 교재—교과서나 강의 비디오 등—로 공부하는 게 나을지, 각각의 교재를 어떻게 활용하는 게 좋을지 등 시험 전략을 짜는 데 참고가 될 만한 문제였다. 실제 시험 성적을 비교했더니 실험 집단에 속한 학생들의 성적이 통제집단 학생들보다 3분의 1 학점 정도 높은 것으로 나타났다. 실험집단 학생들의 성적이 첫 번째 실험에서는 평균 3.6퍼센트, 두 번째 실험에서는 평균 4.2퍼센트 높았다. 메타인

지를 자극함으로써 시험에 대한 불안감이나 스트레스도 줄일 수 있었던 것으로 나타났다.[8]

유창성에서 생기는 자신감 착각에 대비한 안전장치로 심리학자들이 말하는 '바람직한 어려움desirable difficulty'을 일부러 조장하는 것이 유용할 수도 있다. 호주의 왕립멜버른공과대학(RMIT)이 개발해 무료로 다운로드할 수 있게 한 컴퓨터용 폰트가 그 예일 수 있다. 기억하기 좋게 '상포게티카Sans Forgetica'라고 이름 붙인 이 폰트는 일부러 읽기 어렵게 만든 서체다. 폰트가 유발한 비유창성disfluency이 학생들로 하여금 '내가 지금 이것을 제대로 공부하고 있는 것은 아니다'는 생각을 갖게 함으로써 학습에 더 집중하고 더 오래 공부할 수 있게 만들 목적으로 개발됐다.[9]

종합하면, 배움과 학습에서 메타인지는 결정적 중요성에도 불구하고 과소평가되어온 요소임을 지금까지의 연구 결과는 보여주고 있다. 자신이 가진 지식에 대한 생각이 다음에 학습할 것을 결정하고, 그것이 다시 우리의 지식에 영향을 미치는 선순환(때로는 악순환)이 일어나는 것은 메타인지 때문이다. 메타인지의 효과는 때때로 알아차리기 어렵다. 타고난 수학, 과학, 음악 능력처럼 눈으로 보거나 측정하기도 쉽지 않다. 메타인지의 힘은 배움이 끝났다고 끝나지 않는다. 〈백만장자 게임〉에서 주디스 케플이 직면한 딜레마에서 보았듯이 메타인지는 습득한 지식의 활용 방법을 결정하는 데도 매우 중요한 역할을 한다. 우리의 수행 성과를 좌우하는 메타인지의 숨은 역할은 테스트나 시험에서 타고난 지능의 중요성 이상은 아니어도 그와 비슷한 정도의 중요성을 가진다.

SAT 고득점자의 비밀

　매년 미국에서는 수백만 명의 고등학교 2학년과 3학년 학생이 SAT 시험을 본다. 상위권 대학들은 지원자들의 SAT 성적을 꼼꼼하게 살핀다. 골드만삭스나 맥킨지처럼 입사 지원자들의 SAT 점수를 알고 싶어 하는 대기업들도 있다. 그런 만큼 SAT 응시자들의 부담은 클 수밖에 없다. 일견 당연해 보인다. SAT는 독해, 작문, 수리계산의 잣대로 학생들을 평가해 능력별로 줄을 세우는 시험이기 때문이다. 모든 대학과 대학원은 최고로 우수하고 똑똑한 학생들을 뽑고 싶어 한다. 타고난 능력이 SAT에서 좋은 점수를 받는 데 도움이 되는 것은 틀림없지만, 그게 다는 아니다. 사실 2015년까지는 어느 모로 보나 메타인지가 타고난 능력만큼 중요했다.

　그 이유를 이해하려면 SAT의 점수 계산 메커니즘을 알아야 한다. SAT 문제는 대부분 다지선다형이다. 2015년까지는 5개의 답안 중 하나를 고르는 오지선다형이었다. 따라서 눈 감고 무작위로 찍어도 0퍼센트가 아니라 20퍼센트의 정답률을 기대할 수 있었다. 이를 보완하기 위해 SAT 주관 당국은 '무작위 정답 찍기'에 대한 감점 제도를 도입했다. 정답에 대해서는 1점을 부여하지만, 오답에 대해서는 0.25점씩 감점하도록 했다. 모든 문제를 찍을 경우 평균점수가 확실하게 0점이 나오게 만든 것이다.

　하지만 보완책에는 의도하지 않은 결과가 뒤따랐다. 학생들은 무턱대고 모든 문제에 답하지는 않는 방식으로 자신의 잠재적 점수를 조절하는 전략적 대응으로 응수했다. 정답이라는 자신이 없을 때는 답을 하지 않고 건너뜀으로써 잠재적 불이익을 피하는 선택을 했다. 1부에서 다룬 동물의 메타인지에 관한 연구에서 이미 본대로 정답이라는 확신이 없을 때 결정을 하지 않는 선택을 할 수 있게 하면, 수행 성과를 높이는 데 도움이 될 수 있다. 이 능력은 불확실성에 대한 효과적인 판단 여부에 달려 있다. 즉 뛰어난 메타인지를 가진 학생들은 자신이 틀릴 것 같은 문제를 능란하게 회피함으로써 몇 점 정도 수준이나마 감점을 최소화할 수 있었다. 하지만 실력이 평균 이상이더라도 메타인지가 빈약한 학생들은 성급하게 오답에 검정 칠을 함으로써 0.25점 감점이라는 불이익이 누적되는 손해를 자초했다.[10]

메타인지의 정확성은 심지어 합격과 불합격의 차이로 나타날 수도 있다. 실험실에서 진행한 모의 SAT 시험에서 자원자들에게 "초대 로마 황제의 이름은 무엇인가?" 같은 일반상식에 속하는 여러 문제를 냈다. 정답을 모른다 해도 짐작으로라도 답을 하게 했고, 답이 끝날 때마다 답에 대한 자신감을 수치 척도로 표시하게 했다. 예상대로 자신감이 높은 답은 대체로 정답에 더 가까운 것으로 나타났다. 모든 문제에 대한 자신감 점수를 확보한 연구자들은 이번에는 SAT 시험과 같은 조건으로 두 번째 테스트를 진행했다. 즉 자신이 없으면 건너뛸 수 있게 했고, 오답에는 감점을 부과했다. 자원자들은 원래 자신감이 낮았던 문제는 건너뛰는 경향을 보였다. 오답에 대한 감점이 커질수록 답을 생략하는 비율도 올라갔다. 이는 결과적으로 시험 점수의 상승으로 이어졌다. 하지만 메타인지가 약할 때는 이 전략이 참담한 결과를 낳았다. 두 번째 실험에서 연구자들은 자신감에 대한 메타인지 착각을 유도할 목적으로 문제를 신경써서 골랐다. 예컨대 "〈미완성 교향곡〉의 작곡가는 누구인가?"(베토벤이 아니라 슈베르트), "호주의 수도 이름은 무엇인가?"(시드니가 아니라 캔버라) 같이 헷갈릴 수 있는 문제들이었다. 이런 문제들에 대한 엉뚱한 자신감에 지원자들은 기꺼이 오답을 냈고, 그에 따라 수행 성과도 곤두박질쳤다.[11]

　장기적인 학업 성취를 촉진하는 데 메타인지가 중요한 역할을 하는 이유는 메타인지와 시험 성적 간의 호혜적 상호작용으로도 설명될 수 있을 것이다. 7세에서 12세 연령대 아동들을 대상으로 메타인지와 지능 발달의 상관관계를 조사한 연구가 있다. 연구자들은 3년 뒤, 즉 아이들이 10~15세가 됐을 때 실험실로 다시 불러 후속 평가를 실시했다. 여기서 확보한 희귀한 시계열 데이터를 토대로 연구자들은 7세 때 측정한 메타인지 수준으로 10세 때 지능을 예측할 수 있는지, 또 그 반대도 가능한지 분석했다. 이 실험을 통해 연구자들은 특정 시점에서는 메타인지와 IQ 사이의 관련성이 상대적으로 약하지만(메타인지와 지능의 상호 의존성에 관한 다른 연구 결과들과 일치), 어린 나이에 좋은 메타인지 능력을 보이면 커서 더 높은 지능을 보인다는 것을 알 수 있었다. 이에 대한 적절한 설명은 '좋은 메타인지 덕분에 그 아이들은 스스로 무엇을 모르는지 알았고, 이를 통해 학습의 방향을 잡고 전반적 진전을 이뤄낼 수 있었다'가 될 것이다. IQ 테스트 문제를 풀 때 메타인지 전략을 활용할 수 있게 할 경우 메타인지를 통해 IQ 점수를 높일 수 있는 정도는 실제 현실에서의 학업 성취와 관련이 있다는 연구 결과도 같은 맥락이다.[12]

분명한 것은 적어도 2015년 이전 방식의 SAT 시험 점수는 능력의 징표일 뿐만 아니라 그 개인이 자기 마음을 얼마나 잘 아는지에 대한 징표이기도 하다는 점이다. 결과적으로 SAT 성적을 활용함으로써 대학이나 기업들은 타고난 지능만이 아니라 메타인지 능력도 좋은 사람을 선발한다고 볼 수도 있다. 이게 잘못된 일은 아닐 것이다. 일부러 그렇게 하는 조직들도 있다. 영국은 공직자 임용시험을 볼 때 응시자들로 하여금 임용시험에서 보인 자신의 수행 성과를 평가하게 한 뒤 최종 채용 여부를 결정할 때 이를 반영한다. 자신의 역량과 한계를 제대로 인식하고 있는 사람을 공직자로 뽑고 싶어 한다는 의미일 수 있다.

자기 실력에 대한 믿음

학습과 관련해 메타인지가 결정적 역할을 하는 마지막 영역이 있다. 자기 기량과 능력에 대한 믿음 형성이 그것이다. 1부에서 본 대로 자신감은 하나의 '구성물construction'이어서 경우에 따라 우리를 오도할 수 있다. 자신감이 우리가 할 수 있는 것을 항상 제대로 추적하는 것은 아니란 얘기다. 충분한 능력이 있는데도 다가오는 시험, 스포츠 시합, 직업적 경력에서 성공할 수 없을 거라고 믿는 경우도 종종 있다. 위험한 것은 이 같은 메타인지 왜곡이 자기 충족적 예언이 될 수도 있다는 점이다. 요컨대 싸울 의지가 없으면 이길 수도 없다.

이러한 종류의 메타인지 왜곡을 연구한 선구자 중 한 명이 사회심리학자인 앨버트 반두라Albert Bandura다. 지대한 영향을 미친 여러 권의 저서에서 반두라는 자신의 기량이나 능력에 대한 정확한 믿음(지나친 믿음 말고)이 동기유발이나 개인의 행복에 객관적인 능력 이상으로 중요한 이유를 설명했다. 그는 이런 믿음에 '자기효능감self-efficacy'이라는 이름을 붙였다. 자신의 퍼포먼스에 관한 전반적 자신감을 뜻하는 자기효능감은 메타인지 편향과 밀접하게 연관돼 있다. 반두라는 자신의 주장을 "자신의 효능에 대한 믿음은 생각에서 동기유발, 느낌, 행동에 이르기까지 사람이 하는 거의 모든 것에 영향을 미친다"는 말로 정리했다. 과제를 앞둔 사람들의 수행 능력에 대한 느낌을 교묘하게 조작하는 실험을 통해 반두라의 가설은 옳은 것으로 입증됐다. 자기효능감에 대한 환상을 부추기면 도전적인 과제에 직면해서도 사람들은 더 오래 버티고, 더 좋은 수행 성과를 보였다. 반면 자기효능감의 저하는 반대 결과로 이어졌다.[13]

자기효능감과 관련해 충분히 연구가 이루어진 것 중 하나가 수학 문제에 대한 아이들의 자기 믿음이다. 한 세트의 시계열적 연구에 따르면 9세 어린이의 자기 능력에 대한 믿음은 그 아이가 12세가 됐을 때 수행 성과에 영향을 미쳤다. 객관적 능력의 차이를 감안해도 결과는 마찬가지였다. 성과에서 자기효능감이 생기는 것이 아니라 자기효능감이 성과를 만들어낸다는 의미다. 자신의 능력에 대한 믿음이 수행 성과에도 영향을 미칠 수 있다는 점을 고려하면 수학에 대한 남녀 간의 자기효능감 차이가 STEM 과목(과학Science, 기술Technology, 공학Engineering, 수학Mathematics—옮긴이)에서 나타나는 남녀 학생 간 수행 성과 차이의 잠재적 요인일 수 있다. 전 세계를 대상으로 최근 실시한 조사에서 수학 문제에 대해 여학생의 35퍼센트가 무력감을 느끼는 데 비해 남학생은 25퍼센트만 그렇게 느끼는 것으로 나타났다. 이러한 차이는 뉴질랜드, 아이슬란드를 포함한 서구권에서 특히 두드러진 반면 말레이시아, 베트남 등 아시아권에서는 정도가 덜했다. 출발선에서는 남녀 사이에 능력 차이가 없음에도 자기효능감의 체계적 차이가 수행 성과의 차이를 낳고, 이것이 수학을 기피하는 자기강화 사이클로 이어지는 상황을 상상하기는 어렵지 않다.[14]

자기효능감의 메아리는 성인이 된 이후에도 계속 울려퍼진다. 직장이나 학교 같은 사회적 환경에서 자기 능력에 대한 자신감을 측정해보면 여성이 남성보다 낮게 나오는 경우가 많다(흥미롭게도 메타인지만 따로 떼어내 별도로 측정하는 우리 실험실 연구에서는 이런 차이가 안 나타난다). 케티 케이Katty Kay와 클레어 십먼Claire Shipman은 휴렛패커드 직원들에 대한 현장조사를 바탕으로 《자신감 코드The Confidence Code》란 책을 썼다. 두 사람은 여성은 심사기준을 100퍼센트 충족했다고 믿을 때 승진 신청을 하지만, 남성은 60퍼센트만 충족했다고 생각해도 승진을 신청한다는 사실을 발견했다. 남자들은 자기 능력에 대한 확신이 부족한 상태에서도 기꺼이 행동에 나선 셈이다. 어떻게 이런 자신감의 차이가 장기적으로 여성의 매우 드문 승진으로 이어졌는지 이해하기는 어렵지 않다.[15]

그렇지만 낮은 자기효능감에 대응할 수 있는 방법이 있다. 자신의 약점을 인식했을 때 심리학자들이 말하는 '오프로딩offloading' 전략을 쓰는 것이다. 오프로딩은 자신이 가진 능력을 최대한 발휘할 수 있게 도와주는 외적인 도구를 이용하는 것을 말한다. 사실 이미 우리는 별생각 없이 오프로딩을 하고 있다. 가게에 가서 사야 할 물건을 다 기억할 수 있을지 아니면 쇼핑 리스트를 작성하는 게 나을지 판단할 때 우리가 그것을 얼마나 수월하게 하는지 떠올려보라. 기억력의 한계 때문에 다 기억하기 어렵겠다는 생각이 들면 그냥 손쉽게 쇼핑 리스트를 작성한다. 도움의 손길이 필요할 때를 우리 스스로 아는 것이다.

실험실 테스트에서 오프로딩을 허용하면 오프로딩 전략을 쓸 수 없는 경우에 비해 일반적으로 수행 성과가 올라간다. 얼마나 올라갈지는 자기효능감에 대한 판단에 달려 있다. 언제 오프로딩을 할지 알려면 무엇보다 자신의 기억력이나 문제 해결 능력으로는 주어진 과제를 감당하기 어려울 수 있다는 점을 인정해야 한다. 기억력에 대한 자신감이 떨어지는 사람들은 기억에 도움이 될 만한 것들을 자진해서 준비할 가능성이 크다. 과제가 어려워질 때 외부의 소품을 이용하는 능력은 4세 유아에게서도 관찰된다. 이는 자기효능감과 자신감이 아주 어릴 때부터 행동에 영향을 미친다는 연구 결과와 일치한다.[16]

메타인지와 오프로딩의 관계에 초점을 맞추기 위해 내 제자인 시아오 후Xiao Hu와 나는 간단한 기억력 테스트를 준비하고, 실험 참가자들에게 '로켓-정원', '양동이-은銀'처럼 서로 관련이 없는 단어 짝을 외우도록 했다. 이 실험의 반전은 나중에 기억할 자신이 없는 단어 짝들은 컴퓨터 파일에 저장하도록 허용했다는 점이다. 실험실 판 쇼핑 리스트 작성인 셈이다. 얼마 후 단어 짝들에 대한 기억력 테스트가 시작되자 참가자들은 저장된 정보를 이용하는 데 약간의 비용을 부과했음에도 올바른 대답을 제시하기 위해 컴퓨터에 저장한 정보를 자연스럽게 활용했다. 하지만 자신의 기억력에 대한 자신감이 낮은 경우에만 저장된 정보를 이용하는 경향을 보임으로써 메타인지와 오프로딩의 직접적 연관성을 드러냈다. 앞으로 우리는 이 책에서 자기인식의 이러한 역할을 이용해 언제 그리고 어떻게 인공 도우미, 즉 AI에게 도움을 요청할지 알아내는 것이 점점 더 중요해진다는 것을 보게 될 것이다. 그 도우미들이 단순한 리스트나 메모를 제공하는 기계에서 자기 마음이 있는 존재로 변신한다면 그 중요성은 더욱 커질 것이다.[17]

다른 사람을 가르치는 것의 효과

지금까지 우리는 알 때와 모를 때가 언제인지 아는 데 도움을 주고, 다음에 학습해야 할 올바른 대상이 무엇인지 결정하는 데 메타인지가 어떤 역할을 하는지 살펴봤다. 하지만 우리는 1부에서 메타인지(자기 자신에 대해 생각하기)와 마음읽기(다른 사람에 대해 생각하기)가 밀접하게 맞물려 있음을 보았다. 두 가지 경우—메타인지와 마음읽기—인간의 뇌는 입력되는 정보(인풋)만 다를뿐 유사한 기제를 사용하는 것으로 보인다. 이는 다른 사람이 알고 있는 것(그리고 다른 사람이 틀림없이 알고 있다고 우리가 생각하는 것)에 대해 생각하는 것만으로 피드백이 이루어져 우리가 아는 것과 모르는 것에 대한 예리한 이해가 가능해진다는 것을 의미한다. "가르치면서 배운다"고 한 세네카의 말 그대로다.

다른 사람을 가르칠 때 마음읽기가 하는 역할은 어린아이들을 주의 깊게 관찰해보면 알 수 있다. 2016년 토론토대학교의 새뮤얼 론파드Samuel Ronfard 교수팀은 3세에서 5세 아이들을 대상으로 간단한 게임을 가르친 뒤 그 게임을 인형들에게 가르치도록 하는 실험을 진행했다. 사전에 기계 조작을 통해 인형 중 하나만 완벽하게 게임을 할 줄 알고, 나머지 인형들은 정도의 차이가 있을 뿐 실수를 연발하는 것으로 설정했다. 나이가 든 아이들은 실수를 저지르는 인형들을 관찰한 뒤 그 인형들의 필요에 정확히 초점을 맞춘 맞춤형 학습법을 고안해냈다. 반면 더 어린 아이들은 그 정도의 분별력을 보여주지 못했다. 실험 결과는 우리가 1부에서 본 것과 일치한다. 즉 4세라는 결정적 나이가 될 무렵부터 아이들은 다른 사람들의 마음 상태를 차츰 인식하게 된다. 이러한 인식을 통해 다른 사람이 아는 것과 모르는 것을 이해하게 됨으로써 남을 가르칠 수 있게 되는 것이다.[18]

아이들은 또 어떤 것은 가르쳐야 하고, 어떤 것은 가르칠 필요가 없는지도 직관적으로 안다. 예를 들어 취학 전 아이들에게 무인도에서 혼자 자란 사람을 떠올려보라고 한 뒤 물어보면, 종일 숨을 참는 것은 불가능하다거나 하늘로 돌을 던지면 다시 땅으로 떨어진다는 것은 그 사람 스스로 깨우치겠지만, 지구가 둥글다거나 건강을 유지하려면 비타민 섭취가 필요하다는 것은 누군가로부터 배워야 한다는 것을 깨닫고 있음을 알 수 있다. 5세가 되면 직접적으로 얻을 수 있는 지식과 가르침이 필요한 지식을 구별할 줄 알게 되고, 그 분별력은 나이가 들수록 더 예리해진다.[19]

다른 사람을 가르쳐보면 내가 아는 것과 모르는 것에 대한 믿음이 명확해진다. 그래서 어떤 주제에 대해 좀더 확고한 지식을 갖추려면 내가 무엇을 더 해야 할지 생각하게 된다. 다른 사람의 관점을 고려하는 것이 자기인식에도 부수적으로 도움이 된다는 얘기다. 학부생들에게 시험에 대비해 어떤 내용을 공부하라고 알려주면서 똑같은 내용을 다른 사람에게 가르쳐야 할 수도 있다는 얘기를 하는 경우가 그렇지 않은 경우보다 성적이 훨씬 좋게 나왔다. 매일 8분 동안 후배 학생들의 학습을 도와주게 한 그룹의 해당 학기 성적이 그렇지 않은 통제그룹 학생들보다 높았다는 보고도 있다. 이 결과를 발표한 논문에서 펜실베이니아대학교 심리학과의 안젤라 덕워스Angela Duckworth 교수 연구팀은 후배들에게 조언을 해주도록 개입함으로써 학생들은 자신의 지식에 대한 자기인식이 고양되는 경험을 했을 것으로 추론했다. 개입이 의미 있는 교육적 효과를 거두는 경우가 드문 데다 효과가 있는 것으로 알려진 교육적 개입도 엄격한 과학적 실험 조건에서는 기대했던 효과가 잘 안 나오는 게 일반적이라는 점을 고려하면 이 결과는 놀랍다. 후배들에게 간단한 조언을 해주도록 개입함으로써 학업 성적 향상에 의미 있는 효과를 거둘 수 있었다는 사실은 가르치기, 자기인식, 수행 성과 간의 바람직한 상호작용의 힘을 보여주는 증거다.[20]

남을 가르치거나 남에게 조언을 제공하는 행위가 어째서 우리 자신의 학습에 도움이 되는지 이해하려면 가르치거나 조언하는 것이 메타인지 착각을 예방하는 데 어떻게 도움을 주는지 생각해보면 된다. 우리가 남에게 무언가를 설명해야 하는 상황에서는 자기 지식에 대한 근거 없는 자신감을 초래하는 내면적 유창성 신호에 휘둘릴 기회가 줄어들 수밖에 없다. 예를 들어 '설명의 깊이 착각illusion of explanatory depth'이라고 부르는 경험을 다들 해보았을 것이다. 간단한 도구 사용법에서 정부 정책까지 세상일이 어떻게 돌아가는지 다 안다고 생각하지만, 막상 그것을 다른 사람에게 설명해보라고 하면 제대로 하지 못하는 경험 말이다. 막상 자신의 지식을 남에게 공개해야 하는 상황이 되면 잘못된 자신감은 실체를 드러낼 수밖에 없다. 누군가가 말도 안 되는 소리를 할 때 그것을 알아차리는 게 같은 잘못을 자신이 저지를 때 스스로 알아차리는 것보다 쉬운 것도 같은 이유에서다. 어려운 논리 문제를 따지는 상황에서 사람들에게 자신의 추론을 설명하고 정당화해보라고 하면 그 추론이 자기 것이라기보다 다른 사람의 것에 가깝다고 생각할 때 사람들은 자신의 주장에 더 비판적인 모습을 보인다. 게다가 분별력도 좋아진다. 처음에 자신이 틀렸던 답을 다른 누군가의 답인 것처럼 제시하면 스스로 자신의 오답을 바로잡을 가능성이 커지는 것도 이 때문이다.[21]

이러한 연구들이 주는 한 가지 시사점은 자기 자신을 제3자의 시각으로 보는 것이 자기인식을 개선하는 가장 간단하면서도 효과적인 방법이라는 것이다. 이스라엘의 심리학자이자 메타인지 전문가인 라키펫 애커만Rakefet Ackerman과 애셔 코리아트Asher Koriat가 수행한 실험 결과는 이러한 견해를 뒷받침한다. 두 사람은 학생들에게 실시간 비디오 연결을 통해 자신과 다른 사람의 학습 진도를 비교·평가하도록 했다. 학생들이 자신을 평가할 때는 유창성의 함정에 빠져 학습 시간이 짧은 것은 자신감의 표시라고 믿었다. 하지만 다른 사람들을 평가할 때는 그 관계가 역전됐다. 한 주제를 오래 공부할수록 학습 성과가 좋을 것이라고 올바르게 판단했다.[22]

외부의 소품이나 도구도 우리가 알고 있는 것에 새로운 시각을 제공할 수 있다. 우리가 인식하지 못하는 곳에 숨어 있는 어두컴컴한 내면의 프로세스를 단순히 지켜보기보다 단어들을 직접 써보거나 큰 소리로 읽어보면 자기성찰의 구체적인 목표가 떠오른다. 나는 이 책을 쓰면서 그 효과를 직접 경험했다. 어떤 장이나 절을 어떻게 구성해야 할지 판단이 서지 않을 때 가장 좋은 방법은 핵심이라고 생각되는 것들을 종이에 죽 적어보는 것임을 알았다. 그렇게 함으로써 비로소 나는 그게 말이 되는지 안 되는지 알 수 있었다. 종이에 쓴 문자를 읽을 때 우리는 자연스럽게 종이 위로 우리의 마음을 확장시킨다. 마음의 확장은 그 자체로 메타인지의 목표가 되어 통상적인 사고나 느낌과 마찬가지로 사유와 성찰의 대상이 된다.[23]

자기를 인식하는 학생 만들기

우리가 새로운 기술을 익히고 아이들을 교육하는 데 가장 중요한 것이 메타인지다. 자신의 기량, 능력, 지식을 평가하는 방법이 조금만 왜곡돼도 그 결과는 학습에서 성공과 실패의 차이로 나타날 수 있다. 자신을 과소평가한다면 열심히 노력해서 시험을 잘 보거나 상을 타려는 의지가 약화될 것이다. 반대로 자신을 과대평가한다면 결과가 발표되는 날 끔찍한 충격에 빠질 수도 있다. 우리가 얼마나 배웠는지 제대로 알지 못하면 다음에 무엇을 공부해야 할지 알 수 없다. 내가 어디서 실수했는지 감지할 수 없다면 시험이라는 긴장된 상황에서 다시 처음으로 돌아가 새로운 답을 적어내기는 어려울 것이다. 메타인지가 가진 모든 특징은 착각과 왜곡을 일으키기 쉽다.

그럼에도 안심할 여지는 있다. 자신의 학습을 제3자적 시각에서 바라보고 남을 가르쳐보도록 등을 떠민다면 학생들이 메타인지 왜곡의 희생물이 될 가능성은 줄어들 것이다. 종종 우리를 오도하는 유창한 느낌을 믿기보다 노트 필기의 비용과 효과, 다양한 공부법 같은 학습에 관한 인지과학을 더 공부함으로써 우리는 메타인지의 오류를 최소화할 수 있다.

메타인지의 효과에 관심을 가짐으로써 우리는 교육 체계의 모든 레벨에서 폭넓은 혜택을 누릴 수 있다. 팩트만 가득 찬 머리가 아니라 공부하는 방법을 아는 머리를 가진 학생들이 지식에 대한 목마름과 허기를 안고 학교를 떠나는 모습을 보게 될 것이다. 그동안 교육적 차원에서 메타인지를 개선하려는 상찬할 만한 연구와 노력들이 없지 않았다. 하지만 안타깝게도 우리가 1부에서 만난 자기 인식의 객관적 지표는 이러한 연구에 아직 포함되지 않고 있다. 학교에서의 메타인지 개선 노력이 의도한 대로 잘 작동하고 있는지 알기 어려운 경우가 종종 있는 것도 그 때문이다. 강의실에서 메타인지를 측정하는 것만으로도 좋은 출발점이 될 것이다. 자신이 무엇을 알고 무엇을 모르는지 아는 학생들을 우리는 길러내고 있는가? 그게 아니라면 우리는 자기인식의 함양을 기초적 능력의 배양만큼 소중하게 여겼던 고대 아테네 모델로의 회귀를 바라게 될지도 모른다.

고등교육과 관련해 메타인지가 갖는 좀더 넓은 함의는 평생 교육이 평생 학습을 촉진할 수도 있다는 점이다. 가르치고 배우는 강의 중심 영역과 새로운 지식을 발견하는 연구 중심 영역을 한 공간에 배치하는 것이 대학 캠퍼스의 전통적 모델이다. 그렇게 하는 것이 강의와 연구에 서로 도움이 될 것으로 보았기 때문이다. 불행히도 이런 강의와 연구의 공생은 점점 위협받고 있다. 미국의 경우 정규 교수직 신분을 보장하지 않고 연구비도 지원하지 않는 비상근 강의 전담 교수가 늘면서 강의와 연구의 분리 현상이 일어나고 있다. 영국에서도 강의 트랙과 연구 트랙의 구분이 점점 명확해지면서, 외부 기금으로부터 펠로십 지원을 받는 젊은 학자들은 연구 활동에 전념하라는 압박에 시달리고 있다. 강의와 행정 업무 부담이 커지면 양질의 연구 활동이 타격을 받을 수 있기 때문에 둘 사이에도 균형이 필요하다. 그럼에도 불구하고 나는 우리가 무엇을 알고 무엇을 모르는지 성찰할 기회를 갖도록 하는 차원이라면 연구자들에게도 강의를 장려할 필요가 있다고 믿는다.

학교 문을 나서고 난 뒤에는 시험 기술을 연마하거나 최선의 학습 방법을 궁리할 필요가 더 이상 없다고 생각할 수도 있다. 하지만 여전히 우리는 내가 무엇을 알고 있고 혹시 내가 틀린 것은 아닌지 스스로 물어야 하는 다양한 상황에 직면하게 된다. 다음 장에서는 성인들이 살면서 하게 되는 선택과 결정에 자기인식이 어떻게 스며드는지 살펴볼 것이다. 결정을 내리고, 다른 사람들과 협력하고, 리더십과 책임이 따르는 자리를 맡는 등 강의실 밖에서 일어나는 다양한 일에 여전히 영향을 미치는 메타인지의 역할을 보게 될 것이다.

Chapter 7

성공적인 결정의 비결

"심지어 평판이 좋은 조종사도 비행기를 착륙시킬 수 있어야 한다."

— 캐티 케이, 클레어 시프먼, 《자신감 코드》

2013년 마크 라이너스Mark Lynas는 오랫동안 열정을 바친 주제와 관련해 급격한 심경의 변화를 겪었다. 환경운동가인 그는 과학이 유전자변형genetically modified(GM) 식품을 생산하면서 자연을 상대로 비밀리에 대규모 실험을 진행함으로써 넘어서는 안 될 선을 넘었다고 믿었다. 라이너스는 마체테를 들고 실험용 작물을 난도질하는 등 미국 전역의 농장과 과학 실험실에 있는 '유전자 공해' 척결에 나선 GM 반대 진영의 이름난 투사였다.

그랬던 라이너스가 어느 날 옥스퍼드농업콘퍼런스에 나타나 자신이 틀렸다고 고백했다. 유튜브에서 볼 수 있는 그 비디오는 지금도 매우 흥미로운 볼거리를 제공한다. 미리 준비한 원고를 읽으면서 그는 자신이 과학에 무지했으며 GM이 지속가능한 농업 시스템의 결정적 요소―병충해 때문에 농작물이 죽어가는 지역 사람들의 목숨을 구할 수 있는―임을 이제야 깨닫게 됐다고 설명했다. 라이너스는 BBC 라디오4의 〈나는 왜 마음을 바꿨나Why I Changed My Mind〉 프로그램에 출연해 자신의 고백에 대해 '전쟁 중에 배반한 느낌'이라며 그 바람에 친한 친구 몇 명을 잃었다고 털어놓았다.[1]

라이너스의 이야기가 우리의 눈길을 끄는 이유는 감정적인 이슈에 심경을 바꾼 사례가 매우 드물기 때문이다. 사람은 일단 어떤 태도를 취하게 되면 자신의 세계관에 단단히 매이기 때문에 대안적 시각을 받아들이기가 쉽지 않다. 사실이 바뀌고 새로운 정보에 불이 켜져도 마음 바꾸기를 거부하는 편향성 때문에, 적응력이 떨어지고 심지어 위험에 처하는 경우를 어렵지 않게 볼 수 있다.

이 책 1부에서 우리가 얻은 교훈은 이런 편향성 극복에 대한 조심스러운 낙관의 근거가 될 수 있다. 메타인지와 마음읽기를 관장하는 신경기제가 지원하는 사고 프로세스의 도움을 받으면 지나치게 좁은 시각에서 빠져나올 수 있다. 희미한 소리의 출처를 정확히 짚어내는 것부터 새로운 일자리를 선택하는 것까지 우리는 어떤 결정을 내릴 때마다 올바른 결정을 했다는 자신감의 수위를 판단한다. 자신감이 아주 낮을 때는 마음을 바꿔 결정을 번복하라는 신호로 받아들이기도 한다. 라이너스가 스스로 과학을 뒷걸음질치게 만들었는지도 모른다는 깨달음을 얻은 순간처럼 메타인지는 우리가 틀렸을 수 있다는 것을 인식하게 함으로써 마음을 바꿀 수 있는 정신적 근거를 제공한다. 한편 마음읽기 능력은 다른 사람들이 무엇을 알고 있고, 그들이 아는 것이 정확한지 추론할 수 있게 함으로써, 그룹이나 팀을 이루어 일할 때 다른 사람들의 시각과 조언으로부터 확실한 이득을 취할 수 있게 해준다. 이번 장에서는 메타인지가 우리의 마음을 바꿀 수 있는 능력을 어떻게 가능하게(또는 불가능하게) 하는지 좀더 면밀히 살펴보겠다.[2]

결정의 번복과 메타인지

하나의 가설에 대한 우리의 마음을 바꿀지 말지, 바꾼다면 언제 바꿀지 알 수 있는 강력한 틀을 베이즈 정리가 어떻게 제공하는지 이미 살펴본 바 있다. 1장에 나온 속임수 주사위를 떠올려 보라. 주사위를 여러 번 던졌는데 낮은 숫자만 나온다면 속임수 주사위의 숫자는 0이라는 가설에 대한 우리의 자신감은 점점 커질 것이다. 이런 상황에서 10이라는 이례적으로 높은 숫자가 나오더라도 우리의 자신감에는 별 영향을 미치지 않는다. 속임수 주사위가 0이어도 나올 수 있는 숫자이기 때문이다. 정상적인 두 주사위의 숫자가 5와 5이거나 6과 4인 경우 말이다. 좀더 일반적으로 말해 베이즈의 합리적 신봉자라면 특정한 가설에 대한 자신감이 커질수록 마음을 바꿀 가능성은 점점 줄어들어야 마땅하다.

우리는 이 예측을 시험하고 새로운 정보가 신경망 차원에서 어떻게 처리되는지 알아보기 위한 실험을 진행했다. 이 실험에서 우리는 컴퓨터 스크린을 보고 어려운 결정을 내린 피험자들에게 추가적인 정보를 제공하는 방식으로 보통 때보다 메타인지의 측정 폭을 확대했다. 시끄러운 소리를 내는 작은 점들이 어느 방향으로 움직이고 있는지 물어 답을 하게 한 뒤 처음과 움직이는 방향은 같지만 다소 소리가 다른 점들을 보여주었다. 그런 후 피험자들에게 처음 결정에 대해 얼마나 자신감을 느끼는지 물었다.

베이즈를 신봉하는 관찰자라면 이 문제를 결정 전과 후에 얻은 증거 샘플(구체적으로 각 가설의 로그 확률 비율의 합)을 취합한 뒤 그것을 실제 결정과 비교하는 방식으로 풀려고 할 것이다. 우리는 이 방정식들에 대한 컴퓨터 시뮬레이션을 통해 믿음을 바꾸는 데 관여하는 뇌 영역들에서 발견되어야 하는 활성 패턴을 예측할 수 있었다. 여러분의 결정이 옳다면 새로운 증거 샘플들은 여러분의 선택이 옳았다는 것을 확인해주는 셈이기 때문에 결국 여러분의 처음 선택이 옳을 확률은 올라갈 것이다(참고로 이 실험에서는 참가자들에게 속임수를 쓰지 않았다). 반대로 여러분이 틀렸다면 처음 선택이 새로운 증거 샘플들에 의해 부정되면서 여러분이 옳을 확률은 내려갈 것이다. 따라서 새로운 증거를 토대로 우리의 믿음을 업데이트하는 데 관여하는 뇌 영역의 활동은 새로운 증거의 힘과 상반 관계opposite relationship에 있어야 하고, 이는 우리가 애초에 옳았는지 틀렸는지에 달려 있다.

앞서 말한 과제를 수행하는 동안 우리는 fMRI를 이용해 참가자들의 뇌를 스캐닝함으로써 이러한 신경적 특성을 보여주는 활성 패턴을 정확히 식별할 수 있었다. 우리가 특히 관심을 가졌던 것은 점들이 움직이는 방향에 대해 처음에는 잘못된 선택을 했지만, 추가로 제공받은 정보를 보고 선택을 바꾼 경우였다. 스캐닝 결과 새로운 정보가 들어오면ㅡ화면에 새로운 점들이 나타나면ㅡ등쪽전방대상피질 영역이 활성화하기 시작하는데, 그 활성 패턴은 베이즈 모형이 예측한 특징을 보이는 것을 알 수 있었다. 2장에서 이미 보았지만, 등쪽전방대상피질은 오류 감지에 관여하는 뇌 영역과 같은 영역이다. 메타인지에서 등쪽전방대상피질이 하는 역할을 좀더 뉘앙스를 살려 해석하면 단순히 "내가 실수를 했네요"라고 알리기보다 새로운 증거를 토대로 기존 믿음을 얼마나 업데이트해야 할지 추적하는 것임을 마음 바꾸기에 관한 우리의 연구 결과는 시사하고 있다.[3]

이러한 결과들은 불확실성 추적이 세상을 올바르게 인식하는 것은 물론이고 우리의 믿음에 대한 완고함과 유연성 사이에서 올바른 균형을 잡는 데도 중요하다는 것을 보여준다. 불확실성이 마음을 바꿀지 말지를 결정하는 과정을 설명하는 데는 베이즈 정리에 관한 케이크 반죽의 비유가 도움이 될 수 있다. 반죽은 들어오는 데이터를, 케이크 틀은 세상에 대한 우리의 선행적 믿음prior belief을 표상한다는 것을 상기해보라. 반죽은 너무 묽지도 너무 진하지도 않은 중간 정도이고, 케이크 틀은 고무로 된 얇고 유연한 틀과 플라스틱으로 된 단단한 틀 두 가지가 있다고 치자. 케이크 틀의 유연성은 세상에 대한 우리의 현재 믿음이 확고한 정도를 나타낸다. 다시 말해 속임수 주사위에 적힌 숫자가 0인지 3인지, 점들이 이동하는 방향이 왼쪽인지 오른쪽인지에 대한 믿음이다. 얇은 고무로 된 틀— 자신감이 덜한 믿음—은 들어오는 반죽의 무게에 눌려 원래 형태를 잃어버리는 반면 단단한 플라스틱으로 된 틀은 원래 형태를 유지함으로써 틀 모양의 케이크를 만들어낸다. 단단한 플라스틱 틀은 확고한 믿음과 같은 것이어서 어떤 데이터를 투입해도 자신의 형태를 유지한다.

합리적인 베이즈론자라면 "그렇다면 좋아"라면서 현재의 믿음과 새로운 데이터 사이에서 품위 있는 균형을 찾을 수 있을 것이다. 문제는 1부에서 보았듯이 우리의 자신감은 우리가 가진 세계상의 정확성과 무관할 수 있다는 점이다. 자신감이 지나치거나 가진 정보보다 믿을 만한 다른 정보가 있다고 생각할 경우에는 마음을 바꿔야 할 때 바꾸지 않는 위험이 따른다. 반대로 자신감이 부족할 때는 앞이 뻔히 예상되는데도 결단을 못 내리고 우유부단한 모습을 보이게 된다. 메타인지가 빈약하면 오래전에 뒤집거나 버렸어야 하는 결정, 믿음, 주장을 붙들고 쩔쩔매는 꼴이 될 수 있다.

마음을 바꾸는 데 자신감이 미치는 영향은 우리 팀의 박사학위 과정 학생이었던 맥스 롤웨이지Max Rollwage가 맡아 진행한 일련의 실험 주제였다. 그는 기존의 실험을 약간 변형한 새로운 실험에서 참가자들에게 컴퓨터 화면으로 이동하는 구름 모양의 점들을 보여주고, 점들이 움직이는 방향이 왼쪽인지, 오른쪽인지 물었다. 1차 선택이 끝난 뒤 점들을 다시 보여주었더니 참가자 중 일부는 마음을 바꿨다. 이 실험의 영리한 대목은 처음에 보여준 점들의 속성을 살짝 조작하는 방법으로 첫 번째 선택에 참가자들이 더 자신감을 갖게 만들 수 있었다는 점이다(앞에서 보았던 '긍정 증거' 효과의 일종). 우리는 이 실험을 통해 사람들은 자신감이 높아지면 결정을 거의 바꾸지 않는다는 것을 알게 됐다. 이는 새로운 정보의 수용 여부에 대한 미래의 결정에 메타인지적 느낌이 인과적 역할을 한다고 가정했을 때 우리가 예상했던 것과 정확하게 일치한다. 하지만 이 실험을 통해 사람들의 자신감과 결정의 정확성은 별개라는 점도 확인했다.[4]

새로운 증거를 처리하는 방식에 현저하게 영향을 미치는 또 다른 요인은 확증편향confirmation bias이다. 확증편향은 어떤 선택을 한 뒤 그 선택을 뒷받침하는 새로운 증거는 수용하지만 그 선택에 반하는 증거는 무시하는 경향을 보이는 현상을 말한다. 의학적 진단에서부터 투자 결정, 기후변화에 관한 예측까지 다양한 상황에서 확증편향이 미치는 영향에 대해서는 이미 많은 연구가 이루어져 있다. 실험 참가자들에게 부동산 웹사이트에 올라온 주택들을 보여주고 가격이 100만 달러 이상일지 미만일지 물었다. 그런 뒤 가공의 부동산중개인을 등장시켜 참가자들이 판단한 가격에 대한 의견—동의하거나 동의하지 않거나—을 들려주고, 당초 판단을 바꿀 생각이 있는지 물었다. 데이터 분석 결과 중개인이 자신의 의견에 동조한 경우 참가자들의 자기 판단에 대한 자신감은 확연히 커진 반면, 동조하지 않은 경우에는 자신감이 소폭 감소하는 데 그친 것으로 나타났다. 새로운 증거에 대한 정보 처리에서 나타나는 이러한 비대칭성은 등쪽전방대상피질의 활성 데이터를 통해서도 알 수 있다.[5]

일견 이런 패턴은 베이즈 정리와 잘 안 맞는 것처럼 보인다. 진정한 베이즈 추종자라면 새로 제시된 증거에 동의하든 동의하지 않든 그것에 민감한 반응을 보여야 하기 때문이다. 하지만 이 이야기에는 또 다른 반전이 있다. 맥스는 앞서 언급한 실험에서 최초 결정에 얼마나 자신감을 갖느냐에 따라서도 불확증적 증거disconfirmatory evidence를 배척하는 편향성이 달라질 수 있음을 확인했다. 실험에서 우리는 자원자의 두개골 주변에 형성되는 자기장의 미세한 변화까지도 감지하는 뇌자도magnetoencephalography(MEG) 기술을 사용했다. 뉴런은 극미한 전기 자극을 발화하는 방식으로 신호를 주고받기 때문에 자기장의 미세한 변화에서 뇌 활동의 아주 작은 신호까지 감지해낼 수 있다. 기계학습에서 차용한 기술을 적용하면 자기장에서 나타나는 이러한 공간적 변화 패턴을 통해 사람들이 하는 생각과 결정의 특징을 해독하는 것도 가능하다. 실험에서 우리는 움직이는 점들이 왼쪽과 오른쪽 중 어느 쪽으로 간다고 참가자들이 생각했는지 해독할 수 있었다. 하지만 우리는 자기 결정에 대한 자신감에 따라 해독 가능성이 달라진다는 점도 확인했다. 자신감이 매우 높으면 자신의 이전 결정에 반하는 그 어떤 증거도 사실상 해독이 불가능했다. 확고한 믿음과 상충하는 새로운 증거를 처리하는 데는 뇌가 아예 신경을 안 쓰는 것처럼 보였다. 이 정도면 자신감가중 확증편향confidence-weighted confirmation bias이라고 일컬을 만하다.[6]

이러한 데이터를 종합하면 아주 흥미로운 가설에 이르게 된다. 겉보기에 부적응 현상으로 보이는 확증편향도 좋은 메타인지와 짝을 이루면 이로울 수 있다는 가설이다. 높은 자신감이 확신을 강화하는 정보 쪽으로 치우치는 편향성을 부추기기 때문에 문제라면, 내가 옳을 때 자신감을 갖는 것은 문제 될 게 없지 않느냐는 논리다. 반면 내 메타인지가 빈약한 탓에 틀렸으면서도 자신감만 높다면, 내 (잘못된) 믿음을 반박할 수 있는 정보는 무시하는 경향을 보일 것이고, 결국 세상에 대한 보다 정확한 그림을 그리는 데 문제가 생길 것이다.[7]

이러한 견해는 실수를 했을 때 다시 생각하고 결정을 번복하는 능력과 메타인지 감수성 사이에는 밀접한 관계가 있어야 한다는 결론으로 이어진다. 우리는 수백 명의 자원자를 대상으로 한 온라인 실험을 통해 이 가설을 직접 시험해보기로 했다. 간단하게 메타인지를 측정하는 것부터 시작했다. 컴퓨터 화면에 있는 두 상자 중 어느 쪽에 점이 더 많이 들어 있는지 판단하고, 이 판단에 대한 자신감의 수위를 표시하게 했다. 그런 다음 앞서 설명한 정보처리 과제를 변형한 과제를 제시했다. 최초의 결정이 끝나고 나서 다시 한번 점들을 잠깐 보여준 뒤 자신들의 선택에 대한 자신감을 다시 평가하도록 했다. 별도로 진행된 두 실험을 통해 우리는 첫 번째 과제에서 좋은 메타인지를 보인 사람들은 두 번째 과제에서 실수를 했을 때 더욱 기꺼이 마음을 바꾸는 경향을 보임으로써 자기인식과 신중하고 사려 깊은 의사결정 사이에는 직접적 연관성이 있음을 확인할 수 있었다.[8]

세계관의 변화를 촉진하는 메타인지의 이러한 힘은 베이즈 정리의 기본 틀에도 당연히 담겨 있을 수 있다. 이미 본대로 우리의 의견에는 다양한 층위의 자신감과 정확성이 있다. 예컨대 나는 내일 해가 뜬다는 것을 매우 확고하게 믿고 있지만, GM 식품에 관해서라면 믿음이 확고한 편은 아니다. 특정한 세계상에 우리가 부여하는 확고함이나 자신감은 메타인지적 추측이다. 케이크 반죽의 비유가 강조하듯이 어떤 것에 대한 우리의 마음을 얼마나 바꿀지는 지금 우리가 가진 자신감에 주로 달려 있다. 하지만 자기인식의 과학에 따르면 자신감은 착각과 편견에 쉽게 흔들린다. 메타인지가 빈약하면 마음을 바꿀지 말지, 바꾼다면 언제 바꿀지 알 수 있는 능력도 떨어지기 마련이다.

가치기반 결정의 특징

지금까지 이 책에서 다룬 연구의 대부분은 객관적 정답이 있는 상황에 초점이 맞춰져 있었다. 자극이 왼쪽과 오른쪽 중 어느 쪽으로 기울어져 있는지, 어떤 단어가 방금 우리가 외운 단어 리스트에 있는지 없는지 하는 것들 말이다. 하지만 세상에는 우리가 일상생활을 하면서 흔히 내리는 결정에 더욱 가까운 또 다른 부류의 결정들이 있다. 객관적 정답이 없는 대신 각자의 주관적 선호를 근거로 내려야 하는 결정들 말이다. 신경과학자들은 이를 지각적 결정perceptual decision과 대비시켜 가치기반 결정value-based decision이라고 부른다. 부엌 식탁에 있는 저 물체가 사과에 가까운지 아니면 오렌지에 가까운지 판단하는 것은 지각적 결정이고, 사과나 오렌지 중 어느 것을 먹을지 판단하는 것은 가치기반 결정이다. 전자의 결정에는 정답과 오답(예를 들어 멀리서 보고 사과를 오렌지로 잘못 인식하는 경우)이 있다. 반면 "사과를 먹기로 틀린 결정을 했어"라고 말하면 이상할 것이다. 이 결정에 대해 내가 잘못했다고 말할 수 있는 사람은 아무도 없다. 그저 내가 오렌지보다 사과를 더 좋아한다고 생각할 것이다. "그것을 원하는 것은 내 잘못이야"라고 스스로 말하면 이상해 보이지 않을까? 아닌가?

박사후과정을 시작하기 위해 뉴욕으로 옮긴 직후인 2011년, 유니버시티칼리지런던의 옛 동료인 베네데토 데 마르티노Benedetto De Martino와 내가 덤벼든 문제가 바로 이것이었다. 런던 출장길에, 또 수많은 스카이프 통화를 통해 도대체 뇌가 가치기반 선택에 대한 메타인지를 갖는다는 게 말이 되는가를 놓고 우리는 오랫동안 갑론을박했다. 핵심 주제는 이런 거였다. 자신이 사과보다 오렌지를 좋아한다는 것을 '알았다면' 처음부터 오렌지를 골랐을 게 틀림없는데, 굳이 메타인지가 게임에 끼어들 여지가 있느냐는 점이다.

우리가 연구한 문제는 사실 행동경제학자들에게는 친숙한 문제다. 레스토랑에서 디저트로 아이스크림을 고른다 치자. 값은 비슷한데, 하나는 바닐라 두 스푼과 초콜릿 한 스푼이 담긴 아이스크림이고, 다른 아이스크림에는 초콜릿 두 스푼과 바닐라 한 스푼이 담겨 있다. 초콜릿이 더 많이 든 아이스크림을 선택했다면 사람들은 당신이 바닐라보다 초콜릿을 더 좋아한다고 추론할 것이다. 선택을 통해 당신의 기호를 드러낸 셈이다. 모든 종류의 아이스크림 중에서 마음대로 골라 마음에 쏙 드는 아이스크림을 만들 수 있게 한다면 우리는 당신의 선택 패턴을 보고 아이스크림 맛에 관한 당신의 내면적 취향을 자세하게 재구성할 수 있을 것이다.

눈에 보이지 않는 내면적 취향에 숫자로 가치를 부여함으로써 우리는 이 상황을 수식화할 수 있다. 예컨대 나에게 초콜릿은 바닐라의 2배 가치를 지닌다는 것이 나의 선택을 통해 드러났다면 'U초콜릿=2U바닐라'로 표시할 수 있을 것이다. 여기서 U는 내가 먹게 될 아이스크림의 '효용-utility' 내지 가치의 추상적 수량을 나타낸다. 이 경우 효용은 맛과 칼로리 등 내가 아이스크림으로부터 취할 수 있는 주관적 혜택의 총량에서 허리둘레 증가 우려 같은 비용을 뺀 것을 가리킨다. 아울러 맛의 선택에 대한 자신감은 C로 정의할 수 있다. 두 가지 옵션 간 효용성 차이가 클수록 선택을 잘했다는 자신감도 커지리라는 것은 직관적으로 알 수 있다. 따라서 내가 확실하게 초콜릿을 좋아한다면 바닐라 한 스푼보다 초콜릿 한 스푼을 선택하는 데 자신감을 가져야 하고, 초콜릿 두 스푼을 선택하는 것에는 더 큰 자신감을 가져야 하며, 초콜릿 아이스크림을 무제한 구매할 수 있는 상품권을 선택하는 것에는 최고로 자신감을 가져야 한다. 가치의 차이가 커질수록 결정은 쉬워진다. 이를 수학적으로 표시하면 다음과 같다.

$$C \propto |U_A - U_B|$$

자신감은 옵션 A와 옵션 B가 가진 효용가치의 절대적 차이에 비례한다는 뜻이다.

이 공식의 문제점은 우리가 실수했다는 생각을 용납하지 않는다는 것이다. 우리가 선택하지 않은 옵션에 대해 더 큰 자신감을 가질 수는 없기 때문이다. 따라서 이 직관적 모델은 메타인지를 활용해 가치기반 선택을 할 수 있는 사람들에게는 맞지 않는다. 가치기반 선택에 대한 자신감은 우리가 결정하려고 하는 아이템의 가치에 완벽하게 맞춰져 있고, 또 그 가치에 의해 규정된다. 처음에는 이게 우리에게 이상해 보였다. 하지만 그것에 대해 생각할수록 가치기반 선택에 관한 메타인지는 가능할 뿐만 아니라 우리의 삶에서 대단히 중요하다는 사실을 베네데토와 나는 더욱 절실하게 깨달았다. 그러면서 도처에서 이러한 종류의 메타인지가 우리 눈에 보이기 시작했다.

새로운 일자리 제안을 놓고 고민한다고 치자. 이것은 옵션 A(현재 일자리)와 옵션 B(새로운 일자리) 사이의 가치기반 선택이다. 직장 동료, 승진 기회, 출퇴근 거리 등 장단점을 놓고 신중하게 고민한 끝에 여러모로 B가 낫다는 결론에 이르렀다. 이직을 결심한 당신은 공들여 사직서와 새로운 직장에 제출할 이력서를 작성한다. 그 순간 후회와 추측의 물결이 밀려온다. 정말로 옳은 선택을 한 걸까? 지금 직장에 남아 있는 게 더 낫지 않을까? 이런 고민은 자신이 옳은 결정을 했는지에 대한 메타인지적 사고의 산물이다. 즉 가치기반 선택에 관한 메타인지의 소산이다. 선택에 대한 이러한 종류의 자기보증self-endorsement은 의사결정의 핵심 요소로, 결정의 번복이나 무효화 여부에 심대한 영향을 미친다.

나는 동료인 닐 개럿Neil Garrett, 레이 돌런Ray Dolan, 베네데토와 함께 주관적 선택을 할 때의 자기인식에 관한 실험실 연구에 나섰다.

4장에서 본 메타인지의 통계학적 모형을 적용하기 위해 우리는 참가자들에게 연속해서 많은 선택을 하게 한 뒤 최상의 옵션—실제로 원하는 것을 선택했는지—을 택했는지에 대한 사람들의 자신감을 평가했다. 우리는 참가자들에게 초콜릿바나 감자칩 같은 영국식 스낵 두 가지 중 하나를 고르게 했다. 가능한 조합을 모두 동원해 질문했기 때문에 참가자들은 100번 넘게 선택을 해야 했다. 예를 들어 어떤 경우에는 밀키웨이와 케틀칩스, 또 어떤 때는 라이언바와 트월, 또는 트월과 케틀칩스 중에서 어느 것을 더 좋아하는지 대답해야 했다. 우리는 다음과 같은 방법으로 그 선택이 실제로 쓸모가 있다는 걸 확실하게 했다. 첫째, 각 참가자들이 내린 결정 중 하나를 무작위로 뽑아 해당 실물을 주겠다고 했다. 즉 자신이 고른 스낵을 먹을 수 있게 해주겠다는 것이다. 둘째, 실험실에 오기 전 최소 4시간은 공복 상태를 유지하도록 했다. 참가자들은 허기진 상태에서 실험에 참가했다. 셋째, 실험이 끝난 뒤 1시간 동안 실험실에 남아 있어야 하고, 그때 먹을 수 있는 것은 자신이 고른 스낵뿐임을 고지했다.

이어 우리는 정확성—참가자들이 실제로 옳았는지 틀렸는지 여부—과 자신감의 연관성을 추산하는 통계적 모형을 적용해 참가자들의 메타인지를 탐색했다. 가치기반 선택 실험에서 스낵은 '정확하다accurate'는 의미로 규정하기 어렵다. 그렇다면 우리는 어떻게 어떤 참가자가 진짜로 트월보다 라이언바를 선택할 의도였는지 아닌지 말할 수 있었을까?

첫 번째 시도로서 우리는 실험이 끝난 뒤 참가자들에게 각각의 스낵에 지불할 용의가 있는 금액을 제시하도록 했다. 진정성 있는 지불 의사를 밝히도록 유도하기 위해 더 높은 금액을 제시할수록 그 스낵을 갖게 될 확률이 커지도록 함으로써 의사 표시에 실제 결과가 따를 것임을 분명히 했다. 만일 누가 라이언바에 0.5파운드, 트윌에 1.5파운드를 걸었다면 이는 그 사람이 라이언바보다 트윌을 선호한다는 분명한 의사 표시다. 이렇게 함으로써 우리는 앞서 말한 공식을 채우는 데 필요한 두 가지 요소, 즉 각각의 선택에 대한 자신감과 각 아이템에 부여한 주관적 가치를 모두 얻을 수 있었다.

표준 모형의 예측대로, 결정이 쉬울수록 자신감도 커지는 경향을 보인다는 것이 데이터에서 우리가 발견한 첫 번째 포인트였다. 하지만 더 놀라운 것은 가치 차이가 똑같은 경우—주관적으로 보기에 두 가지 결정이 동일하게 어려운 경우—에도 어떤 때는 자신감이 높고, 어떤 때는 자신감이 낮았다는 점이다. 데이터를 좀더 깊이 분석함으로써 우리는 자신감이 높을 때는 더 비싼 값을 지불할 용의가 있는 스낵을 더 많이 선택하는 경향을 보인다는 사실을 알게됐다. 하지만 자신감이 덜할 때는 자신들에게 가치가 덜한 스낵을 고르기도 했다. 실험 참가자들은 주관적 오류를 범했을 때 이를 알고 있었던 것 같다. 트윌을 골랐지만, 사실은 라이언바를 더 좋아한다는 사실을 깨달은 경우 말이다.

우리는 의사결정 프로세스의 신경적 근거를 추적하기 위해 fMRI도 활용했다. 이를 통해 주관적 결정에 관한 다른 많은 연구 결과와 마찬가지로 복내측전전두피질 영역의 뇌 활동이 서로 다른 스낵들의 가치를 추적한다는 사실을 확인했다. 사람들이 자신의 선택에 자신감을 가질수록 이 영역이 더 높은 활성도를 보였다. 그에 반해 외측전두극피질lateral frontopolar cortex —1부에서 본대로 메타인지 감수성에 중요한 영역—은 선택에 대한 자신감을 추적했지만, 선택의 가치에는 상대적으로 둔감했다. 말을 바꾸면, 자신의 가치에 맞게 행동할 때 사람들은 어떤 감을 갖게 되고, 이러한 자기이해self-knowledge는 다른 형태의 의사결정에 관여하는 메타인지와 유사한 신경적 기반을 공유할 수도 있다는 것이다.[9]

실험 결과는 우리가 무언가를 '원하기를 원하는' 느낌이 실재할 수 있음을 보여준다. 우리는 어떤 선택이 자신의 선호와 일치하는지 식별하는 능력을 갖고 있고, 이 능력에서 비롯된 자신감은 궁극적으로 우리가 선택하는 것을 원하고, 또 원하는 것을 선택하는 결과로 확실히 귀결되도록 하는 데 활용될 수 있다. 사실 실험 후반부에서 우리는 참가자들에게 두 스낵 중 선호하는 스낵을 묻는 똑같은 질문들을 다시 했고, 이를 통해 이 스낵에서 저 스낵으로 선택이 바뀐 경우를 가려낼 수 있었다. 처음 선택에 대한 자신감이 낮을수록 두 번째 선택에서는 더 많이 마음을 바꾸는 경향을 보였다. 그럼으로써 결국 자신의 선호와 일치하는 선택을 했다.[10]

자신감과 신중함의 균형

메타인지와 마음 바꾸기에 관한 우리 연구는 결정에 대한 낮은 자신감을 기꺼이 인정하는 태도는 종종 높은 적응력을 나타내는 것일 수 있음을 시사한다. 마크 라이너스가 그랬듯이 변화에 개방적인 자세를 취하면 자신의 기존 견해와 상충할 수 있는 정보도 받아들일 수 있게 된다. 이미 보았듯이, 수용적 태도는 우리의 메타인지가 정확할 때 특히 쓸모가 있다. 우리는 자신이 틀렸을 것 같을 때는 마음 바꾸기에 개방적이지만, 옳다고 생각할 때는 꿋꿋한 태도를 유지하려고 한다. 이런 식으로 좋은 메타인지는 보다 성찰적인 사고를 하도록 우리를 유도하고, 세상에 대한 부정확한 신념으로부터 우리를 보호한다.

예를 들어 다음과 같은 질문을 떠올려보자.

배트 한 개와 공 한 개의 값은 총 1.1파운드다. 배트는 공보다 1파운드 더 비싸다. 그렇다면 공의 값은 얼마인가?

직관적으로 답은 0.1파운드다. 실험 참가자들도 대부분 그렇게 대답했다. 하지만 잠깐 다시 생각해보면 이게 정답일 수 없다. 0.1파운드보다 1파운드 더 비싸다면 배트 값은 1.1파운드다. 그렇다면 배트 값과 공 값을 합하면 1.2파운드가 돼야 한다. 계산을 다시 해보면 0.05파운드란 답이 나온다.

이것은 심리학자 셰인 프레더릭Shane Frederick이 개발한 인지반응검사Cognitive Reflection Test(CRT) 문제 중 하나다. 이런 문제의 정답을 맞히기 어려운 이유 중 하나는 메타인지 착각을 극대화하도록 설계됐기 때문이다. 이런 유형의 문제들은 정확성과 상관없이 답을 안다는 자신감을 유발한다. 최초의 자신감이 높기 때문에 다시 생각하

거나 마음을 바꾸기 위해 멈출 틈도 없이 "0.1파운드"라고 질러버리는 것이다.[11]

CRT 점수를 통해 과학 관련 주제에 대한 이해, 초자연적 아이디어의 배척, 가짜뉴스 판별처럼 합리적이고 성찰적인 사고가 필요한 문제에 대한 사람들의 수행 성과를 어느 정도 확실하게 예측할 수 있다. 그 연관성에 대한 한 가지 해석은 CRT 문제를 풀려면 우리가 틀린 것 같을 때 그것을 알고, 필요한 새로운 증거를 찾는 능력을 촉진하는 자기인식적 사고가 필요하다는 것이다. CRT 점수와 자기인식 능력의 통계적 연관성은 일반적 인지 능력 변수를 감안해도 여전히 유효하다, 이는 CRT로 측정한 자기성찰성self-reflectiveness이 메타인지 감수성과 마찬가지로 타고난 지능과는 별개일 수 있음을 시사한다.[12]

CRT에서 실수를 범하는 이유를 보다 자세히 분석해보면, 자신이 처음 생각한 답에 대한 낮은 자신감에 좀더 귀를 기울여 결정을 재고할 시간을 가졌다면 더 나은 결과가 나올 수 있었음을 알 수 있다. 하지만 반대 방향으로 작용하는 또 다른 힘이 맞고 틀리고를 떠나 우리를 자신감 과잉으로 몰아간다. 자신감과 단호함을 발산하는 것이 다른 사람의 눈에 주관적 매력으로 비치는 것은 사실이다. 자신의 한계를 알고 낮은 자신감에 귀를 기울이는 것이 이득인 줄 알면서도 여전히 우리 대부분은 하루하루 일상에서 신속하고 단호하고 자신감 있는 모습으로 비치길 원한다. 리더와 정치인들도 똑같다. 이 역설을 어떻게 설명할 수 있을까?

정치학자 도미닉 존슨Dominic Johnson과 제임스 파울러James Fowler

의 재미있는 연구가 하나의 단서가 될 수 있다. 두 사람은 한정된 자원을 놓고 수많은 캐릭터가 경쟁하는 컴퓨터 시뮬레이션 게임을 고안했다. 진화 시뮬레이션 게임이 대개 그렇듯이 경쟁에서 이긴 자는 더 큰 체력을 획득해 생존 가능성이 높아진다. 각각의 캐릭터는 자원 경쟁에서 이길 수 있는 어느 정도의 객관적 힘과 능력을 보유하고 있다. 여기서 반전은 자원 경쟁 참여 여부가 캐릭터의 실제 능력보다 능력에 대한 메타인지적 믿음—자신감—에 의해 결정된다는 점이다. 두 사람은 컴퓨터 시뮬레이션을 통해 자신감의 수위에 변화를 줌으로써 자신감을 저하 또는 증대시키는 동인을 생성하고, 연구할 수 있었다.

흥미롭게도 대부분의 시나리오에서 자신감을 증대시키는 것이 승리에 약간 더 도움이 되는 경향을 보였다. 자원 획득에 따른 이득이 크고, 다른 동인들의 상대적 힘에 대한 불확실성이 존재할수록 특히 그런 것으로 나타났다. 여기서 도출되는 견해가 과잉 자신감의 적응성이다. 다른 때 같으면 난색을 표했을 상황에서도 싸움에 뛰어들도록 우리를 부추기기 때문이다. "일단 싸워봐야 이길 수도 있다"는 옛 속담 그대로다. 이렇게 보면 의사결정에 있어서 약간의 자신감 과잉은 학습에 있어서 자기효능감과 유사한 효과를 갖는 자기 충족적 예언이 될 수도 있다.[13]

자신감이 큰 사람일수록 사회적 지위나 영향력에서 더 큰 성취를 보이는 것은 사실인 것 같다. 참가자들끼리 서로 협력해 지도에서 미국 도시들의 위치를 정확히 찾는 과제를 부여한 실험에서 과잉 자신감을 보인 사람들은 동료 평가에서 더 유능한 것으로 인식

됐다. 그리고 자신감 과잉은 존경, 감탄과도 연결됐다. 실험 과정을 촬영한 비디오 영상을 보면 자신감이 큰 사람일수록 말을 더 많이 하고, 확신에 찬 어조를 사용하고, 침착하고 편안한 태도를 보인 것을 알 수 있다. 이 연구 보고서의 결론에서 저자들은 "자신감 과잉인 사람들은 실제로 유능한 사람들보다 유능함의 단서들을 더 설득력 있게 제시했다"고 지적했다.[14]

리더와 정치인들도 신중한 모습보다 단호한 모습을 보일 때 더 사랑받고 존경받는다. 실수를 인정하는 것은 종종 나약함의 표시로 받아들여지기도 한다. 식당에서 메뉴를 정할 때 우왕좌왕하는 것부터 정치인들의 돌연한 유턴까지, 오락가락하는 태도는 평판에 부정적 요소로 작용한다. 2007년 가을, 영국 총리인 고든 브라운의 지지율은 고공행진 중이었다. 전임자인 토니 블레어로부터 막 당권을 넘겨받은 브라운은 테러 음모를 비롯한 일련의 위기 상황에 능란하게 대처했다. 모든 지표는 총선 승리를 향해 순항 중임을 알리고 있었다. 결심하기만 하면 곧 총선이 실시될 상황이었다. 하지만 그는 돌연 총선 연기 결정을 내렸다. 그로 인해 머뭇거리고 우유부단한 정치인이라는 낙인이 찍히면서 그의 권위도 흔들리기 시작했다. 2004년 미국 대선에서 민주당 후보였던 존 케리도 왔다 갔다 한다는 비판에 시달렸다. 중동 지역 군사비 지출안에 대한 자신의 표결 기록을 설명하면서 "그 지출안에 반대하기 전 사실은 870억 달러 지출안에 찬성했었다"고 말해 입방아에 올랐다.

이럴 때 필요한 것이 섬세한 균형 감각이다. 한정된 자원을 놓고 여러 사람이 경쟁하는 상황에서 과잉 자신감이 갖는 이점은 진화 시뮬레이션으로 확인할 수 있다. 자신감의 수위를 살짝만 높여도 다른 사람들 눈에 더 경쟁력 있고 호감 있게 비칠 수 있다. 하지만 앞서 언급한 두 정치학자는 자신의 결정을 모니터링할 때 과잉 자신감이 초래할 수 있는 잠재적 부작용은 연구에 포함시키지 않았다. 이미 본 것처럼 자신감이 지나치면 옳고 그름에 대한 내면적 견제가 제공하는 혜택을 놓치게 된다.

그렇다면 자신감을 가져도 문제, 안 가져도 문제란 뜻일까? 자신감은 있지만 사려 깊지 못한 리더와 온순하고 내성적인 팔로어 중 하나를 선택할 수밖에 없는 것일까?

다행히도 중간이 있다. 필요할 때는 전략적으로 자신감을 보여주면서도 자신의 약점을 인식하는 이점을 활용할 줄 아는 사람 말이다. 말하자면 이런 것이다. 자기인식 능력이 있는 사람은 자신이 틀린 것 같을 때 기꺼이 이를 인정할 용기가 있다. 하지만 필요할 때는 자신감을 드러내기 위해 전략적으로 허세를 부릴 수도 있다. 현실을 제대로 인식하고 있는 한 블러핑(게임에서 자신의 패가 좋지 않을 때, 상대를 속이기 위해 허풍을 떠는 전략—옮긴이)은 말 그대로 블러핑일 뿐이다. 그게 아니라면 맹목적 자신감 과잉에 불과하다(이 대목에서 학창 시절 친구들과 포커를 친 기억이 난다. 일행 중 한 명은 포커의 규칙을 이제 막 깨닫기 시작한 상태였다. 그런데 그 친구가 아무짝에도 쓸모없는 패를 들고 '올인'을 하는 바람에 나머지 모두 패를 접고 말았다. 자기가 블러핑을 하고 있다는 것을 그 친구가 실제로 알았다면 놀랄 만큼 자신 있고 인상적인 신의 한 수였을 것이다).[15]

이런 종류의 전략적 메타인지에는 정신적 구조 분할이 필요하다. 즉 은밀히 혼자 느끼는 자신감과 다른 사람들에게 신호로 보여주는 자신감의 분리가 일어나야 한다. 예컨대 남을 설득할 목적으로 일부러 자신감을 과장하거나 값비싼 잠재적 실수에 대한 책임을 모면하기 위해 일부러 자신감을 축소하는 식으로 말이다. 우리 팀의 박사후과정 연구원인 댄 방Dan Bang이 주도한 실험에서 우리는 전략적 메타인지를 조율하는 신경기제를 엿볼 수 있었다. 댄은 컴퓨터 화면에서 무작위로 움직이는 점들의 이동 방향을 판단하기 위해서는 실험 참가자들이 가공의 '플레이어'와 협력할 수밖에 없도록 시나리오를 짰다. 마음 바꾸기에 관한 실험에서 사용했던 시나리오와 흡사하지만, 플레이어들의 자신감 수준을 서로 다르게 조작한 점이 달랐다. 어떤 플레이어들은 과잉 자신감을, 또 어떤 플레이어들은 과소 자신감을 갖게 했다. 하지만 가장 자신 있는 판단을 그 팀의 결정으로 한다는 것이 게임의 규칙이었다. 즉 목소리 큰 사람이 회의 진행을 주도하는 경우와 비슷하게 설정했다. 이렇게 설계한 의도는 자신감이 낮은 플레이어와 협력할 때는 전략적으로 (결정을 주도하는 것을 피하기 위해) 자신감을 낮추는 것이 유용한 반면 자신감이 높은 플레이어와 협력할 때는 좀더 큰 소리로 외쳐야 자기 목소리가 들릴 수 있다는 점을 이해시키기 위해서였다.

실험에 참가한 자원자들은 금방 의도를 알아차리고, 자신의 자신감 수준을 자연스럽게 조절하며, 파트너들의 자신감에 대략적으로 일치시켰다. 그런 다음 우리는 메타인지에 중요하다고 우리가 이미 알고 있는 전전두엽 영역의 뇌 활성 패턴을 관찰했다. 우리는 복내측전전두피질에서 의사결정에 대한 사람들의 은밀한 자신감을 추적하는 뇌 활동을 발견했다. 또 누구와 플레이를 하느냐가 아니라 판단이 얼마나 어려운가가 활동에 영향을 미친다는 것도 확인했다. 그에 반해 외측전두극피질에서는 다른 파트너들과 협력할 때 어느 정도나 자신의 자신감을 전략적으로 조절할 필요가 있는지 추적하는 신경 신호를 탐지했다. 이러한 결과는 우리가 1부에서 본 암묵적 메타인지와 명시적 메타인지의 차이를 이해하는 데도 도움이 된다. 자신감과 불확실성이 보내는 암묵적 신호는 여러 단계의 신경적 처리 과정을 거쳐 추적되는 것으로 보인다. 하지만 자신감을 전략적으로 사용하고 다른 사람과 자신감을 주고받는 능력은 전두극피질에 집중된 뇌 신경망에 달린 것으로 보인다. 이 신경망은 유일하게 인간의 뇌에서만 확장돼 있고, 어린아이의 경우 이 신경망이 성숙해지려면 시간이 좀 걸린다.[16]

메타인지적으로 어떤 태도를 취하려면 용기가 필요하다. 앞에서 보았듯이, 공개적인 자아비판은 자신을 곤경에 빠뜨린다. 세계에서 가장 성공한 지도자들 가운데 전략적 메타인지와 장기적이고 성찰적인 의사결정을 중시하는 사람이 적지 않다는 것은 놀랄 일이 아니다. 유능한 리더는 자신의 약점을 알고, 필요할 때 전략적으로 자신감을 발산할 수 있는 사람이다. 세계적 베스트셀러가 된 《원칙 Priciples》이란 책에서 레이 달리오Ray Dalio(1975년 브리지워터 어소시에이츠를 설립한 미국의 투자자이자 헤지펀드 매니저—옮긴이)는 "이 일을 통해 나는 내가 옳다는 것에 아무리 자신감이 있어도 내가 틀릴 수 있음을 늘 두려워하는 것이 얼마나 중요한지 배웠다"고 술회했다.[17]

2017년 아마존이 주주들에게 보낸 CEO 서한에는 많은 글로벌

기업의 특징이기도 한 야심 찬 목표와 미래에 관한 상세한 이정표가 담겨 있다. 하지만 그 서한은 다음과 같은 말로 자기인식에 이례적으로 초점을 맞췄다는 점에서 눈길을 끌었다. "여러분은 자기 자신을 전반적으로 기준이 높은 사람으로 여길 수 있지만, 자기 자신을 약화시키는 맹점도 여전히 갖고 있습니다. 여러분이 기울이는 노력의 모든 분야에서 기준이 낮거나 아예 존재하지 않기 때문에 확실히 세계적 수준이 아닌 경우조차 있다는 것을 모를 수도 있습니다. 그런 가능성에 열린 자세를 취하는 것이 대단히 중요합니다."

자신이 설파한 것을 실행하기로 유명한 아마존의 전 CEO 제프 베이조스Jeff Bezos는 독특한 임원 회의 방식으로도 유명했다. 아마존의 임원들은 회의를 시작하기 전 테이블에 둘러앉아 한담을 나누는 대신 침묵의 '공부 모임study session'부터 참여한다. 임원 중 한 명이 미리 준비해온 6쪽짜리 메모를 30분 동안 조용히 읽는 세션이다. 그날의 주제에 관해 임원 각자가 생각하고, 자기 의견을 정립하고, 그것이 자신과 회사에 의미하는 바를 곱씹게 한다는 취지다. 주주에게 보낸 서한과 색다른 임원 회의 방식으로 볼 때 베이조스는 개인의 자기인식에 높은 가치를 부여하고 있는 것이 분명해 보인다. 정보를 충분히 알고 있는 것도 중요하지만, 무엇을 알고 무엇을 모르는지 아는 것도 중요하다고 본 것이다.[18]

베이조스에게 자기인식이 중요한 것은 스포츠 코치에게 자기인식이 중요한 것과 똑같다. 자기인식을 통해 어디에 개선의 여지가 있는지 알 수 있기 때문이다. 2017년 메모에서 베이조스는 "미식축구 코치가 공을 던질 줄 알아야 하는 것은 아니고, 영화감독이 연기를 할 줄 알아야 하는 것도 아니다. 하지만 둘 다 높은 기준을 인식할 수 있어야 한다"고 적었다.

성공한 많은 사람과 기업이 메타인지에 관심을 기울이고 있는 것은 우연이 아닐 것이다. 메타인지는 민첩성과 적응력을 키워준다. 또 너무 늦기 전에 실수를 알아차리고, 언제 개선이 필요한지 알 수 있게 해준다. 카르미데스 이야기에서 보았듯이 고대 그리스인들은 소프로시네sophrosyne, 즉 균형 있고 침착한 삶을 사는 것은 효과적인 자기이해에서 비롯된다고 믿었다. 우리가 무엇을 원하는지(마찬가지로 무엇을 아는지) 안다면, 우리는 반사적으로 자신의 좋은 결정은 고수하고, 나쁜 결정은 번복하거나 바꿀 것이다. 자신감 있고 단호한 태도를 보이고, 남을 안심시키는 분위기를 풍기는 것이 유용한 경우도 물론 있다. 하지만 잠재적 오류 가능성이 커질 때는 훌륭한 메타인지를 가진 지도자를 사람들은 원하게 된다. 처해 있는 위험을 신속하게 파악하고, 그에 맞춰 기꺼이 진로를 바꿀 준비가 되어 있는 지도자 말이다. 갈수록 정보가 흘러넘치고, 여론이 양극화하는 세상에서 우리가 훌륭한 시민이 되는 데도 자기인식은 도움이 된다. 우리가 무엇을 원하는지 모를 때가 언제이고, 또 사태 파악을 위해 추가 정보가 필요한 때가 언제인지 알 수 있게 해주기 때문이다.

이 책 서두에서 언급한 제인, 주디스, 제임스의 사례에서 보았듯이, 내가 가진 지식, 기술, 능력을 평가하는 메타인지가 빈약하다면 나의 취업 전망과 재정 상태, 신체적 건강은 나빠질 수 있다. 제인 등 세 사람의 경우에는 메타인지 오류가 다른 사람들에게 큰 영향을 미칠 것 같지는 않다. 하지만 앞에서 본 대로 메타인지의 영향이 한 개인에게 국한되는 경우는 드물다. 다른 사람들과 함께 일할 때 나의 자기인식 결여는 네트워크 효과를 불러와 개인 차원에서는 감지하기 어려울지 몰라도 팀, 그룹, 조직 전체에 큰 손해를 끼칠 수 있다. 다음 장에서는 혼자서 의사결정을 하는 개인에서 그룹을 이루어 협업을 하는 집단으로 초점을 넓히려 한다. 효과적인 메타인지는 자신을 돌아보고 자기 생각을 제어하는 데 매우 중요할 뿐 아니라, 우리의 마음 상태를 다른 사람들에게 전파함으로써 인간이 하는 각종 협업의 촉매제 역할을 하는 것을 보게 될 것이다.

<h2>Chapter 8</h2>

<h1>협업과 공유의 비밀</h1>

"의식은 사실 사람과 사람을 이어주는 연결망에 불과하다. 사람이라면 의당 이렇게 발달했을 수밖에 없다. 은둔하거나 포악한 사람에게는 의식이란 게 필요 없었을 것이다."

— 프리드리히 니체,《즐거운 지식》

인간의 지식이 전문화될수록 폭넓은 규모로 협업하는 능력이 중요해지고 있다. 비행기를 만들고, 환자를 치료하고, 사업체를 운영하는 데 필요한 모든 전문성을 한 명의 개인이 다 가진 경우는 드물다. 크게 볼 때 인간이 이 모든 분야에서 성공을 거둔 것은 필요에 따라 서로 협력하고 정보와 전문성을 공유할 줄 아는 능력 덕분이다. 다른 사람들과 공유하고 조정할 수 있는 능력을 갖추려면 '누가 무엇을 아는지who knows what' 계속 추적해야 한다. 예컨대 우리 부부가 휴가를 떠날 때 나는 자외선 차단크림이 어디 있는지 아내가 알고 있다는 것을 안다. 반면 아내는 비치타월이 어디에 있는지 내가 안다는 것을 안다.

많은 동물이 암묵적 메타인지 능력을 갖고 있음을 우리는 알고 있다. 하지만 자신과 타자의 마음 내용을 명시적으로 표현하는 능력을 갖춘 것은 인간이 유일한 것 같다. 인간의 자기인식 능력은 언어의 유용성을 강화하고, 언어의 유용성은 다시 인간의 자기인식 능력을 강화한다. 협력하고 아이디어를 공유하는 능력에서 언어 능력이 대단히 중요한 것은 분명하다. 하지만 언어만으로는 충분치 않다. 서로의 생각과 느낌을 전파하고 공유하는 능력이 없다면 인간의 언어는 원시적 경고음이 정교하게 변한 것에 지나지 않을 것이다. 원숭이들은 일정한 소리와 몸짓을 통해 먹이나 포식자의 위치처럼 세상에서 벌어지고 있는 일에 관한 정보를 공유한다. 하지만 우리가 아는 한 원숭이들이 원시적 언어를 사용해 마음의 상태―예컨대 포식자 때문에 두렵다거나 불안하다는 느낌―를 주고받는 일은 없다. 언어 능력이 바로크 음악 같은 정교함과 복잡성을 자유자재로 구사할 정도가 되더라도 자기인식이 없으면 언어를 사용해 자기 생각과 느낌을 남에게 전할 수 없다.[1]

하지만 다른 사람들과의 협업에서 자기인식이 수행하는 핵심적 역할에는 문제도 있다. 효과적인 협업을 위해서는 효과적인 메타인지가 필요하지만, 이미 보았듯이 여러 이유로 메타인지가 오류를 일으키는 경우가 많기 때문이다. 개인의 자기인식이 조금만 잘못돼도 집단이나 사회 차원으로 확대되면 중대한 문제가 될 수 있다. 이번 장에서 우리는 어떻게 메타인지가 스포츠, 법, 학계 등 다양한 분야에서 다른 사람들과 조정하고 협력하는 능력에서 중추적 역할을 하는지 보게 될 것이다. 또 인간의 창발성이 불러올 다음 물결에 자기인식의 과학이 어떻게 힘을 실을 수 있는지도 보게 될 것이다.

머리 두 개가 하나보다 낫다

사냥꾼 두 명이 사슴을 쫓고 있다. 두 사람은 사슴의 움직임을 주시하며 긴 풀숲에 나란히 몸을 웅크리고 있다. 그때 한 명이 속삭인다. "저기서 왼쪽으로 가는 걸 본 것 같아." 그러자 다른 한 명이 대답한다. "나는 못 본 것 같은데. 하지만 저쪽에서 틀림없이 뭔가 움직이는 걸 보긴 했어. 쫓아가보자." 이런 상황에서 대부분의 사람들은 자기가 본 것에 좀더 자신감을 보이는 쪽의 의견을 따른다.

이 경우 자신감은 믿음의 강약을 전파하는 유용한 수단이다. 전세계 스포츠 경기장에서 활약하는 심판들은 여러 사람의 자신감을 하나로 모아 공동의 결정을 내리는 데 익숙하다. 잉글랜드 북부 출신 소년들이 대개 그렇듯이 나 역시 한때 축구에 열광했다. 1996년 유로피언챔피언십이 지금도 생생히 기억난다. 그 대회는 데이비드 배디얼David Baddiel, 프랭크 스키너Frank Skinner, 라이트닝 시즈Lightning Seeds가 기획해 만든 음반 〈스리 라이언스Three Lions〉 때문에 특별히 사람들을 열광시켰다. 축구 응원곡치고는 이례적일 정도로 명곡들이 담겨 있었다. 그 사운드트랙은 영광스러웠던 그해 여름의 주제곡이었다. 노랫말에 있던 "쥘 리메는 여전히 빛나고/ 상처 입은 30년…"이란 구절이 생각난다. 쥘 리메는 월드컵 트로피를 상징하고, 상처 입은 30년은 1966년 월드컵 이후 잉글랜드가 우승한 적이 없다는 뜻이다.

그 가사에 이끌려 나는 1966년 런던 웸블리 구장에서 있었던 서독과의 결승전에서 어떤 일이 있었는지 찾아보게 됐다. 잉글랜드와 서독은 2 대 2로 비긴 상태에서 연장전에 돌입했고, 전 국민은 숨을 죽이고 경기를 지켜보았다. 경기는 홈팀의 동화 같은 승리로 끝이 났다. 앨런 벨이 스트라이커인 조프 허스트에게 크로스하는 장면을 지금도 유튜브로 볼 수 있다. 허스트가 근거리에서 슈팅한 공이 크로스바를 맞고 골라인 쪽으로 튀자 득점이라고 생각한 잉글랜드 선수들은 운동장을 구르며 환호성을 질렀다.

공이 골라인을 넘었는지 안 넘었는지 결정하는 것은 선심의 몫이었다. 선심은 옛 소련에 속해 있던 아제르바이잔의 토피크 바라모프였다. 준결승에서 서독이 소련을 꺾고 결승에 올라왔기 때문에 바라모프의 출신 배경은 이야기에 흥미를 더했다. 전 세계 400만 명의 시청자가 지켜보는 가운데 바라모프는 게임의 운명을 결정해야 했다. 그는 공이 골라인을 넘었다고 선언했고, 잉글랜드는 결정적 한 골을 기록했다. 경기 종료를 몇 초 남겨놓고 허스트가 또 한 골을 넣음으로써 게임은 4 대 2로 끝났지만, 이미 열광한 팬들은 운동장 안으로 쏟아져 들어오고 있었다.

오늘날의 심판들은 무선 마이크로폰으로 서로 연결돼 있다. 럭비나 크리켓 심판들은 판단을 내리기 전에 해당 장면을 즉석에서 확인해볼 수 있다. 그날 만일 바라모프가 실제 벌어진 상황에 대해 약간이라도 불확실성을 표시했다면 결과는 어떻게 되었을까? 심판들의 판정 프로세스에 영향을 미칠 수 있는 다른 요인이 없는 상황에서 좀더 의심이 많은 다른 선심이 독일 손을 들어주는 상황을 상상하기는 어렵지 않다.

이미 본대로 자신감의 공유는 다른 사람들이 내린 판단의 정확성에 대한 확실한 표식일 때만 쓸모가 있다. 우리는 자신이 틀렸을 때 높은 자신감을 보이고 옳을 때 낮은 자신감을 보이는 사람과는 같이 일하길 원치 않을 것이다. 바하도르 바라미Bahador Bahrami와 그의 동료들은 집단적 의사결정에서 메타인지가 갖는 중요성을 실험실 연구를 통해 깔끔하게 입증했다. 실험 참가자들을 두 사람씩 짝을 지어 각각의 컴퓨터 앞에 앉히고, 모니터에 반짝하고 잠깐 나타났다 사라지는 자극을 주시하게 했다. 첫 번째와 두 번째 자극 중 어느 쪽에 좀더 밝은 표적이 들어 있는지 판단하는 것이 그들에게 주어진 과제였다. 두 사람의 의견이 다를 때는 서로 협의해 합의된 결정을 내리도록 했다. 공이 골라인을 넘었는지 안 넘었는지 주심과 선심이 합동으로 결정해야 하는 웸블리 구장 상황의 실험실 버전이다.

결과는 명쾌하면서 충격적이었다. 우선 연구자들은 혼자서 표적을 탐지할 때 보인 각자의 반응성을 계량화했다. 이를 통해 다른 사람과 공동으로 결정을 내릴 때 나타날 수 있는 수행 성과의 변화를 평가할 기준을 마련했다. 그런 다음 연구자들은 의견이 서로 일치하지 않는 사람들이 내린 공동 결정을 검토했다. 대부분 공동으로 내린 결정이 수행 능력이 가장 뛰어난 피험자가 혼자 내린 결정보다 정확했음이 확연히 눈에 띄었다. 이른바 '머리 두 개가 하나보다 낫다Two Heads are Better than one'는 '2HBT1 효과'로, 이는 다음과 같이 설명할 수 있다. 두 사람은 각자 표적의 위치에 관한 부분적 정보를 제공한다. 조각 정보들을 결합하는 수학적 알고리즘이 신뢰도를 기준으로 두 정보의 경중을 따져 부분들의 단순한 합보다 큰 공동의 정확도를 찾아낸다. 자신의 결정에 대한 자신감을 다른 사람과 직관적으로 주고받은 결과 2HBT1 효과가 발생한다.[2]

이 실험에서 공동의 의사결정에 참여하는 두 사람은 "틀림없어" "정말로 확실해" 같은 말을 함으로써 서로의 자신감을 공유하는 섬세한 공통의 유포 수단으로 표현이 수렴하는 경향을 보였다. 수렴도가 높을수록 공동 의사결정의 정확도도 높았다. 다른 사람의 생각과 느낌을 알아차릴 수 있는 다른 묵시적 단서들도 있다. 말에만 의존할 필요가 없다. 사람들은 자신감이 높을 때 몸의 움직임이 빨라지고 단호해지는 경향을 보인다. 또 일부 언어에서는 자신 있는 말을 할 때 억양이 높아지고, 목소리가 커지거나 빨라지는 특징을 보이기도 한다. 심지어 이메일이나 소셜미디어에서도 자신감의 수위를 드러내는 감추기 힘든 암시를 발견할 수 있다. 온라인으로 메시지를 주고받는 상황을 시뮬레이션한 실험에서 자신의 믿음에 자신감이 있는 사람일수록 메시지를 먼저 보내는 경향을 보였다. 이는 메시지의 설득력을 나타내는 신호일 수도 있다. 메타인지의 섬세하고 호혜적이고 직관적인 상호작용 덕에 개인들이 모인 집단은 세상에 대한 서로의 인상을 교묘하게 조정해나갈 수 있다.[3]

법정에 선 메타인지

자신의 믿음에 대한 자신감을 밝히도록 명시적으로 요구받는 경우는 흔치 않다. 하지만 우리의 메타인지적 진술의 정확성이 대단히 중요하면서 위험부담도 큰 분야가 하나 있다. 전 세계의 법정에서 목격자들은 증언대에 서서 특정 범죄와 관련해 자신들이 본 것과 보지 못한 것을 진술한다. 종종 자신감 넘치는 증인의 진술 하나로 배심원들의 판단이 흔들리기도 한다. 하지만 지금까지 우리가 메타인지에 대해 배운 모든 것을 염두에 둔다면 사람들이 말하는 것이 항상 진실에 부합하는 것은 아니라고 해서 놀랄 일은 아니다.

1987년 2월, 18세의 미국인 돈테 부커Donte Booker는 장난감 총과 관련한 사건 때문에 경찰에 체포됐다. 유사한 장난감 총과 관련된 강간 사건이 미제 상태에 있음을 떠올린 경찰관이 부커의 사진을 강간 사건 용의자 사진 목록에 올렸다. 이를 본 피해 여성은 자신 있게 부커를 범인으로 지목했다. 그것이 장난감 총과 관련한 다른 정황 증거들과 결부되면서 부커는 25년 징역형을 선고받았다. 15년을 복역하고, 2002년 가석방돼 새로운 삶을 시작한 부커는 성범죄자라는 낙인과 맞서 싸웠다. 결국 2005년 1월, DNA 검사 결과 부커는 강간범이 아님이 확실하게 밝혀졌다. 진범은 부커가 감옥에 있을 때 일어난 강도 사건 수사 과정에서 채취한 DNA의 소유자인 어느 전과자였다.

불행히도 이런 사례는 흔하다. 억울하게 유죄 판결을 받은 사람들을 구제할 목적으로 설립된 미국의 민간단체인 '이노센스 프로젝트Innocence Project'는 DNA 증거에 의해 사후적으로 뒤집힌 유죄 판결 375건—확인된 경우만 그럴 뿐 실제로는 훨씬 많을 것이다—의 약 70퍼센트가 신원확인 오류에 기인한 것으로 추산했다. 잘못된 신원확인은 메타인지 오류 때문인 경우가 많다. 사건에 대한 자신의 기억이 정확하다고 믿고, 범인 식별에 근거 없이 높은 자신감을 보이는 증인이 적지 않다. 배심원들은 증인의 자신감에 큰 영향을 받는다. 피고 얼굴 공개 여부, 사건의 세부사항을 기억하는 증인의 자신감 수준 등 재판과 관련한 여러 변수들을 조작해가며 모의 배심원단의 반응을 분석한 연구에 따르면, 증인의 자신감이 유죄 평결에 가장 강력한 예측 변수로 작용했다. 증인의 자신감이 증언의 일관성은 물론이고 전문가 의견보다 배심원단에 더 큰 영향을 미친다는 유사한 연구 결과도 있다.[4]

이 모든 것은 좋은 메타인지가 사법 절차에서 갖는 중요성을 보여준다. 증인이 훌륭한 메타인지를 가졌다면 자신이 틀렸을지도 모르는 경우(이때는 낮은 자신감을 드러냄으로써)와 자신이 옳은 것 같은 경우(이때는 높은 자신감을 드러냄으로써)를 적절히 구분할 수 있을 것이다. 하지만 증인의 기억에 관한 실험실 연구에서 메타인지가 놀랄 정도로 빈약하게 나온 것은 우려할 만한 대목이다.

1990년대에 진행한 일련의 실험을 통해 토머스 비지Thomas Busey

와 엘리자베스 로프터스Elizabeth Loftus 연구팀은 증인의 자신감에 관한 실험실 연구에 나섰다. 두 사람은 참가자들에게 명부에 있는 사람들의 얼굴을 기억하게 한 다음 일정 시간이 지나 특정 얼굴 사진을 보여주고, 그 얼굴이 명부에 있던 얼굴인지 아니면 처음 보는 얼굴인지 물었다. 아울러 각자의 판단에 대한 자신감 수준을 표시하도록 했다. 여기까지는 표준적인 기억력 테스트였지만, 연구자들은 거기에 흥미로운 반전 하나를 추가했다. 사진 중 절반은 컴퓨터 화면에서 흐릿하게 보이게 했고, 나머지 절반은 밝게 보이게 했다. 경찰의 전형적인 범인 식별 절차와 유사하게 설계한 것이다. 대개 증인들은 범죄 현장에서 범인의 얼굴을 힐끗 보았을 뿐인데도 경찰관 앞에서는 줄지어 선 용의자들이나 늘어놓은 사진 속 인물 중에서 한 명을 골라내야 한다. 실험 결과는 명쾌하지만 걱정스러웠다. 화면의 밝기를 높이면 식별의 정확성이 떨어졌음에도 정확하게 골랐다고 생각하는 피험자의 자신감은 오히려 높아졌다. 연구 보고서에서 두 사람은 "피험자들은 좀더 밝은 '테스트 자극'이 자신들에게 도움이 될 거라고 믿는 것 같았지만, 실제로는 정확성을 상당히 떨어뜨리는 요인이었다"고 결론지었다.[5]

밝기 수준이 얼굴 식별에 대한 사람들의 자신감에 미치는 영향은 메타인지 착각의 또 다른 예라고 할 수 있다. 사람들은 얼굴에 밝은 불빛을 비추면 얼굴을 더 잘 기억할 수 있다고 느끼지만, 그 믿음은 부정확하다. 연구자들은 경찰이나 다른 사람들로부터 들은 정보를 범행과 관련한 자신들의 기억과 통합하기 때문에 시간이 지날수록 증인들의 자신감은 더욱 왜곡된다는 사실도 알아냈다.

그렇다면 법정에서 언제든 일어날 수 있는 이러한 시스템적 메타인지 오류에 어떻게 대처할 것인가? 한 가지 방법은 판사와 배심원들로 하여금 자기인식의 취약성을 제대로 인식하도록 하는 것이다. 미국 뉴저지주가 택한 방법이다. 2012년 도입한 〈배심원 지침〉에서 뉴저지 주정부는 "증인의 자신감이 높을수록 범인 식별의 정확성이 높아진다는 일부 연구 결과가 있지만, 일반적으로 증인의 자신감을 정확성에 대한 지표로 신뢰하기는 힘들다"라고 밝히고 있다. 다른 방법은 사람들의 메타인지가 온전할 수 있는 조건을 찾아내 거기에 초점을 맞추는 것이다. 이때 자기인식의 과학을 적용한다면 그래도 약간은 안심할 여지가 생긴다. 좀더 구체적으로 설명하자면 최초로 범인을 식별할 때는 통상적으로 증인의 자신감이 좋은 예측변수가 될 수 있다. 하지만 막상 재판 절차에 들어가면 얘기가 달라질 수 있다. 시간이 지날수록 잘못된 범인 식별에 대한 증인들의 자기 확신이 강화되고, 이는 그들의 자신감에 대한 신뢰를 떨어뜨리는 요인이 된다. 이 점을 염두에 두고 재판을 진행해야 한다는 얘기다.[6]

또 다른 접근법은 증인의 '메타인지 지문'에 관한 정보를 제공하는 것이다. 실험 결과 모의 배심원들은 잘못된 정보에 자신감을 보이는 증인을 덜 신뢰하는 것으로 나타났다. 우리는 다른 조건이 같다면 더 나은 메타인지를 보이는 사람을 신뢰하는 경향이 있다. 사람들이 자신감을 갖고 무언가를 말하면 그것은 사실이 가능성이 크다고 우리는 배웠다. 문제는 다른 사람의 메타인지를 알 수 없는 상황에서 발생한다. 그 사람과 단지 몇 번 상호작용한 것이 전부이거나 그 사람이 인터넷과 소셜미디어의 익명성으로 자신을 감추고 있는 경우 말이다. 이런 상황에서는 자신감이 왕 노릇을 한다.

증인의 자기인식에 영향을 미치는 요인들을 이해함으로써 우리는 그들의 증언이 재판을 방해하는 것이 아니라 재판에 도움을 줄수 있도록 제도를 다시 설계할 수 있다. 예컨대 증인들의 메타인지를 테스트해 그 결과를 판사와 배심원들에게 제공하는 방법도 있다. 증인들이 범인을 지목하면서 느끼는 자신감을 매번 숫자로 표시하게 해 그 기록을 배심원들에게 알려줄 수도 있다. 이렇게 하면 메타인지가 비교적 정확하게 작동하는 최초의 범인 신원확인 때 증인들이 느낀 자신감의 수위를 배심원들에게 상기시켜줄 수 있을 것이다. 법정과 같은 상황에 엄격한 규칙과 규정을 적용하는 것은 그래도 나은 편이다. 일상에서 벌어지는 골치 아픈 논쟁들은 그것과는 차원이 다르다. 다른 사람과의 일상적 상호작용에서 메타인지 실패에 빠지지 않기 위해 우리가 할 수 있는 게 뭐가 있을까?[7]

아는 것과 모르는 것

메타인지가 빈약한 사람들은 종종 자신의 판단이나 의견에 현실과 동떨어진 자신감을 보인다. 시간이 지나면 자연스럽게 우리는 중대한 사안에 관해서는 그들의 의견을 무시하게 될 것이다. 어떤 사람과 처음 이야기를 나누는 경우에는 '무죄추정의 원칙'에 따라 그의 메타인지가 최상급은 아닐지라도, 적어도 온전할 거라고 가정하고, 그 사람의 조언과 의견에 귀를 기울일 가능성이 크다. 하지만 그렇게 가정하기 전에 조심할 필요가 있다는 것을 이제는 여러분이 깨닫게 됐기를 바란다. 앞에서 본 대로 스트레스나 불안감 등 여러 요인이 메타인지에 영향을 미친다. 메타인지 착각과 자기인식 능력의 개인별 차이를 고려한다면 상대방이 보여주는 자신감이나 확신을 정확성을 나타내는 지표로 받아들이는 데 좀더 신중할 필요가 있다. 그게 현명한 처사다.

이러한 접근 방식은 다른 사람들과 처음(아니면 단 한 번) 일할 때 더욱 중요하다. 우리가 가진 데이터가 한두 가지뿐이라면—예를 들어 어떤 판단에 대단히 높은 자신감을 드러내는 말—그것을 토대로 그 사람의 메타인지 감수성을 평가하기란 불가능하다. 그것만으로는 그 사람이 좋은 메타인지를 가졌는지 아닌지 알 수 없다, 바꿔 말해 실제로 자신이 옳은 것 같아서 자신감을 발산하는 것인지 아니면 빈약한 메타인지 때문에 무턱대고 높은 자신감을 보이는 것인지 알 수 없다.

변호사 로버트 로스코프Robert Rothkopf와 나는 법률적 자문 제공 과정에서 나타나는 이러한 종류의 불일치를 연구했다. 로버트는 집단소송과 같은 사건에 투자하는 소송 기금을 운영하고 있었다. 로버트와 그의 동료들은 승소 가능성을 토대로 새로운 사건에 대한 투자 여부를 결정해야 했다. 로버트는 투자 대상이 될 만한 사건의 승소 전망을 기술하면서 변호사들이 "합리적 전망reasonable prospects" 또는 "상당한 가능성significant likelihood" 같은 표현을 자주 쓴다는 것을 알았다. 그런 표현이 진짜로 의미하는 것은 무엇일까?

이것을 밝혀내기 위해 로버트와 나는 전 세계 250명의 변호사와 기업 고객을 대상으로 설문조사를 했다. 그들에게 "거의 확실near certainty", "꽤 다퉈볼 여지reasonably arguable", "웬만한 가능성fair chance" 등 다양한 언어적 표현을 제시하고, 각각의 표현이 뜻하는 승소 확률을 퍼센트로 표시하게 했다. 그 결과 놀랍게도 같은 표현인데도 해석에는 상당한 차이가 있었다. 예컨대 "상당한 가능성"이란 표현에 부여한 승소 확률은 25퍼센트 이하에서 거의 100퍼센트까지 엄청난 차이를 보였다.[8]

이 결과가 뜻하는 바는 분명하다. 첫째, 자신감에 붙이는 언어적 라벨은 비교적 부정확하며 누가 펜대를 굴리느냐에 따라 상당한 확률 차이를 보인다. 둘째, 믿음에 대한 자신감을 나타내는 언어적 표현을 서로 공유하지 않으면 직업이 다른 사람들끼리는 서로 딴소리를 하게 될 가능성이 크다. 셋째, 시간이 지난 뒤에도 자신감 판단에 대한 상대방의 정확성을 알 수 없다면 그 사람이 불쑥 내뱉는 개별적 진술은 상당히 조심스럽게 받아들여야 한다. 이러한 위험을 피하기 위해 로버트 팀은 변호사들에게 애매한 표현 대신 예상 승소 확률을 숫자로 표시하도록 요구하고 하고 있다. 아울러 집단 토론에 앞서 해당 사건의 예상 승소 확률을 각자 미리 적어내게 하는 절차를 통해 개인별 자신감 예측치를 정확하게 파악하고 있다.[9]

과학자들이라고 해서 메타인지의 집단적 실패에 면역력이 있는 것은 아니다. 매년 수백만 편의 새로운 과학 논문이 쏟아진다. 내가 속한 심리학 분야에서 발표되는 논문만도 매년 수만 편이 넘는다. 그것을 다 읽는 것은 불가능하다. 그런 시도 자체가 좋은 것도 아닐 것이다. 컬럼비아대학교의 신경과학자인 스튜어트 파이어슈타인 Stuart Firestein 교수는 저서 《무지Ignorance》에서 과학 논문의 홍수 시대를 맞은 지금은 자신이 무엇을 모르는지에 대해 이야기하고, 아직 발견되지 않고 남아 있는 것에 대한 무지를 기르는 것이 단순히 사실을 아는 것보다 훨씬 더 중요하다고 설득력 있게 주장한다. 나는 우리 연구팀에 있는 학생들에게 지식은 물론 중요하지만, 과학에서 핵심적 스킬은 자신이 무엇을 모르는지 알 만큼 아는 것임을 일깨워주려고 노력한다.[10]

사실, 전체적으로 과학은 아는 것과 모르는 것을 좀더 제대로 아는 방향으로 가고 있는지도 모른다. 2015년 조사에 따르면, 심리학 교과서에 나와 있는 100건의 연구 결과 중 성공적으로 재현할 수 있는 것은 39건에 불과했다. 《사이언스Science》와 《네이처Nature》에 실려 학계의 주목을 받은 21건의 연구를 대상으로 좀더 최근에 실시된 반복 실험에서는 재현율이 62퍼센트로 다소 올라가긴 했지만, 최신 연구 결과를 토대로 새로운 이론을 정립해보고자 하는 과학자들 입장에서는 여전히 우려스러운 수준이다. 이러한 반복 실험의 위기는 박사학위 과정을 막 시작한 학생들, 특히 다른 연구팀에서 수행한 기존 연구의 재현을 통해 새로운 실험의 발판을 마련해야 하는 학생들에게는 더 심각한 의미를 가진다. 얼핏 탄탄해 보였던 어떤 결론이 와해되기 시작하면 더는 존재하지도 않는 연구 결과에 기대어 보낸 몇 달, 심지어 몇 년의 노력이 물거품이 될 수도 있다. 어떤 과학적 발견이 수상하고 미심쩍어 보일 때쯤이면, 이미 많은 사람이 그것을 알고 있는 경우가 점점 많아지고 있다. 과학 관런 컨퍼런스나 학회가 열리는 곳 주변 술집에서 누군가가 "블로그나 뭐 이런 데서 최신 연구를 통해 ○○를 알게 됐다고 하는데, 나는 그게 진짜라고 생각하지 않아"라고 얘기하는 것을 엿듣게 되는 일은 다반사다.[11]

다시 말하면, 과학자들은 정교한 헛소리 탐지 능력을 갖고 있는 것으로 보이지만, 사실은 전통적인 논문 발표 절차를 맹목적으로 추종함으로써 헛소리들의 영향력에 안전한 피난처를 제공해왔다. 다행인 것은 이 시스템이 서서히 바뀌고 있는 점이다. 베를린에 있는 막스플랑크 인간발전연구소Max-Planck-Institut für Bildungsforschung의 율리아 로러Julia Rohrer는 실험 데이터에 관한 연구자들의 생각이 바뀌었을 때 이를 좀더 손쉽게 보고할 수 있도록 하는 프로젝트에 착수했다. 그녀가 주도하고 있는 이른바 '자신감 상실 프로젝트Loss-of-Confidence Project'다. 그 덕분에 이제 연구자들은 전에 자신들이 직접 수행한 어떤 연구 결과를 더 이상 신뢰하지 않게 된 경우 그 이유를 일정한 양식에 기입해 공지할 수 있게 됐다. 특정 연구에 대해 가장 잘 아는 사람은 그것을 직접 수행한 사람이기 때문에 그것을 비판할 수 있는 가장 좋은 위치에 있는 사람도 연구자 자신이라는 것이 그녀의 논리다. 로러는 이 프로젝트를 통해 과학 분야에서 수행하는 '자기수정self-correction'의 '자기'에 본래 모습을 부여했다. 그럼으로써 기존 연구를 바탕으로 새로운 연구를 하고자 하는 후속 연구자들에게 투명성을 제공할 수 있을 것으로 기대하고 있다.[12]

또한 과학 논문 출판과 관련한 전통적 제약 요건들이 완화되면서 온라인을 통한 데이터와 코드 공유에 연구자들이 점점 익숙해지고 있다. 그 결과 새로운 주장에 대한 다른 연구자들의 조사와 테스트가 표준적 동료 평가 절차의 일부로 자리 잡아가고 있다. 실험 동기와 예측의 개요를 담은 문서에 '시간 도장time-stamp'을 찍어 업로딩―이른바 예비 등록―하면 과학자 스스로 정직성을 유지할 수 있고, 별난 연구 결과를 설명하기 위해 이야기를 꾸며내는 수고도 덜 수 있다. 연구 결과에 문제가 있다는 것을 스스로 고백하는 연구자에 대한 시각도 달라지고 있다. 덜 유능하다고 생각하기보다 더 책임감 있고 개방적이라고 평가하는 긍정적 반응이 주류를 이룬다는 고무적인 데이터도 있다.[13]

다른 한편으로는 '예측 시장prediction markets'을 만들려는 노력도 구체화되고 있다. 예측 시장이란 재현 가능할 것으로 보이는 연구 결과에 연구자들이 베팅하는 시장이다. '사회과학 재현 프로젝트Social Sciences Replication Project' 팀이 만든 주식시장의 경우, 검토 대상에 오른 연구 결과의 주식을 예상되는 재현 가능성에 따라 자발적으로 사고팔게 되어 있다. 최소 베팅 금액은 100달러이고, 반복 실험이 가능한 것으로 밝혀진 연구 결과에 건 베팅 총액에 따라 각 참가자의 최종 수익이 결정된다. 각각의 연구에 걸린 베팅 액수를 보고 연구자들은 자신들의 작업에 대해 과학계가 어느 정도의 메타 지식meta-knowledge을 갖고 있는지 정확하게 판정할 수 있다. 이 시장은 어떤 연구가 탄탄한 연구로 판명될지 아닐지 예측하는 역할을 기대 이상으로 잘 수행하고 있다. 거래 참가자들은 특정한 통계 결과의 약점이라든가 적은 표본 수 같은 연구의 특징을 베팅에 활용할 수 있다. 그것 때문에 반드시 출판이 안 되는 것은 아니지만 머릿속으

로는 독자들이 조용히 의문을 제기할 수 있는 특징들 말이다.[14]

과학이 발전함에 따라 이러한 집단적 메타인지는 더욱 중요해질 것으로 보인다. 알베르트 아인슈타인Albert Einstein은 강력한 은유로 과학 발전의 역설을 꼬집은 바 있다. 우리가 가진 과학적 지식의 총량을 하나의 풍선이라고 가정한다면 바람을 불어넣을수록 풍선 표면이 확대되어 풍선 바깥의 미지의 것들과 닿는 부분도 커진다. 아는 게 많아질수록 우리가 모르는 것도 많아진다. 그럴수록 더 중요해지는 것은 올바른 질문을 하는 것이다. 과학은 자기인식에 크게 좌우된다. 특정한 견해를 뒷받침하는 증거의 힘을 판단하고, 그것을 다른 사람들과 주고받을 수 있는 능력을 가진 개인들에 달려 있는 것이다. 이런 능력을 가리켜 스튜어트 파이어슈타인은 거의 아무것도 모르는 '저급 무지'와 구별하기 위해 '고급 무지'란 표현을 쓰고 있다. 그는 "과학을 추진하는 동력이 무지에서 온다면 … 데이터에 보이는 정도의 관심과 생각을 무지에 쏟을 필요가 있다"고 지적한다.

효과적인 협력은 메타인지에 달려 있다

스포츠 경기장에서 법정, 과학 실험실에 이르는 다양한 상황에서 효과적인 협력은 효과적인 메타인지에 달려 있음을 우리는 알게 됐다. 하지만 사회적 상호작용은 직장이나 조직에서 만나는 소수의 개인에 한정돼 있지 않다. 소셜미디어 덕분에 우리는 수백만 명은 아니어도 수천 명과 정보를 공유하고, 그들에게 영향을 미칠 수 있는 힘을 갖고 있다. 우리의 집단적 메타인지가 왜곡되면 그 파장이 사회 전체로 확산될 수 있다.

소셜미디어를 통한 가짜뉴스 확산에 메타인지가 어떤 역할을 할 수 있는지 생각해보자. 내가 선호하는 정당을 칭찬하는 뉴스를 소셜미디어에서 봤다면 나는 그게 진짜인지 아닌지 따지기보다 별 생각 없이 다른 사람에게 퍼 나를 가능성이 크다. 내가 올린 SNS 포스트를 본 사람들은 "저자는 평소 믿을 만한 정보원이었으니까 굳이 정확한지 아닌지 확인할 필요가 없어"라고 (잘못) 생각할 수 있다. 전체 대중에서 나타나는 메타인지의 자연스러운 수준 차이를 감안하면 어떤 사안에 대해 자신이 제대로 된 지식을 갖고 있는지 아닌지 따져보지도 않고, 극단적이거나 부정확한 믿음을 발전시키는 사람들이 있기 마련이다. 메타인지의 사소한 맹점에서 시작된 문제가 아무 생각 없이 잘못된 정보를 공유하는 사태로 금세 눈덩이처럼 커질 수 있는 것이다.[15]

사회적 이슈에 대한 사람들의 신념 형성에서 메타인지가 하는 역할을 직접 테스트해보기 위해 우리는 미국에 있는 사람들이 인터넷으로 참여할 수 있는 메타인지 과제를 고안해 정치적 견해에 관한 일련의 질문에 답하게 했다. 질문지에 대한 답변 데이터를 토대로 우리는 정치적 스펙트럼(극좌에서 극우까지)에서 참가자들의 위치와 자기 신념에 대한 독단성 내지 경직성을 표시하는 숫자를 추출했다. 예를 들어 독단적인 사람들은 "내 의견은 옳기 때문에 아무리 시간이 흘러도 바뀌지 않을 것이다"라는 진술에 강하게 동의하는 경향을 보였다, 정치적 견해별로 독단성은 다양한 양상을 보였다. 정치적 입장은 비교적 중도적이지만, 독단적인 경우도 있었다. 그렇지만 가장 독단적인 사람들은 아무래도 정치적 스펙트럼의 왼쪽과 오른쪽 양 끝에서 나왔다.

400명이 넘는 사람들로 구성된 두 표본 집단에 대한 실험을 통해 우리는 정치적 견해의 독단성—나만 옳고 다른 사람은 다 틀렸다고 믿는 성향—을 예측하는 가장 정확한 변수 중 하나가 지각과 관련한 간단한 결정에서 발견되는 메타인지 감수성 부족이란 것을 알았다. 두 상자 중 더 많은 물건이 들어 있는 상자를 선택하는 과제를 수행할 때 독단적이라고 해서 수행 능력이 떨어지는 것은 아니지만, 자신이 제대로 선택했는지 아닌지 아는 능력은 확실히 떨어지는 것으로 나타났다. 부족한 메타인지를 근거로 우리는 독단적 견해를 가진 사람들이 새로운 정보를 얼마나 무시할지, 특히 자신의 최초 판단이 틀렸음을 알리는 정보를 접했을 때 마음을 바꾸려는 의지가 얼마나 될지 예측할 수 있었다. 중요한 것은 이러한 관계—독단성과 메타인지 감수성 부족—가 특정한 정치적 견해에 국한되지 않는다는 점이다. 독단적인 공화당 지지자와 독단적인 민주당 지지자는 동일하게 빈약한 메타인지를 보일 가능성이 큰 것으로 나타났다. 자기인식 능력이 떨어지는 사람일수록 모든 종류의 정치적 이슈에 대해 독단적 견해를 갖게 될 가능성이 크다는 얘기다.[16]

후속 연구에서는 한 걸음 더 들어가 미세한 메타인지 조작을 통해 사람들이 정보를 찾아보기로 하는 결정에도 메타인지가 영향을 미칠 수 있는지 알아보고자 했다. 시험 공부를 하는 제인의 사례에서 보았듯이 메타인지가 부족하면 모르는데도 안다고 생각해 더 해야 할 공부를 중단할 수 있다. 우리는 정치나 기후변화 같은 이슈와 관련해 새로운 정보를 찾아볼지 말지 결정해야 하는 상황에서도 유사한 프로세스가 작동하는지 궁금했다. 그래서 우리는 실험을 약간 바꿔서 정답이라고 확신하지 못하는 참가자들에게는 새로운 자극을 한 번 더 볼지 말지 물어보기로 했다. 한 번 더 볼 경우 참가자가 받게 될 점수가 깎이긴 하지만, 정답을 제시했을 때 얻게 될 점수가 훨씬 크다는 점도 강조했다. 평균적으로 참가자들은 자신감이 부족할수록 새로운 정보를 보겠다는 결정을 더 많이 하는 것으로 나타났다. 이는 메타인지와 정보 추구information seeking의 밀접한 연관성에 비추어 우리가 예상했던 바와 일치한다. 하지만 정치적 이슈에 대해서는 독단적인 사람일수록 새로운 정보를 추구할 가능성이 낮고, 정보 추구 결정과 자신감 사이의 연관성도 약한 것으로 나타났다.[17]

이 실험 결과들은 빈약한 메타인지가 미치는 효과가 상당히 전반적임을 말해준다. 우리는 컴퓨터 화면에 나타난 점의 개수 세기와 같은 단순한 과제에 대한 자신감 평가 데이터를 수집함으로써 정치와 같은 논쟁적 이슈에 관한 의사결정에 흔히 수반되는 감정적 또는 사회적 압박 요인을 제거한 상태로, 사람들의 메타인지 능력만 따로 떼어내 계량화할 수 있었다. 그 결과, 극단적 신념의 발현 가능성을 예측하는 데 있어서 메타인지 부족이 성性, 교육, 연령과 같이 정치학에서 전통적으로 통용되는 예측변수들보다 더 효과적인 것으로 나타났다.

그렇다고 자기 신념에 대한 성찰과 평가 방식 결정에 다른 특수 요인들이 역할을 하지 않는다는 뜻은 아니다. 메타인지의 맹점에 유난히 빠지기 쉬운 지식 분야가 따로 있는 것 같기도 하다. 기후과 학자인 헬렌 피셔Helen Fischer는 과학적 주제에 대한 독일인들의 자기인식을 계량화하는 실험을 했다. 이를 위해 "아기가 남자일지 여자일지 결정하는 것은 아빠의 유전자다" "항생제는 박테리아뿐 아니라 바이러스도 없앤다" "지난 250년 동안 대기 중 이산화탄소농도는 30퍼센트 이상 증가했다"와 같이 특정한 주장이 담긴 여러 문장을 참가자들에게 제시하고, 이 의견들이 과학에 의해 뒷받침되고 있는지 물었다(참고로 이 세 질문에 대한 정답은 '예' '아니오' '예'다). 아울러 실험에 참가한 지원자들의 메타인지를 측정하기 위해 각자 자기 대답에 대한 자신감 수준을 표시하도록 했다. 일반적인 과학 지식과 관련한 참가자들의 메타인지는 상당히 좋은 것으로 나타났다. 답이 틀린 경우에는 낮은 수준의 자신감에 표시를 함으로써 자기가 틀린 것 같다는 것을 스스로 아는 경향을 보였다. 하지만 기후변화와 관련한 지식에서는 개인별 답변의 정확성 차이를 감안하더라도 메타인지가 눈에 띌 정도로 부족한 것으로 나타났다. 특정 이슈에 관한 왜곡된 메타인지가 부정확한 정보의 공유를 촉진함으로써 소셜미디어를 통해 가짜뉴스가 일파만파로 확산하는 결과를 초래할 수 있다는 것을 이를 통해 어렵지 않게 짐작할 수 있다.[18]

사회에서 벌어지는 많은 갈등은 문화, 정치, 종교 같은 근본적 이슈를 둘러싼 견해차 때문에 발생한다. 자신들은 옳고, 다른 사람들은 틀렸다고 확신할 때 갈등은 확대될 수 있다. 반면 심리학자들이 말하는 '지적 겸손intellectual humility'—자신이 틀릴 수 있다는 것을 인정하고, 보정정보corrective information에 개방적 태도를 취하는 것—은 갈등을 가라앉히고, 이념적 간극을 메우는 데 도움이 된다. 자기인식은 지적 겸손을 가능케 하는 핵심 요소다. 제 몫을 하는 자기인식이야말로 우리 각자의 세계관에 대한 강력한 견제 장치다.[19]

앞으로 보겠지만, 다행히 우리가 몸담고 있는 조직이나 일터에서도 자기인식을 함양하고 촉진할 수 있는 방법들이 있다. 메타인지 능력에 영향을 미치는 요인들을 이해하게 되면 자기인식의 힘을 활용해 메타인지 실패에 빠지는 위험을 피할 수 있다. 예를 들어 팀원끼리 규칙적으로 사회적 상호작용을 하면, 각자 직감적으로 마음읽기와 메타인지 능력을 발휘하게 돼 서로의 의사소통 스타일에 적응하고 압박이 큰 상황에서도 메타인지의 부조화를 피할 수 있다. 소송 사건 수임이나 굵직한 사업 계약 체결처럼 집단이나 조직이 중대한 의사결정을 할 때는 소속원들에게 각자 성공 가능성에 대한 자신감을 숫자로 적어내게 하는 것이 집단적 예측의 정확성을 높일 수 있는 하나의 방법이다. 과학적 성과의 전파 절차나 증인 신문 절차를 뉴저지주 배심원 지침처럼 건전한 의문과 회의를 고취하는 방향으로 손질할 수도 있다. 변호사에서 교수, 축구 심판에 이르기까지 지도급 위치에 있는 사람들은 자신감이 언제나 능력의 지표인 것은 아니라는 점을 인식하고, 목소리가 제일 큰 사람만이 아니라 모두의 목소리에 귀 기울일 줄 알아야 한다. 달리오에서 베이조스까지, 성공한 기업가들은 이것을 알고 있다. 혁신적인 법조인들과 과학자들 역시 알고 있다.[20]

좀더 넓게 보면, 집단적 자기인식은 조직이나 팀의 변화와 혁신을 가능케 해 현재의 길을 생각 없이 답습하기보다 자신들의 미래를 자율적으로 열어갈 수 있게 한다. 다음 장에서는 다시 개인 차원으로 돌아가 똑같은 이치가 우리 자신에게도 적용될 수 있는지 살펴본다.

Chapter 9

자기 자신을 설명하기

"자기 자신을 모니터링하고, 뇌의 반응 패턴을 한 번 더—필요하면
두 번, 세 번, 일곱 번—판별할 줄 아는 능력을 갖출 때 우리 마음에는
돌파하는 힘이 생긴다."

— 대니얼 데닛, 《박테리아에서 바흐로, 그리고 돌아가기》

테니스나 운전 같은 새로운 스킬을 처음 배울 때 동작의 미세한
디테일 탓에 일이 잘못될 것 같은 느낌을 받게 되는 경우가 종종 있
다. 기술 습득의 초기 단계에서 메타인지는 아주 유용하다. 우리가
실패한 잠재적 이유를 알려주기 때문이다. 친 공이 왜 코트 밖으로
나갔는지, 같은 실수를 줄이려면 다음에는 스윙을 어떻게 조절해

야 하는지 진단하는 데 메타인지가 도움이 된다. 잘못된 이유를 파악하고, 프로세스 중 고쳐야 할 부분을 찾아내려면 단순히 실수를 기억하거나 무턱대고 다른 것을 시도하기보다는 나름의 수행 모델 model of performance을 갖추는 게 효과적이다. 하지만 기술을 잘 구사할 수 있게 되면 이런 종류의 자기인식은 필요가 없어지거나 아예 사라지기도 한다. 처음 운전을 배울 때와 달리 지금은 출근하려고 핸들을 잡았을 때 내 마음의 우선순위에서 운전 방법에 대한 생각은 맨 마지막에 있는 게 보통이다.[1]

심리학자 시안 베이록Sian Beilock은 스킬과 자기인식의 관계를 계량화할 목적으로 대학생 골프 선수들을 대상으로 기념비적인 연구를 진행했다. 실험을 위해 베이록은 미시간주립대학교 학부생 48명을 차출했다. 그중 몇 명은 대학 대항전에 출전하는 골프 스타였고, 나머지는 초보자였다. 학생들은 실내 퍼팅그린에 표시된 홀컵을 향해 1.5미터짜리 '쉬운' 퍼팅을 하는 과제를 부여받았다. 예상대로 골프 선수들은 우월한 기량을 뽐냈지만, 퍼팅의 단계별 절차에 대한 상세한 묘사에서는 보통 학생들에 미치지 못했다. 이런 현상에 베이록은 '전문성이 유발하는 기억상실expertise-induced amnesia'이라는 이름을 붙였다. 마치 자동항법장치를 켜놓은 상태에서 퍼팅을 하는 것과 같았기 때문에 자신들이 방금 한 것을 제대로 설명할 수 없었던 것이다. 하지만 S자 형으로 굽었거나 무게추가 달린 색다른 퍼터를 주고 퍼팅을 하게 했더니 골프 팀에 속한 학생들도 자신의 동작에 진지하게 주의를 기울이기 시작했다. 그들도 골프 초보자들과 똑같이 퍼팅 수행 과정을 자세히 묘사했다.

실험 결과를 토대로 베이록은 학습 초기 단계에서는 동작에 대한 관심이 초보자들에게 유익하지만, 기량이 쌓여 과제 수행이 판에 박힌 일이 되고 나면 되레 역효과를 낳는다는 의견을 제시했다. 베이록은 이 견해를 뒷받침하는 실험도 했다. 전문 골프 선수들에게 퍼팅을 할 때 스윙에 신경 쓰는 대신 녹음기에서 들리는 삐 소리에 신경을 쓰게 했더니 퍼팅의 정확성이 오히려 높아졌다. 조종사가 지나치게 간섭하면 자동항법장치는 질식할 것 같은 중압감을 느끼게 될지 모른다.[2]

최고의 운동선수가 항상 최고의 코치가 되는 것은 아닌 이유도 이것으로 설명할 수 있을 것이다. 누군가에게 골프채를 들고 스윙하는 방법을 가르치려면 무엇보다 자기 자신이 어떻게 스윙하는지 설명할 수 있어야 한다. 하지만 여러분이 이미 전문 골프 선수가 되었다면 그 설명에 필요한 지식은 잃어버린 지식일 가능성이 크다. 선수와 팬들은 흔히 전 챔피언이 자기 팀의 조타수가 되기를 바란다. 타이틀 매치에서 우승했던 만큼 다른 사람들에게 관련 노하우를 당연히 잘 전수할 수 있을 것으로 믿기 때문이다. 하지만 스포츠 역사에는 스타 운동선수가 코치로 변신했다가 추락한 사례가 어지럽게 널려 있다.

영국 프리미어리그의 내 홈팀이기도 한 맨체스터유나이티드와 관련이 있는 두 감독의 엇갈린 운명이 이 점을 설명하는 데 도움이 될 것이다. 1990년대 게리 네빌Gary Neville은 클럽 역사상 가장 많은 우승을 차지한 이른바 '92년 클래스'의 일원이었다. 하지만 그는 스페인의 명문 구단 발렌시아의 감독으로 옮겨가고 나서 그다지 성공적이지 못했다. 그가 감독을 맡았던 짧은 기간 동안 발렌시아는 숙적 바르셀로나에 7 대 0으로 패했다. 챔피언스 리그에 진출하지 못한 것은 물론이고, 심지어 국내 리그에서 강등 전쟁을 벌이는 처지로 전락했다. 반면 조제 모리뇨José Mourinho는 선수 시절 포르투갈 리그 출장 횟수가 100회에도 못 미쳤다. 대신 그는 스포츠과학을 전공하고 학생들을 가르치면서 지도자 코스를 차곡차곡 밟아 마침내 세계에서 가장 성공한 감독 중 한 명이 되었다. 그는 포르투갈, 잉글랜드, 이탈리아, 스페인 리그 우승을 일궈낸 데 이어 2016년 맨체스터유나이티드에서 잠시 감독(성적은 다소 부진했지만)을 맡기도 했다. 스포츠 과학자인 스티븐 라인Steven Rynne과 크리스 쿠션Chris Cushion은 "선수 경력이 없는 코치들은 전직 챔피언들은 시간이 없어서—운동 기량을 극대화하느라 바빠서—하지 못한 코칭 스킬을 개발할 수 있었다"고 말한다. 세계적 수준의 선수가 되는 데만 초점을 맞추다 보면 같은 기량을 다른 사람들에게 가르치고 코치하는 데 필요한 자기인식 능력은 손상될 수 있다.[3]

극단적으로 스킬은 확고한 가르침보다 오랜 연습을 통해서만 터득할 수 있는 것이라고 하면, 가르침은 비효율적일뿐더러 불가능하다고 생각하는 순환 논리에 빠질 수 있다. 문화적으로 메타인지 지식이 필요 없는 가장 특이한 사례 중 하나가 병아리 감별사의 세계일 것이다. 상업적 차원에서 달걀을 대량 생산하기 위해서는 알을 못 낳는 수컷에게 자원이 낭비되지 않도록 최대한 일찍 암컷 병아리를 감별해내는 것이 중요하다. 문제는 부화한 지 5~6주쯤 지나야 깃털의 색깔 등 암수를 구별 짓는 특징이 나타나기 시작한다는 점이다. 그 이전에 정확한 감별은 불가능한 것으로 여겨져 왔다. 하지만 1920년대에 일본 농민들이 '시행착오 학습'을 통해 조기 감별 기술을 가르칠 수 있다는 것을 알게 되면서 사정이 달라졌다. 2년 과정의 전일본병아리감별학교가 설립돼 해부학적으로 거의 감지할 수 없는 차이를 구별하는 섬세한 '촉'으로 병아리를 감별하는 요령을 가르치면서 일본은 병아리 감별의 메카로 떠올랐다. 일본인 병아리 감별사 수요가 폭증한 미국에서는 1935년 농업학교를 방문한 일본인 감별사가 1시간 만에 병아리 1400마리를 98퍼센트의 정확도로 감별해 지켜보는 학생들을 놀라게 한 일도 있었다.

초보자들은 추측으로 감별을 하는 반면 전문 감별사들은 항문 모양의 미세한 차이에 (즉각) 반응하는 방식으로 병아리의 성을 '볼' 수 있다. 거의 완벽에 가까운 기술인데도 병아리 감별사들의 메타인지는 대체로 빈약하다. 인지과학자 리처드 호시Richard Horsey는 "전문적인 병아리 감별사들에게 물어보면 많은 경우 자신들도 어떻게 판정하는지 모른다고 대답할 것"이라고 말한다. 감별사들은 스승들이 하는 것을 옆에서 지켜보면서 감별 방법에 관한 신호를 하나둘 터득하는 방식으로 배울 수밖에 없었을 것이다. 세계 최고의 병아리 감별사들은 코치로서는 결코 성공하지 못한 스타 축구선수들과 닮았다. 최고 수준의 퍼포먼스를 보여주지만 그 '방법'을 남에게 말로 설명해주지는 못한다.[4]

설명할 수 없는 스킬의 또 다른 사례를 '맹시blindsight'로 알려진 특이한 신경학적 조건에서도 찾을 수 있다. 맹시는 1917년 영국군 의료지원단 소속 군의관으로 있으면서 머리에 총상을 입은 환자를 돌보는 임무를 맡았던 조지 리독George Riddoch이 발견했다. 후두엽을 다친 군인들은 눈은 기능을 하지만, 눈을 통해 들어온 정보를 받아들이는 시각계통 부위가 손상돼서 나타나는 피질시각장애cortical blindness 증상을 보였다. 하지만 리독은 이런 증상을 보이는 환자들 중 몇 명은 움직이는 물체(안 보여야 마땅한)를 감지할 수 있음을 정밀 검사를 통해 밝혀냈다. 인지 능력은 부재했지만, 약간의 시각정보 처리 능력은 남아 있었다.

리독의 연구를 이어받아 옥스퍼드대학교 심리학 교수인 로런스 베이스크란츠Lawrence Weiskrantz는 국립신경학병원National Hospital for Neurology에서 'DB'란 약칭으로 알려진 환자를 집중적으로 연구했다. 뇌종양 수술 과정에서 오른쪽 후두엽피질을 절제한 DB는 공간적으로 왼쪽을 보지 못하는 피질시각장애 상태였다. 그럼에도 DB는 베이스크란츠가 시각 자극이 제시된 위치가 A인지 B인지 묻자 '우연' 이상의 지각 능력을 보였다. 그의 뇌로 들어간 약간의 시각정보가 일련의 올바른 추측을 가능케 한 것으로 볼 수밖에 없었다. DB는 어떻게 그런 추측을 했는지 설명하지 못하는 것은 물론이고, 자신이 시각정보에 접근한 사실조차 몰랐다. 그는 그저 앞이 안 보인다고 느낄 뿐이었다. 해부학적 추적 기법을 이용한 최근 연구는 눈으로 들어와 뇌간brain stem에 있는 병렬적이고 진화적으로 더 오래된 경로를 거치는 시각정보로 인해 맹시가 생긴다는 것을 밝혀냈다. 이 경로를 통하면 피질의 관여 없이도 간단한 자극은 판단할 수 있는 것으로 보인다.[5]

뇌 뒤쪽에 있는 시각피질이 손상되면서 생기는 맹시는 언뜻 시각장애처럼 보인다. 맹시 환자들은 스스로 시각장애라고 느낀다. 눈으로 들어온 시각정보를 의식적으로 경험했다는 보고도 없다. 환자 스스로 설명하지 못한다는 점은 맹시의 대표적 특징 중 하나다. 정상적인 자기인식 기제가 시각적 자극을 추측하는 데 사용할 수 있는 정보에 접근할 수 없기 때문에 나타나는 현상이다. 그 결과 시각적 결정과 관련한 맹시 환자들의 메타인지는 하나같이 낮거나 부재한 양상을 보인다.[6]

지금까지 언급한 연구들은 우리에게 두 가지를 알려준다. 첫째, 다른 사람을 가르치는 능력에서 중추적 역할을 하는 것은 자기인식이라는 견해를 강화시켜준다. 과제를 어떻게 수행하는지 스스로 알지 못하면 나는 별 볼 일 없는 코치가 될 것이다. 둘째는 내가 무엇을 하고 있고, 왜 하는지 설명할 수 있는 능력을 지탱하는 것이 메타인지임을 새삼 확인케 한다는 점이다. 이 장의 남은 부분에서는 우리 행동에 관한 내러티브(서사) 구성에서 자기인식이 수행하는 미묘하지만 근본적인 역할에 초점을 맞춤으로써, 자율성과 책임이라는 사회적 개념의 토대를 제시하고자 한다.

좌뇌의 역할

토요일 오전, 당신은 동네 마트에서 쇼핑 중이다. 진열대 끝에 있는 잼 시식대 뒤에 미소를 머금은 쇼핑 도우미가 서 있다. 당신은 도우미에게 인사를 하고, 잼이 담긴 두 개의 병에서 플라스틱 스푼으로 각각 조금씩 떠서 맛을 본다. 어느 게 좋은지 도우미가 묻는다. 잠깐 생각한 끝에 약간 포도 맛이 나는 왼쪽 병을 가리킨다. 도우미는 당신이 고른 잼을 한 번 더 맛보게 하고는 왜 그게 좋은지 설명을 부탁한다. 과일과 단맛의 밸런스가 어떻고 저렇고 설명한 당신은 그 잼을 한 병 사서 집에 가져가는 것도 좋겠다고 생각한다. 쇼핑을 계속하기 위해 시식대를 막 벗어나려는데 도우미가 당신을 불러 세운다. 그러더니 사실 이 시식 행사는 마케팅 차원에서 하는 것이 아니라 라이브 심리학 실험이며 여기서 수집한 데이터는 당신의 동의를 받아 연구와 분석에 사용될 수 있다고 알려준다. 그러고는 당신이 선택한 이유를 설명한 그 잼이 사실은 공연 마술사들이 잘하는 속임수를 써서 당신이 선택하지 않은 잼과 바꿔치기 한 것이라고 설명한다. 이 실험에서 많은 사람이 당신과 똑같이 반응했다. 잼이 바뀐 것을 알아차린 사람은 전체 참가자 180명의 약 3분의 1에 불과했고, 나머지 사람들은 대부분 자신들의 최초 선택에 정면으로 배치되는 잼인데도 그것이 좋은 이유를 열심히 설명하면서 자신의 선택을 정당화했다.[7]

　이 연구는 스웨덴 룬트대학교의 라스 할Lars Hall과 페터 요한손Petter Johansson 교수팀이 진행했다. 잼을 선택하는 것이 사소해 보일지 모르지만, 이 연구 결과는 얼굴의 매력도 판단이나 정치 신념의 정당화 등과 관련한 여러 다른 연구들에서도 똑같이 재현됐다. 정치적 여론조사에서 환경 정책에 지지 의사를 밝힌 사람에게 "사실 몇 분 전 당신은 정반대의 의견을 밝혔다"고 한마디만 하면 그는 즉각 모순적인 자기합리화 모드로 돌아서서 왜 환경 정책에 반대하는지 한바탕 열변을 토할 것이다. '선택맹choice blindness'으로 알려진 이 현상은 사람들은 그 내러티브가 부분적, 심지어 전적으로 허구일지라도 자신이 어떤 선택을 한 이유를 설명하는 내러티브를 짜 맞추는 경우가 많다는 것을 보여준다.[8]

우리 행동에 관한 서사 구성에 관여하는 신경기제를 살펴보는 것도 가능하다. 심한 뇌전증 환자의 경우 드물지만 외과수술을 통해 뇌의 두 반구 사이에 있는 커다란 신경섬유다발인 뇌량corpus callosum을 절제해 반구와 반구를 분리하는 경우가 있다. 놀랍게도 뇌를 두 쪽으로 갈라놓는 수술임에도 대부분의 '분리뇌 환자split-brain patient'들에서 이 수술은 성공적—발작이 뇌에서 몸으로 덜 번져나감—으로 끝나고, 환자들은 마취에서 깨어나서도 별로 달라진 느낌을 못 받는다. 그럼에도 정밀한 실험실 검사를 통해 분리뇌 상태에서 나타나는 특수 증상들을 찾아낼 수 있다.

마이클 가자니가Michael Gazzaniga와 로저 스페리Roger Sperry는 1960년대 미국 캘리포니아에서 분리뇌 증후군에 관한 선구적 연구를 진행했다. 가자니가는 시야의 왼쪽 절반은 뇌의 오른쪽 반구로 가고, 오른쪽 절반은 왼쪽 반구가 처리하는 눈과 뇌의 연결방식을 이용해 한 가지 검사 방법을 개발했다. 온전한 뇌에서는 왼쪽 반구로 들어온 모든 정보는 뇌량을 통해 신속하게 오른쪽 반구로 전달된다. 그 반대 경우도 마찬가지다(좌뇌 또는 우뇌 이론이 신화에 가까운 부분적 이유이기도 하다). 하지만 분리 뇌 환자의 경우에는 들여보낸 자극이 한쪽 반구에만 머물러 있기 때문에 주목할 만한 변화가 일어난다. 대부분의 사람에게서 언어 능력은 좌반구의 신경기제가 담당하기 때문에 분리 뇌 환자는 시야의 왼쪽에서 반짝하고 자극이 들어와도 (처리는 우반구가 담당) 아무것도 못 봤다고 할 것이다. 하지만 왼손을 움직이는 것은 우반구이기 때문에 왼손으로 그림을 그리거나 버튼을 눌러 자기가 본 것을 신호로 알릴 수는 있다. 이런 기이한 일도 벌어진다. 예를 들어 시야의 왼쪽에서 '보행walk' 지시등이 반짝하고 켜지자—우반구로 자극이 들어오자—환자는 즉각 자리에서 일어나 방 밖으로 걸어 나갔다. 이유를 묻자 환자는 갑자기 물이 마시고 싶어 그랬다는 반응을 보였다. 환자의 행동을 이해하려는 시도를 좌반구가 하긴 했으나 우반구에 갇혀 있는 진짜 이유에는 접근하지 못했기 때문으로 보인다. 이 같은 데이터를 근거로 가자니가는 좌반구를 '통역사'라고 불렀다.[9]

이처럼 자신의 행동에 대한 자기서사self-narrative를 구성하거나 실시간으로 주석을 다는 능력은 메타인지에 관여하는 신경기제—특히 3장에서 본 자기성찰과 자전적 기억을 담당하는 피질중심구조—와 밀접한 관련이 있다. 어원으로 볼 때 내러티브는 '말하다'는 뜻의 라틴어 '나라레narrare'에서 왔고, 나라레는 '알다'를 의미하는 인도유럽어족의 '그나루스gnarus'에서 왔다. 자기서사와 자기이해self-knowledge는 구성 면에서 많은 특징을 공유하고 있다. 전두엽이 손상된 환자들—4장에서 본 메타인지에 문제가 있는 환자—은 입원한 이유를 꾸며내는 등 이상한 형태의 자기서사를 자주 표출한다. 전두엽을 지나가는 앞교통동맥anterior communicating artery이 손상된 환자 중에는 환자복은 임시로 입었을 뿐이고, 곧 자신의 작업복으로 갈아입을 거라고 말하는 사람도 있었다. 이러한 작화confabulation 증세는 기억의 산물을 스스로 모니터링하는 기능이 손상돼 현실과 상상의 구별이 어려워진 탓으로 이해할 수 있을 것이다.[10]

이러한 내러티브 착각은 심지어 우리의 행동에 대한 제어감이나 주체 인식으로 파급될 수도 있다. 2016년 10월, 미국 기업인 내셔널엘리베이터인더스트리National Elevator Industry의 캐런 페냐피엘Karen Penafiel 전무는 사실 대부분의 엘리베이터에서 '닫힘' 기능은 여러 해 전부터 작동이 안 되고 있다고 폭로해 파장을 일으켰다. 1990년대 초 미국 의회가 입법조치를 통해 목발을 짚거나 휠체어를 탄 교통약자들도 이용에 불편이 없도록 충분한 시간 동안 승강기 문이 열려 있어야 한다고 규정한 이후로 엘리베이터 문을 빨리 닫는 게 불가능해졌다는 것이다. 여전히 우리가 버튼을 누르면 문이 빨리 닫힌다고 생각하고 있다는 것을 빼면, 사실 이것이 뉴스거리가 될 이유는 없었다. 그럼에도 영국의 대중지 《선Sun》은 "엘리베이터 '닫힘' 버튼, '가짜'로 밝혀지다"라는 대문짝만한 제목으로 비명을 질렀다. 우리가 엘리베이터 문에 대한 통제권을 갖고 있다고 느꼈는데 알고 보니 아니었다는 것이다. 우리의 주체의식sense of agency이 현실과 충돌한 셈이다. 하버드대학교 심리학 교수인 대니얼 웨그너Daniel Wegner는 이 현상을 다음과 같이 설명한다.

"우리가 어떤 행동을 의식적으로 기꺼이 하려고 하는 느낌은 … 과학적으로 입증 가능한 의지력을 직접 판독한 결과가 아니다. 그보다는 우리의 행동에서 마음이 하는 순간순간의 역할을 우리 각자가 추정할 수 있게 하는 정신적 체계가 낳은 결과에 가깝다. 경험적 의지가 자동차 엔진이 속도에 미치는 인과적 영향력을 측정한 결과라고 한다면, 현상적 의지는 속도계 판독으로 이해하는 것이 가장 적절할 것이다. 우리 중 다수가 최소 한 명 이상의 경찰관에게 설명하려고 애썼던 경험이 있겠지만, 속도계 판독은 잘못될 수 있다."[11]

웨그너와 탈리아 휘틀리Thalia Wheatley는 교묘한 실험으로 주체의식에 대한 착각이 어디서 오는지 탐구했다. 연구자들은 컴퓨터 스크린 앞에 두 사람을 앉혀놓고 작은 물체들(장난감 공룡이나 자동차 등)을 계속해서 화면에 띄웠다. 그러고는 컴퓨터 화면의 커서를 두 사람이 함께 움직일 수 있게 마우스에 손을 올려놓으라고 했다. 커서를 움직이는 동안 두 사람은 각자의 헤드셋으로 소리를 듣다가 노랫소리가 들리면 커서의 움직임을 멈추도록 했다(음악이 멈추는 동시에 의자에 앉는 컴퓨터 판 의자놀이). 그런 뒤 컴퓨터 화면에서 '커서 멈춤'을 각자 어느 정도 제어할 수 있다고 느끼는지 평가했다.

하지만 참가자가 모르는 속임수가 하나 있었다. 컴퓨터 앞에 나란히 앉은 다른 사람이 사실은 실험자의 지시에 따라 움직이는 공모자였다. 헤드셋을 통해 공모자는 화면상의 특정 물체 쪽으로 커서를 움직이거나 이동 속도를 늦추거나 중단하라는 지시를 받았다. 그 지시에 따라 공모자가 커서를 움직이는 동안 참가자는 커서가 다가가고 있는 물체의 이름을 헤드셋을 통해 들었다(예컨대 공모자가 백조 쪽으로 커서를 움직이고 있을 때는 '백조'란 말을 들었다). 놀랍게도 이 실험에서 참가자들은 보통 자신이 커서 멈춤을 더 많이 제어한다고 느꼈다. 새로 이름을 들은 물체일수록 참가자의 책임감도 높아졌다. 바꿔 말해 사람들은 특정한 목표에 대해 생각하는 것만으로 그 목표 달성을 자신이 제어한다고 느끼는 것이다. 그 느낌은 착각에 불과한데도 말이다(실제로 커서를 움직이는 사람은 공모자다). 사람들은 자신의 행동이 빠르고 능숙할수록, 또는 행동의 결과 예측이 쉬울수록(버튼을 누르면 삐 소리가 나는 경우처럼) 자신이 행동의 주체라는 느낌을 더 강하게 받는다는 실험 결과도 있다. 사실 이 실험들은 엘리베이터에서 벌어지는 상황을 흉내 낸 것에 지나지 않는다. '닫힘' 버튼을 누르면 얼마 안 지나 실제로 문이 닫히는 게 보통이기 때문에 여전히 우리는 승강기 문을 제어한다고 느낀다.[12]

나는 나의 주인인가?

뇌의 우반구가 아닌 좌반구가 통역사 역할을 한다는 가자니가의 실험 결과가 암시하듯이 자기서사에 영향을 미치는 또 하나의 중요한 요인은 언어다. 어릴 때부터 아이들은 자기 자신에게 말을 걸기 시작한다. 처음에는 큰 소리로 하다 나중에는 머릿속으로 한다. 말로 하든 마음속으로 하든, 언어는 '재귀적 믿음recursive belief'(아무래도 몸에 탈이 난 것 같은데, 틀림없이 일 때문에 스트레스를 받아서 그럴 거야라고 생각하는 경우처럼) 형성에 필요한 사고를 촉진하는 다양한 도구 세트를 제공한다. 언어의 재귀적 측면이 메타인지에 힘을 실어줌으로써 즉석에서 우리는 자신에 대해 완전히 새로운 생각을

할 수 있게 된다.[13]

하지만 이런 방식에는 문제가 있다. 우리가 하고 있다고 생각하는 것(우리의 자기서사)이 실제로 우리가 하고 있는 것(우리의 행동)과 다를 수 있다는 의미이기 때문이다. 분리 뇌가 없어도 나는 실재와는 차이가 있는, 내 삶에 관한 자기서사를 만들어낼 수 있다. 예컨대 나는 아침 일찍 일어나 글을 쓰고, 세상을 깜짝 놀라게 할 실험을 하러 연구실에 가고, 집에 돌아와 아이와 놀아주고, 아내와 저녁을 같이 먹고, 주말 내내 요트를 타는 삶을 꿈꿀 수도 있다. 매력적인 내러티브이긴 하지만, 현실은 다르다. 나는 가끔 늦잠을 자고, 이메일에 답장하다 하루를 다 보내고, 모든 면에서 별로 진척이 없어 저녁이면 까칠해지고, 주말이면 글을 쓴답시고 혼자 낑낑대며 시간을 보낸다.

자기서사가 부분적으로 꾸며낸 이야기에 기초하고 있더라도 그래도 어느 정도는 정확해야 우리의 삶을 이해하는 데 도움이 될 수 있다. 자기서사가 지나치게 현실과 동떨어지면 그것을 고수하는 것 자체가 불가능해진다. 내가 올림픽 선수급 요트 실력자라는 내러티브를 갖게 되면 내가 왜 올림픽 대표로 뽑히지 않았는지(아마도 나를 발굴하지 못해서), 왜 내가 지역 대회에서조차 우승한 적이 없는지(내가 늘 속도가 느린 요트를 골랐기에) 등등에 관한 보다 폭넓은 (거짓) 믿음 세트를 만들어내야 한다. 조현병에서 나타나는 망상의 특징 중 하나가 바로 이런 것이다. 하지만 자기서사가 큰 틀에서 사실과 부합하는 한 그것은 우리가 가진 동경, 희망, 꿈의 유용한 속기록이 된다.[14]

우리가 무엇을 왜 하고 있는지에 관한 고차원적 내러티브는 자율과 책임이라는 관념의 건축물을 짓는 데 필요한 비계 역할을 한다. 미국의 철학자 해리 프랑크푸르트Harry Frankfurt에 따르면 인간에게는 두 가지 차원의 욕망이 있다. 선호에 대한 자기이해는 1차원적 욕망을 인정 또는 거부하는 고차원적(2차원적) 욕망으로, 우리가 7장에서 본 가치기반 결정에 대한 자신감 개념과 유사하다. 프랑크푸르트에 따르면 1차원적 욕망과 2차원적 욕망이 잘 조화되면 고양된 자율성과 자유의지를 경험하게 된다. 그는 마약에 중독됐지만, 마약을 끊고 싶어 하는 사람들을 예로 든다. 그들은 마약을 원치 않는 것을 원하기 때문에 그들의 2차원적 욕망(마약을 포기하고 싶은)은 1차원적 욕망(마약을 원하는)과 상충한다. 직감적으로 우리는 자신과 싸우고 있는 것처럼 보이는 이런 사람을 동정하면서 적극적이고 자발적으로 마약을 흡입하는 사람들과 비교하면 자유의지로 마약을 흡입할 가능성이 적다고 생각한다.[15]

2차원적 욕망이 1차원적 욕망과 대체로 조화를 이룬다면—우리의 내러티브가 정확하다면—우리는 결국 선택한 것을 원하고, 원하는 것을 선택하게 된다. 우리의 메타인지가 효과적으로 작동한다면 두 차원의 욕망이 더욱 잘 조화를 이루도록 할 수 있을 것이다. 예컨대 나는 이 장을 집필하면서 몇 번인가 트위터를 확인해보고 싶었지만, 스마트폰 브라우저의 차단 소프트웨어가 생각 없는 스크롤링 때문에 내가 옆길로 새는 것을 막고 있다. 책을 완성하려는 나의 2차원적 욕망이 소셜미디어를 확인해보고 싶은 1차원적 욕망과 충돌하고 있음을 나는 알고 있다. 따라서 결국 트위터를 열게 되는 사태가 올 수 있음을 예상하고, 선제적 조치(차단 소프트웨어 설치)를 통해 나의 행동이 고차원적 욕망에 계속 충실할 수 있게 했다. 결국 내가 선택한 것을 원하는 경우로 막을 내린 셈이다.[16]

이 모든 것의 결말은 자기이해와 자율성의 긴밀한 연관성이다. 이 점을 작가 알 피탐팔리Al Pittampalli는 《설득 가능한Persuadable》이란 책에서 이렇게 요약한다. "여기서 교훈은 이런 것이다. 외부의 영향이나 규범과 상관없이 가장 높은 사고 수준에서 자신의 이익과 가치에 부합하는 선택을 하는 것이 자기결정의 진정한 징표다. 이게 바로 자율성이다."[17] 자율성을 고차원적 욕망과 1차원적 욕망의 조화로 보는 시각은 오만하고 철학적으로 비칠 수 있지만, 그 결과는 의미심장하다. 우리가 우리 삶을 책임지고 있다는 느낌은 메타인지 차원에서 만들어진 하나의 내러티브일 수 있고, 우리 행동에 대한 책임 여부를 따지는 데 메타인지 능력이 중요할 수 있기 때문이다.

책임이란 개념을 심각하게 받아들일 뿐 아니라 그것을 명확하게 규정하고 있는 형사법 같은 사례를 잘 검토해봄으로써 자기인식과 자율성의 긴밀한 관계를 이해할 수 있다. 서양 법체계의 핵심 원리는 범의(고의)mens rea라는 개념이다. 미국의 경우 복잡한 법률 체계를 간소화할 목적으로 1960년대에 《모범 형법전Model Penal Code》을 도입하면서 범의의 정의를 어느 정도 표준화했다. 《모범 형법전》은 책임 내지 유책성culpability을 네 가지 차원에서 정의하고 있다.

- 고의적으로: **의식적** 목적을 갖고 행위에 가담할 것
- 알면서: 행위로 인한 결과를 **인식하고** 있을 것

- 무모하게: 상당한 정도의 정당화될 수 없는 위험을 **의식적으로 무시**할 것
- 부주의하게: 상당한 정도의 정당화될 수 없는 위험을 **인식하고** 있을 것

자기인식과 관련이 있는 단어에 강조 표시를 했는데, 네 가지 정의에 모두 들어 있는 점이 눈에 띈다. 우리의 행위를 스스로 어디까지 인식하고 있었는지가 책임과 잘못이라는 법적 개념의 핵심임이 분명하다. 심각한 범죄를 저질렀음에도 무얼 하고 있는지 몰랐다는 이유로 처벌을 면하기도 하고, 기껏해야 주의태만에 대한 책임만 지기도 한다.

악몽 때문에 벌어진 비극적 사건을 예로 들어보자. 2008년 여름 브라이언 토머스Brian Thomas는 영국 웨일즈에서 아내 애버포스Aberporth와 휴가를 즐기던 중 생생한 악몽을 꾼다. 나중에 그는 꿈의 내용을 설명하면서 자신들의 이동식 캐러밴에 침입한 자와 싸운 것 같았고, 침입자는 캐러밴 밖에서 요란한 오토바이 엔진 소음으로 자신들의 숙면을 방해한 아이들 중 한 명 같았다고 말했다. 하지만 실제로 그 시간에 토머스는 천천히 목을 졸라 아내를 숨지게 했다. 눈을 뜨자 악몽은 살아 있는 악몽이 됐다. 토머스는 응급전화를 걸어, 잠에서 깨어나 보니 끔찍한 일이 벌어졌다고 신고했다. 그러면서 한밤중에 자신이 무슨 일을 했는지 전혀 모른다고 주장했다.

수면 중 저지르는 범죄가 드물다는 것은 잠재적 가해자와 사회 전체에 다행스러운 일이다. 하지만 토머스의 사례는 우리가 무엇

을 하는지 모르는 상태에서 복잡한 행동에 나설 수도 있음을 시사한다. 토머스를 검사한 전문가들은 그가 성인의 1퍼센트, 아동의 6퍼센트에서 나타나는 수면장애의 일종인 야경증pavor nocturnus, 이른바 '나이트테러night terror'를 겪고 있다는 데 일치된 견해를 보였다. 토머스의 수면장애는 영국법상 최소한의 범의도 인정하지 않는 완전무죄 처분 대상인 '자동증automatism'에 해당한다는 쪽으로 법원의 판단이 기울면서 몇 번의 재판 끝에 검찰은 기소를 철회했다.[18]

서양의 법체계에서 자기인식이 핵심적 역할을 하는 것은 사리에 맞는 것으로 보인다. 자신의 행동에 대한 내러티브 구성이 개인의 자율성에 매우 중요하다는 것을 우리는 이미 보았다. 하지만 이는 동시에 어려운 문제를 야기한다. 우리의 메타인지는 취약하고 착각에 빠지기 쉽다. 다른 사람의 영향을 받아 길을 잃기도 한다. 우리가 행동의 주인이란 느낌인 주체의식이 그때그때 급조된 내러티브에 불과한 것일 수 있다면 그 어떤 일에 대해서든 우리가 어떻게 다른 사람에게 책임을 물을 수 있을까? 또 '불완전한 감시자'로서의 메타인지와 행동에 대한 책임을 표시하는 데 중요한 역할을 하는 '행위의 설명자'로서의 메타인지 사이에 생길 수 있는 긴장을 어떻게 해소할 것인가?

이 도전적 질문에 대해서는 두 가지 대답이 가능하다고 본다. 첫째는 걱정할 필요가 없다는 것이다. 목적이 무엇이든 행동에 대한 우리의 주체의식은 대부분 정확하기 때문이다. "미안해, 내가 깜빡하고 있었어"라는 말과 함께 실수를 사과한 가장 최근의 경험을 떠올려보라. 그 말을 들은 친구나 가족은 "네가 그걸 어떻게 알 수 있지? 마음속을 들여다본다는 것은 정신적 허구야"라며 화를 내고 불평하기보다는 여러분의 말을 있는 그대로 받아들였을 가능성이 크다. 대개의 경우 여러분의 자기이해를 신뢰하는 게 그들로서도 옳다. 친구와의 점심 약속을 깜빡했다는 것을 진짜로 '생각하지 못한' 경우에는 약속을 깰 의도가 없었고, 다시는 그러지 않으리라는 것을 다른 사람들이 믿게 하는 게 중요하다. 메타인지는 감쪽같이 제할 일을 하고 있기 때문에 거의 대부분의 경우 우리는 지금 무엇을 하고 있고, 왜 하는지 정확하게 알고 있다. 뇌가 이런 일을 할 수 있다는 데 우리는 경외심을 가져야 한다.

두 번째 대답은 자기인식은 책임의 유용한 표식에 불과하다는 점을 인식하는 것이다. 이 점에 동의하는 문화에서는 적어도 그렇다. 우리의 법체계와 마찬가지로 자율성이란 개념도 사회적 거래에서 생겨났다. 따라서 책임은 돈과 같다고 할 수 있다. (종이쪽에 불과한) 돈이 가치를 지니는 유일한 이유는 우리가 집단적으로 그렇다는 데 동의했기 때문이다. 마찬가지로 자기인식이 특정한 의사결정 양식의 표식이라는 데 우리 모두가 동의하기 때문에 자율성이란 개념에서 자기인식이 중요해지는 것이다. 돈과 마찬가지로 자율성과 책임도 결국은 인간의 마음이 만들어낸 것이고, 자기 자신과 서로에 대한 내러티브를 구성할 줄 아는 인간의 능력에 달린 산물이다. 돈이 그렇듯이, 우리는 책임이라는 꾸며낸 내러티브를 인정하면서 그것을 지니고 사용하는 이점을 향유할 수 있다.

자기인식과 책임의 긴밀한 연관성이 주는 더 깊은 함의는 전자가 손상되면 후자도 약화될 수 있다는 것이다. 이 사실은 자기인식의 신경적 기저를 공격하는 치매와 같은 질병을 앓는 사람이 많은 고령층에 점점 절박한 문제로 다가오고 있다. 고령화 현상이 심각한 서구 민주주의 국가들은 치매 환자들에 대한 자율성 보존과 온정적 지원 사이에서 균형을 잡는 문제로 고심하고 있다. 최근 발효된 영국의 정신능력법Mental Capacity Act은 정신의학적 또는 신경학적 장애로 더 이상 스스로 의사결정을 할 수 없게 됐을 때 국가가 개인의 삶을 책임지는 경우를 상세하게 규정하고 있다. 반면 국제연합이 제정한 장애인권리협약처럼 어떤 경우에도 개인의 자유를 침해해서는 안 된다고 보는 시각도 있다. 논쟁의 중심에 있는 것은 지금까지 우리가 논의한 자율성이라는 개념을 둘러싼 견해차다. 과연 어떤 상황에서 친구, 가족, 정부가 개입해 우리 대신 의사결정을 할 수 있고, 해야 하는 것일까?[19]

정신능력에 얽힌 법 규정은 복잡하다. 하지만 한 가지 분명한 것은 정신능력과 관련한 문제에서 제시되는 공통 인자는 환자의 통찰력이나 자기인식 능력의 결여라는 점이다. 이는 자기인식을 체계적으로 변화시킬 수 있으면 계속해서 자기서사를 만들어내고, 삶의 자율성을 유지할 가능성을 높일 수 있다는 의미이기도 하다. 이런 변화를 가능케 할 잠재력은 생각보다 널리 퍼져 있을 수 있다. 신기술, 약물, 사회구조 변화 등의 형태로 우리에게 다가올 수도 있다. 이 책의 마지막 두 장에서는 미래가 인간의 자기인식에 초래할 변화에 대해 알아볼 것이다. 지적인 기계와의 협력과 협업을 시작할 필요성부터 자기 자신을 아는 우리의 능력에 엄청난 힘을 실어준다는 신기술의 약속까지….

Chapter 10

기계 시대의 자기인식

"기술이 발전함에 따라 인간과 기계의 밀접한 결합이 그 어느 때보다 많이 일어나고 있다. 당신이 출출하면 식당 추천 애플리케이션은 좋은 식당 몇 군데를 소개한다. GPS는 길을 안내한다. 차량용 전자장비는 자율운전 기능을 제공한다. 우리는 이미 모두 사이보그다."

— 페드로 도밍고스, 《마스터 알고리즘》

"전적으로 객관적인 정보 및 컴퓨터 이론의 관점에서 보면 동적인 시스템에 관한 모든 과학 지식은 기계다운 측면에 관한 지식이다. 그럼에도 여전히 묻게 되는 질문은 '기계는 자신이 기계라는 것을 알 수 있을까?'와 '기계는 내면적 자기인식을 갖고 있을까?'이다."

— W. 로스 애슈비, 《지능의 메커니즘》

2009년 6월, 리우데자네이루에서 파리로 가던 에어프랑스 항공기가 대서양 상공에서 실종됐다. 세 명의 조종사가 에어버스 A330 기종을 운항하고 있었다. 자동항법장치와 각종 안전장치를 갖춘 A330은 최첨단 항공기 중 하나로, 추락사고 위험이 거의 없는 기종으로 정평이 나 있다. 대서양 횡단 중 낮이 밤으로 바뀌면서 조종사들은 예정 항로에서 폭풍우를 발견했다. 폭풍우는 최신 항공기가 간단히 대처할 수 있는 문제지만, 이 경우에는 구름에 섞여 있는 얼음 알갱이가 문제였다. 얼음 입자 때문에 항공기 센서가 고장을 일으켜 작동을 멈췄고, 그에 따라 자동항법장치는 스스로 연결을 끊고 조종사들에게 운항 통제권을 넘겼다. 경험 많은 부기장 피에르-세드릭 보냉Pierre-Cédric Bonin이 수동 제어에 나섰다. 비행이 계속 불안정한 상태를 보이자 그는 고도를 높이기 시작했다. 그에 따라 기압이 낮아지면서 기체는 갑자기 급강하했다.

사실 이 단계에서도 위험할 것은 거의 없었다. 기체를 수평 비행 모드로 바꾸고, 대기속도airspeed(항공기 주변을 스쳐지나가는 공기의 속도―옮긴이)를 복원하면 끝날 문제였다. 비행기 조종 훈련생들이 가장 먼저 배우는 기본 조작 중 하나다. 하지만 보냉은 고도를 계속 높이기만 했고, 결과는 재앙이었다. 사고 조사 보고서는 조종사들이 A330의 조종석에서 많은 시간을 보냈지만, 대부분의 시간을 수동 비행보다는 자동항법장치를 모니터링하면서 보냈다고 지적했다. 조종사들은 온갖 자동화 기술에도 불구하고 자신들의 실수로 끔찍한 결과가 초래될 수 있다는 사실을 믿으려 하지 않았던 것이다.

이 참담한 이야기의 교훈은 자동화 장치에 통제권을 넘기는 것이 때로는 위험할 수 있다는 점이다. 우리는 골프 스윙 같은 기술을 익히다 보면 어느 순간 거의 자동으로 스윙을 하게 되고, 그때부터는 우리가 무엇을 하는지 생각할 필요가 없어지고, 생각을 하면 오히려 스윙에 방해가 되는 단계가 온다는 것을 본 바 있다. 이런 종류의 자동화는 뇌에서 이루어진다. 일이 어긋났을 때, 예를 들어 때린 골프공에 훅이 걸려 휘어버리거나 백핸드로 친 테니스공이 코트를 벗어나거나 자동차를 몰다가 기어를 잘못 넣거나 하면, 대개 우리는 금세 정신을 차리고 우리가 무얼 하고 있는지 인식하게 된다. 하지만 기계가 통제권을 잡는다면 얘기가 달라진다. 역설적인 얘기지만, 자동화가 점점 정교한 수준으로 발전하게 되면 그것을 조작하는 인간은 점점 설 땅을 잃게 된다. 무사안일주의가 자리 잡으면서 스킬이 점점 떨어질 수도 있다.

기술에 통제권을 넘겨준 결과에 대한 우려는 사실 새로운 게 아니다. 소크라테스는 문자를 발명했다고 하는 이집트 신 토트Theuth에 얽힌 신화를 언급한다. 토트는 이집트 왕인 타무스Thamus에게 문자를 선물로 주지만, 왕은 탐탁지 않게 여긴다. 문자가 인간의 기억력을 떨어뜨려 '망각'이라는 대유행병의 전조가 될 수 있다고 우려했다. 왕은 "문자를 사용하는 사람들이 겉보기엔 다 아는 것 같이 보일지 모르지만, 대개는 아는 것이 없기 때문에 실체 없는 지혜를 과시하는 짜증 나는 무리가 될 것"이라고 경고했다.[1]

다행히 쓰고 읽는 것에 대한 이런 우려는 현실이 되지 않았다. 하지만 AI와 기계학습은 문자와 다른 것으로 판명날지 모른다. 문자와 인쇄술, 컴퓨터와 인터넷, 스마트폰이 가져온 지적 폭발은 투명한 시스템 덕분이다. 이 도구들은 우리의 요구에 정해진 대로만 반응한다. 우리가 인쇄를 하면서 특정한 판목printing block을 설정하면 인쇄기는 언제나 똑같은 책을 체계적으로 생산한다. 노트북으로 책을 쓰고 있는 내가 '엔터' 키를 누를 때마다 새로운 행이 시작된다. 하지만 기계학습과 자동화가 만날 때는 얘기가 달라진다. 불투명한 경우가 많아지기 때문이다. 그게 어떻게 작동하는지 항상 알 수 있는 것이 아닌 데다 똑같은 방식으로 내일도, 모레도, 그다음 날도 계속 작동할지도 알 수 없다. 어떤 의미에서는 기계학습 시스템에도 자기 자신의 마음이 있다고 볼 수 있지만, 특정한 문제를 어떻게 풀고 있는지 설명할 능력이 현재로서는 없다. 인공지능의 눈부신 발전에도 불구하고 인공적 자기인식 분야에서는 아직 그에 필적하는 발전이 이루어지지 않고 있다.

사실 기술이 점점 똑똑해질수록 자기인식의 의미는 점점 퇴색할지 모른다. 데이터와 기계학습이 강력하게 결합하면 언젠가 우리가 우리 자신을 아는 것보다 기계가 우리가 무엇을 원하고 무엇을 필요로 하는지 더 잘 아는 날이 올지 모른다. 아마존과 넷플릭스의 추천 시스템은 우리가 좋아할 만한 다음 영화를 알아서 골라준다. 데이팅앱 알고리즘은 완벽한 짝을 찾는 일을 대행하고 있다. 머리자를 때가 됐다는 것을 우리가 알아차리기도 전에 가상 도우미는 미용실을 알아서 예약해준다. 온라인 쇼핑 도우미는 내가 원했는지 알지도 못하는 옷을 집으로 보내온다.

이런 세상에 사는 소비자인 우리는 문제를 해결하고 의사결정을 하는 방법을 더 이상 알 필요가 없는 것인지도 모른다. 이런 일

중 많은 것이 이미 AI 도우미들에게 아웃소싱되었기 때문이다. 그러다 보면 우리 인간에게 남는 것은 메타인지적으로 기계 도우미와 약하게 접촉하는 것뿐일지 모른다. 원래 하지 않기로 돼 있는 일을 기계 도우미가 하더라도 우리가 끼어들 수 없고, 경고등에 불이 켜졌을 때는 손쓰기에 이미 늦어버릴 정도로 너무나 미약한 접촉 말이다. 기계는 문제를 어떻게 풀고, 결정을 어떻게 하는지 설명할 필요가 없다. 무엇보다 그럴 필요가 없기 때문이다. 지능의 외주화가 가속화하면 의미 있는 자기인식은 기술 의존 사회의 뒷방으로 밀려나 점차 사라지고 말 수도 있다.

"그게 어때서?" 이렇게 반문하는 사람도 있을 것이다. 급진적 미래론자들은 마음과 기계의 융합을 인간 진화의 논리적인 다음 단계로 볼지도 모른다. 인간이 생각하고 느끼는 방식에서 생길 수 있는 변화는 기술적 진보가 치러야 할 작은 대가 정도로 여기면서 말이다. 하지만 여기서 조심할 필요가 있다고 생각한다. 이 책에서 우리는 큰 차원에서 과학과 정치의 문제를 풀기 위해서는 그게 어떤 종류의 마음이든, 실리콘 마음이든 생물학적 마음이든, 마음에 일정 정도의 메타인지가 필요하다는 것을 보았다.

이 문제에는 크게 두 가지 해법이 있다고 본다.

- 일종의 자기인식 기능을 기계에 교묘하게 탑재하는 방법(하지만 처리 과정에서 인간의 자율성을 상실할 위험이 있음)
- 미래의 지능형 기계와 접속할 때 인간의 자기인식을 축소하기보다 활용하는 방향으로 접속하게 하는 방법

이 두 가지 가능성을 하나씩 살펴보자.

자기를 인식하는 기계

1937년 앨런 튜링이 최초로 범용 컴퓨터의 청사진을 제시한 이후 지적인 마음의 유일한 소유자로서 인간의 지위는 점점 더 위태로워지는 듯 보였다. 이제 인공신경망은 얼굴과 물체를 초인적 속도로 인식하고, 비행기와 우주선을 조종한다. 또 의료 및 금융과 관련한 의사결정을 내리고, 전통적으로 인간이 가진 지적 능력과 독창성의 개가로 여겨져온 체스와 컴퓨터 게임을 마스터하는 위업을 달성했다. 기계학습 분야의 발전은 워낙 빠르고 폭넓게 진행 중이다. 따라서 최신의 기술 수준을 일일이 언급하는 대신 최근에 나온 탁월한 저작들을 책 말미에 한꺼번에 소개할 예정이다. 다만 기계학습이 1부에서 만난 메타인지의 필수 블록들과 어떻게 연관되어 있는지 살펴봄으로써 몇 가지 핵심 원칙을 추출해보려고 한다.[2]

로봇이 주변 환경을 지각하는 데 필요한 요소들을 검토하는 것이 유용한 출발점이 될 수 있다. 그것을 토대로 일정한 형태의 기계적 자기인식 생성에 필요한 추가 요소들을 알아낼 수 있을 것이다. 인공두뇌 전문가인 발렌티노 브레이튼버그Valentino Braitenberg의 이름을 따 어떤 로봇의 이름을 일단 '발Val'이라고 부르자. 사실 그의 역작《비히클Vehicles》은 이번 장에 영감을 준 책 중 하나다. 발은 전면에 카메라가 달려 있고, 바퀴에 모터가 달린 장난감 자동차처럼 생

뇌가 없는 발

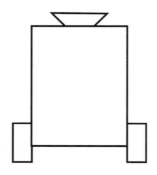

졌다. 발의 앞면에는 불빛이 두 개 있는데, 오른쪽은 파란색, 왼쪽은 초록색이다. 여기까지만 보면 발은 일종의 카메라에 지나지 않는다. 눈만 작동할 뿐 사실 아무것도 없다. 무엇이 있는지 볼 수 있게 하려면 발에 뇌를 달아야 한다.[3]

인공신경망은 디지털 이미지 같은 입력 정보(인풋)를 받아들여 '뉴런'을 모방한 인공 신경세포층을 통해 정보를 흘려보내는 일종의 컴퓨터 소프트웨어다. 사실 하나하나의 뉴런은 아주 단순하다. 뉴런은 아래층에 있는 뉴런으로부터 받은 인풋의 가중합을 계산해 그 결과를 비선형 함수를 통해 각자의 '활성화' 수준 값을 만들어 낸다. 그렇게 되면 이 값은 다음 층으로, 다시 다음 층으로 계속 전

Part 2 뇌과학으로 다시 태어난 소크라테스의 지혜

달된다. 신경망의 영리한 점은 각 층을 연결하는 가중치weights를 시행착오를 통해 조정함으로써 입력된 정보를 분류할 수 있게 한다는 것이다. 예를 들어 여러분은 신경망에 개와 고양이 그림을 계속 보여주면서 '개' 또는 '고양이'라고 대답하게 하고, 신경망이 맞거나 틀릴 때마다 결과를 신경망에 알려줄 수 있다. 감독학습supervised learning으로 알려진 이러한 학습 방법은 신경망이 개와 고양이를 분류하는 과제를 더 잘 수행할 수 있도록 인간이 감독을 통해 도와주는 방식이다. 시간이 지나면 층과 층을 연결하는 가중치가 조정돼 신경망 혼자서도 점점 더 정답을 잘 제시할 수 있게 된다.[4]

인공지능 연구에서 신경망은 오랜 역사를 갖고 있지만, 초기의 인공신경망은 너무 단순해서 쓸모 있는 계산은 하지 못할 것으로 여겨졌다. 하지만 1980년대와 1990년대 들어 컴퓨터의 연산 능력과 데이터 저장 능력이 확대되고, 네트워크를 훈련하는 영리한 방법들이 개발되면서 달라지기 시작했다. 오늘날의 인공신경망은 수천 장의 이미지를 눈 깜짝할 사이에 분류할 수 있다. 특별히 효율적인 접근 방식은 인간 뇌의 시각계통처럼 여러 층으로 이루어진 심층신경망deep neural network을 이용하는 것이다.[5]

우리는 발이 세상을 지각할 수 있도록 디지털 카메라를 통해 들어온 모든 화소를 심층신경망의 입력층에 연결할 수 있다. 이어 파란 불빛과 초록 불빛을 차례로 켜서 신경망의 출력층이 불빛을 파란색 또는 초록색으로 분류하도록 훈련시킬 수 있다. 우리가 보정 피드백corrective feedback을 제공하면(사물의 이름을 처음 배우는 아기에게 우리가 하는 것과 똑같이) 발의 신경망의 층간 가중치가 점차 조정

인공신경망 다이어그램(Glosser.ca)

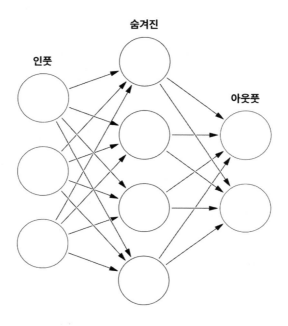

되면서 파란 불빛은 파란색으로, 초록 불빛은 초록색으로 확실하게 인식하기 시작할 것이다.

이러한 종류의 훈련에는 특이한 부작용이 있다. 신경망이 주변 환경의 어떤 측면을 분류하는 방법을 일단 익히고 나면 네트워크를 이루는 부분들도 유사한 특징에 반응하기 시작한다는 점이다. 발의 경우, 초록 불빛과 파란 불빛을 구별하는 것을 배우고 나면 발의 인공두뇌 안에 있는 어떤 뉴런들은 초록색에, 또 다른 뉴런들은 파란 색에 강하게 활성화하는 경향을 보이게 된다. 외부세계에 대한 이런 패턴화한 반응을 '환경 표상representation of the environment'이라고 한다. 우리가 "그림은 풍경을 표상한다"고 말하는 것처럼, 표상은 외부세계의 어떤 측면에 대한 '추적'이거나, 어떤 측면에 대한 인지 체계 내면에 있는 그 무엇이다. 표상은 '뇌가 계산을 한다'는 개념에서 중요한 역할을 한다. 내 머릿속에 있는 무언가가 집고양이를 표상할 수 있다면 나는 집고양이는 사자와 관련이 있고, 집고양이와 사자는 고양잇과로 알려진 더 큰 동물군에 속한다는 것도 이해할 수 있다.[6]

성공적으로 작동하는 인공 이미지 분류 네트워크의 연결 방식이 인간 뇌의 계층 구조와 닮은 것은 우연이 아닐 것이다. 아래쪽 층에 있는 뉴런들은 선의 방향이나 빛과 그림자의 차이 같이 이미지의 일부 특징만을 추적한다. 위쪽 층에 있는 뉴런들은 전체 이미지를 처리하고, 이미지 속 사물에 관한 것(개나 고양이의 전형적 특징이 담겨 있는지 아닌지)들을 표상한다. 컴퓨터 뇌 과학자들은 바로 이런 종류의 진행―부분적 특징을 계산하는 것에서 시작해 좀더 전체적인 속성을 표상하는 것으로 나아가는―을 사람과 원숭이 뇌의 배쪽시각흐름에서 발견할 수 있음을 보여준 바 있다.[7]

이러한 설계를 확대해 만든 인공신경망의 위력은 실로 막강할 수 있다. 런던에 기반을 둔 기술기업 딥마인드DeepMind는 인공신경망을 강화학습 기술과 결합해 사전에 규칙을 배우지 않고도 각종 보드게임과 비디오게임을 할 수 있도록 알고리즘을 훈련시켰다. 2016년 3월, 딥마인드의 주력 알고리즘인 알파고AlphaGo는 전형적 보드게임인 바둑의 세계 챔피언이자 당대 최고의 바둑 기사 중 한 명인 이세돌을 꺾었다. 바둑은 가로, 세로 각각 19줄의 선이 만나는 교차점에 두 사람이 번갈아 돌을 둠으로써 상대방 돌을 포위하거나 포획하는 게임이다. 대국에서 가능한 경우의 수는 체스와는 비교가 안 될 정도로 많다. 우주에 있는 원자의 수보다 많다. 자신을 상대로 수백만 번의 실전 연습을 한 알파고는 귀중한 한 수를 둘 때마다 수십 수 앞을 내다보는 놀라운 예측력을 발휘했다. 그럼으로써 알파고는 그 신묘함 탓에 옛날 중국 귀족들이 연마해야 하는 네 가지 필수 기예 중 하나로 여겨진 바둑에서 초인적 기량을 보여줄 수 있었다.[8]

이러한 종류의 인공신경망은 감독학습에 의존하고 있다. 수많은 사례를 놓고 훈련함으로써 자신이 잘한 것인지, 못한 것인지 배우는 방식이다. 훈련을 거치고 나면 풍부한 환경 표상과 함께 가치 있는 것이 무엇인지 자신들에게 알려주는 보상 기능을 획득하게 된다. 이러한 알고리즘은 놀랄 정도로 강력하고 똑똑하고 기량이 뛰어날 수 있다. 하지만 자신이 아는 것과 모르는 것에 대한 자기인식은 제한적이다. 아무리 똑똑한 기계를 설계한다고 해도 자기인식이 부산물로 갑작스럽게 나타날 것 같지도 않다. 이미 보았지만, 능력이 좋다고 반드시 메타인지가 좋은 것은 아니다. 특정 과제에서 전문가적 수행 능력(병아리 감별사들을 상기할 것)을 보일지라도 자신이 하고 있는 일에 대한 자기인식은 없을 수 있다. 특정 분야에서 이러한 종류의 AI는 갈수록 더 똑똑해질 가능성이 크다. 그렇더라도 자기인식은 아마 여전히 휴대용 전자계산기 수준을 넘지 못할 것이다.

기계가 자기를 인식하는 데 필요한 요소들을 검토해보면 우리의 논의는 좀더 명확해질 수 있다. 그런 요소 중 많은 것들은 우리가 1부에서 이미 만난 것들이다. 불확실성을 추적하고 자기 행동을 스스로 모니터링하는 능력 같은 것들 말이다. 기계에는 보통 이런 2차 능력이 없다. 대개 문제가 명확하게 정해져 있기 때문에 그런 능력 자체가 필요치 않은 탓도 있을 것이다. 이런 생각을 처음 한 사람은 현대 심리학의 할아버지로 불리는 윌리엄 제임스William James다. 그는 일정 속도까지는 태엽장치의 구조가 기능을 결정하는 기계가 있다면, 그 기계는 실수를 바로잡을 필요가 없는 것은 물론이고, 무엇보다 실수할 가능성 자체가 거의 없지 않겠느냐는 생각을 하다가 그런 아이디어를 떠올렸다. 그는 이 기계를 사람 마음의 수월한 자기인식과 대비시키면서 "만일 어느 사람의 뇌가 고장 나 '4 더하기 4는 8'이라고 하지 않고, '4 더하기 4는 2'라고 했다면… 즉각적으로 실수를 했다는 의식이 생겨난다"고 지적했다.[9]

제임스 시대의 기계는 단순했기 때문에, 오류는 상례가 아니라 예외였다. 지금은 그런 시대가 더는 아니다. 사실 현대 기계학습 기술의 핵심 문제는 그 기술들이 실제 세상에서 자신감 과잉인 경우가 많다는 점이다. 베팅에 따르는 위험에 대비하는 게 나을 때도 자신은 정답을 안다고 확신한다. 색다른 환경에서 AI 장치를 가동할 때 이 점은 심각한 문제를 야기한다. 예를 들어 자율주행 자동차에 설치된 소프트웨어는 이전에 접한 적이 없는 입력값(인풋)이나 처음 보는 조명 조건에 속아 잠재적 사고를 유발할 수도 있다.[10]

또 다른 문제는 인공신경망이 일단 훈련을 받고 나면 지금 AI가

하고 있는 것을 왜 하는지 우리가 알기 어렵다는 것이다. 이미 보았지만, 요즘의 AI는 보통 자기설명을 목적으로 만들어진 게 아니다. 철학자 앤디 클라크Andy Clark와 심리학자 애넷 카밀로프-스미스Annette Karmiloff-Smith는 1993년에 발표한 획기적인 논문에서 이미 그런 의견을 제시했다. 그들은 인공신경망이 자기가 하는 것을 모니터링할 수 없는 이유는 지식이 바로 시스템 '자체', 즉 각 층을 연결하는 가중치에 저장돼 있기 때문이라고 주장했다.

두 사람은 인공신경망을 상대로 개인의 채무 불이행 가능성을 예측하는 훈련을 시키는 경우를 예로 들었다(1993년에는 가설적 상황이었지만, 지금은 대형 은행들이 하는 기계학습의 단골 메뉴다). 인공신경망은 채무를 불이행할 것 같은 사람은 누구이고, 하지 않을 것 같은 사람은 누구인지에 대한 예측의 정확도를 높이기 위해 특정 국가(예를 들어 영국) 사람들에 관한 방대한 데이터베이스에 든 정보(주소, 소득 수준 등)를 활용할 수 있었을 것이다. 모든 학습이 끝난 뒤 클라크와 카밀로프-스미스는 인공신경망이 그동안 배운 것을 은행이 호주에 설치하고자 하는 새로운 신경망에 전달할 수 있을지 따졌다. 요컨대 인공신경망이 무엇을 배웠는지 스스로 알고 있고, 그 자기지식을 이용해 다른 신경망을 가르칠 수 있느냐는 문제였다. 두 사람은 '노No'라는 결론과 함께 이런 설명을 내놓았다. "호주 시스템에 뭔가 유용한 것을 말해줄 수 있으려면 대출 평가 관련 요인들에 대한 좀더 추상적이고 이전 가능한 지식이 필요하다. … 신경망은 훈련받은 과제를 성공적으로 수행하는 데 필요한 최소한의 표상만 개발했기 때문에 이러한 명시적 추상화 작업 없이도 작동할 수 있었다." 바꿔 말하면, 인공신경망이 충분한 컴퓨터 성능과 데이터를 바탕으로 복잡한 문제는 풀 수 있어도 자신이 무엇을 아는지에 대한 자기인식은 없다는 얘기다. 인공신경 네트워크의 지식은 층 간 가중치의 변화 패턴에 묻혀 있다. 따라서 그 지식은 네트워크를 '위한' 지식이라기보다는 네트워크 '속' 지식이다. 두 사람은 자기를 인식하는 인간의 마음에서는 '표상적 재기술representational redescription' 프로세스(적어도 몇몇 형태의 학습에서는)가 일어나 개나 고양이를 지각하고 구별할 수 있게 해줄 뿐만 아니라 개는 개로, 고양이는 고양이로 지각하고 있다는 것을 알게 해준다는 견해를 피력했다.[11]

이 모든 것이 상당히 추상적이고 이론적으로 들릴 수 있다. 하지만 메타표상meta-representation을 생성하는 프로세스는 사실 비교적 단순하다. 우리가 외부세계로부터 정보를 받아들여 이를 변환하고, 답을 내놓는 신경망을 가질 수 있는 것과 마찬가지로 우리는 다른 신경망의 작동 방식을 모델로 삼은 메타인지 네트워크를 만들 수 있다.

인공적으로 메타인지를 만드는 최초의 시도 중 하나가 니컬러스 영Nicholas Yeung, 조너선 코언Jonathan Cohen, 매슈 보트비닉Matthew Botvinick이 2004년 《사이컬로지컬 리뷰Psychological Review》에 발표한 획기적인 논문을 통해 공개됐다. 세 사람은 인공신경 네트워크를 상대로 우리가 앞서 타자기 실험에서 보았던 것과 비슷한 스트루프 과제(단어를 큰 소리로 읽는 대신 단어의 색깔을 맞히는 과제)를 푸는 훈련을 시켰다. 그런 후 간단한 메타인지 네트워크를 덧붙여 첫 번째 네트워크에서 무슨 일이 일어나는지 관찰했다. 사실 이 두 번째 네트워크는 너무나 단순해서 첫 번째 네트워크로부터 입력값(인풋)을 받는 하나의 단위, 즉 뉴런에 불과했다. 메타인지 네트워크는 두 반응 사이에 얼마나 '충돌'이 있는지 계산했다. 반응을 놓고 단어와 색깔이 다툰다면 판단이 어렵고, 실수가 일어날 수 있으니 속도를 늦추는 게 현명하다는 뜻일 수 있다. 단지 이 한 층을 덧붙임으로써 세 사람은 유사한 과제에서 인간이 어떻게 자신의 실수를 감지하는가에 대한 의미 있는 양의 데이터를 설명할 수 있었다.[12]

또 다른 작업은 메타인지 능력은 잃었지만, 낮은 수준의 수행 능력은 유지하는 맹시와 같은 신경학적 조건을 컴퓨터로 시뮬레이션하는 데 초점이 맞춰졌다. 액설 클리어맨스Axel Cleeremans 연구팀은 인공신경망에 자극의 위치 차이를 구별하는 훈련을 시킴으로써 맹시 현상을 모방하는 시도를 했다. 이어 두 번째 신경망을 만들어 첫 번째 신경망으로 들어오고 나가는 입력값과 출력값을 추적하게 했다. 두 번째 메타인지 신경망에는 첫 번째 신경망이 정답을 내놓는 경우와 오답을 내놓는 경우 중 어느 한쪽에 내기를 거는 훈련을 시켰다. 두 네트워크 간 연결을 인위적으로 손상시킴으로써 연구팀은 컴퓨터 시뮬레이션으로 맹시를 재현할 수 있었다. 첫 번째 네트워크는 계속해서 위치를 정확하게 식별할 수 있었지만, 시스템의 메타인지 감수성—자신감과 수행 성과의 매칭—은 맹시 환자들과 마찬가지로 사라져버렸다. 시간이 지나면서 메타인지적 지식이 어떻게 생겨나는지 살펴본 또 다른 실험에서 클리어맨스 팀은 처음에는 컴퓨터 시뮬레이션의 자기인식이 수행 성과에 못 미친다는 사실을

발견했다. 즉 무엇을 하는지 모르는 채 초기에는 시스템이 직관적으로 과제를 수행하는 모양새였다.[13]

AI에 자신감을 이식함으로써 결정을 내리기 전에 자신이 옳을 것 같은지 아닌지 아는 '내성적introspective' 로봇 제작을 위한 여러 독창적 솔루션에 대한 연구가 진행되고 있다. '드롭아웃dropout'으로 알려진 한 가지 유망한 접근법은 설계가 조금씩 다른 여러 개의 네트워크 복제본을 동시에 가동하는 방식이다. 복제본들이 내놓는 예측의 범위는 네트워크가 자기 결정에 대해 느끼는 불확실성의 정도를 나타내는 유용한 지표가 될 수 있다. 이러한 알고리즘의 또 다른 버전으로 자율비행 드론이 있다. 맨해튼 거리와 초고층 건물 사이를 비행하는 택배 운송 드론처럼 복잡한 환경에서 스스로 길을 찾는 훈련을 받은 자율비행 드론 말이다. 연구자들은 드론 안에 심은 두 번째 신경망에 시험 비행 도중 충돌 가능성을 탐지하는 훈련을 시켰다. 이 훈련을 통해 성능이 강화된 이 내성적 드론은 빽빽한 숲에서 충돌이 예측된 항로를 피해 가는 놀라운 비행 결정 능력을 보여주었다. 이러한 종류의 설계를 기계에 명시적으로 적용함으로써 우리는 동물과 유아 수준의 메타인지 구현에 필요한 필수 구성 요소를 기계에 이식할 수 있을지 모른다. 앞서 말한 드론이 의식적 차원에서 자기를 인식한다고 주장하는 사람은 물론 아직 없다. 하지만 자신의 오류를 확실히 예측하는 능력을 통해 이 드론이 메타인지의 결정적 블록 하나를 확보한 것은 부인할 수 없는 사실이다.[14]

기계에 메타인지를 이식한다면 우리는 기계의 자신감 과잉 성향을 바로잡는 것 말고도 다른 부수 이득을 기대할 수 있을지 모른다. 이 책의 출발점으로 되돌아가, 곧 있을 시험을 앞두고 공부에 열중하고 있는 제인을 떠올려보자. 공부하고 있는 과목이 무엇이 됐든 그녀는 언제 어디서 공부할지 결정할 때 수많은 경험을 통해 쌓아올린 자신에 대한 추상적 지식에 의존할 가능성이 크다. 자기 자신에 대한 추상적 지식을 생성하는 신경기제는 사물의 일반적 이 치에 관한 추상적 지식을 생성하는 데 필요한 기제와 비슷한 종류 다. 외국 도시에 처음 가면 지하철 시스템이 어떻게 운영되는지 모 를 수 있다. 하지만 우리는 다른 도시에서의 경험을 바탕으로 매표 기, 티켓, 개찰구 등 비슷한 구성요소들이 있을 것으로 예상한다. 이 처럼 공유된 정보를 지렛대로 활용함으로써 새로운 시스템에 대한 학습은 훨씬 빨라진다. 무엇을 알고 무엇을 모르는지 알 수 있도록 하기 위해 인공신경망에 이식할 필요가 있다고 앤디 클라크와 애넷 카밀로프-스미스가 생각한 게 바로 이 추상화 능력이다.[15]

자기 자신에 대한 지식은 이전성과 추상성이 가장 높은 지식이 다. 어쨌든 '나'는 내가 배워야 하는 모든 상황에서 불변의 특징이 다. 내가 가진 성격, 스킬, 능력에 대한 믿음은 내가 새로운 언어를 배우고, 익숙하지 않은 라켓 운동을 하고, 쉽게 친구를 사귈 수 있 는 그런 유의 사람인지 아닌지 파악하는 데 도움을 준다. 자신에 관 한 추상적 사실들은 우리가 가진 메타인지 모형의 최상층부에 살면 서 나머지 마음이 어떻게 작동하는지 결정하는 역할을 통해 우리 삶의 방식에 강력한 힘을 행사한다, 그와 유사한 추상적 자기믿음 은 자율 로봇이 틈새에 맞는 자기 용도를 찾도록 유도하는 데도 쓸 모가 있을 것 같다. 예컨대 드론에게는 진공청소기로 바닥 청소를 하는 것보다 택배 배달 쪽에서 일자리를 찾아야 한다는 것을 알 수 있게 해줄 것이다.

메타인지를 가진 기계와 더불어 사는 우리의 미래가 어떨지 한 번 상상해보자. 스스로 다음에 무엇을 할지 안다는 자신감의 수위에 따라 불빛 색깔이 자연스럽게 변하는 자율주행차가 등장할 수도 있지 않을까? 예컨대 확실히 알면 파란 불빛, 불확실하면 노란 불빛을 내는 식으로 말이다. 자율주행차를 조작하는 인간은 불빛 신호를 보고 불확실성이 높은 상황이라고 판단하면 직접 개입해 차량을 제어할 수 있을 것이다. 불빛 신호는 차량 자신이 무엇을 하고 있는지 항상 알고 있다는 데 대한 인간의 신뢰를 높이는 역할도 할 것이다. 그보다 훨씬 흥미로운 아이디어는 자율주행차끼리 서로 메타인지 정보를 공유하도록 하는 것일 수 있다. 사람들끼리 서로 협력하고 상호작용할 때 자기인식이 진가를 발휘하는 것처럼, 차량끼리도 그렇게 하도록 한다는 얘기다. 가령 두 대의 자율주행차가 서로 다른 방향 지시등을 켜고 교차로로 접근하는 상황을 상상해보자. 두 차량 모두 파란 불빛을 띠고 있다면 현재 상황을 상대 차량도 잘 알고 있다는 뜻인 만큼 각자 알아서 주행하면 될 것이다. 하지만 두 차량 중 하나, 또는 둘 다 노란색 불빛을 띠기 시작하면 속도를 줄이고 조심스럽게 진행하는 것이 현명할 것이다. 교차로의 다른 편에 있는 운전자가 우리가 어떻게 하려고 하는지 모르는 것 같을 때 우리가 하듯이 말이다.

재미있는 것은 차 한 대가 노란 불빛으로 바뀌기 시작하면 다른 차들의 자신감도 떨어질 수 있다는 점이다. 이런 종류의 신호 교환

자체가 상호적이고 동적일 수 있다는 의미다. 교차로에서 자율주행차 한 대가 노란 불빛으로 바뀌면 나머지 차들은 진행해도 안전하다는 판단이 들 때까지 머뭇거리게 될 것이다. 기계들끼리 메타인지 정보를 완벽하게 공유할 수 있게 해 기계에 완전한 '마음이론'을 적용하는 단계까지 가려면 아직 갈 길이 멀다. 하지만 현 단계에서도 인간-기계 팀과 기계-기계 팀 사이의 상호작용을 관리하는 데 필요한 최소한의 메타인지를 가진 기계는 만들어낼 수 있을지 모른다. 보다 정교한 형태의 이런 알고리즘—예컨대 왜 불확실하다고 느끼는지 아는 알고리즘(불빛의 변화 때문인지, 전에 한번도 마주친 적이 없는 신형 차량이기 때문인지)—은 실수를 저지른 이유에 대한 서사적 설명의 형태에 가까워지기 시작할 수도 있다.

내가 생각하는 첫 번째 시나리오는 기계에 최소한의 인공적 메타인지와 자기인식을 주입하는 것이다. 이러한 연구는 이미 순조롭게 진행되고 있다. 하지만 보다 야심 찬 대안도 있다. 인간의 생물학적 자기인식을 이식해 기계의 메타인지 능력을 증강하는 것이다.

로봇도 자기 자신을 인식할까?

미래의 자율자동차를 운전하는 상황을 상상해보자. 차에 탄 우리는 차량을 뇌-컴퓨터 인터페이스Brain-Computer Interface(BCI)에 접속하고, 차를 몰아 동네를 몇 바퀴 돈다. 운전하는 동안 차량에서 전달된 신호들은 우리의 전전두피질에 있는 신경표상neural representation

Part 2 뇌과학으로 다시 태어난 소크라테스의 지혜

에 점진적 변화를 일으킨다. 우리가 사용하는 다양한 도구들에 따라 표상이 바뀌듯이 말이다. 그쯤에서 우리는 차량에 통제권을 넘길 수 있다. 그렇게 되면 통상적 의미의 운전과 관련해 '우리'가 할 일은 없다. 중요한 점은 BCI가 차량과 우리의 강력한 메타인지적 접촉을 확실하게 유지할 수 있게 해준다는 것이다. 순간순간 조절하는 행동에 대해서는 우리의 인식이 제한적인 것과 마찬가지로 차량은 우리 모르게 스스로 알아서 이리저리 돌아다닐 것이다. 하지만 일이 잘못되면 자연스럽게 우리는 그것을 인식하게 될 것이다. 멈춰선 에스컬레이터에서 발을 헛디디거나 테니스공을 잘못 쳤을 때 우리가 알아차리듯이 말이다.

이 시나리오가 터무니없어 보일 수도 있다. 하지만 우리의 자기인식을 다른 장치에 연결하려는 시도를 막을 수 있는 것은 원칙적으로 아무것도 없다. 신경회로의 가소성 덕분에 뇌가 외부 장치를 인공망막이나 의족처럼 받아들일 수 있음을 우리는 알고 있다. BCI의 중대한 진전 중 하나가 1980년대 초 미국에서 이루어졌다. 당시 존스홉킨스대학교 신경과학자였던 아포스톨로스 게오르고풀로스 Apostolos Georgopoulos는 원숭이의 운동피질에 있는 뉴런의 활동을 기록하고 있었다. 그는 원숭이가 이리저리 손을 움직일 때 피질에 있는 각각의 신경세포마다 발화율이 최고가 되는 특정한 운동 방향이 있다는 것을 발견했다. 각기 선호하는 방향이 다른 신경세포들의 집단적 발화를 총체적으로 관찰한 끝에 그는 발화율의 벡터합vector sum을 통해 원숭이의 손이 실제로 움직이는 방향을 상당히 정확하게 예측할 수 있었다. 그로부터 얼마 지나지 않아 집단 발화 코드를 해독함으로써 신경 활동 패턴을 조절하는 방식으로 원숭이에게 로봇 팔을 움직이는 훈련을 시킬 수 있음을 보여주는 연구 성과들이 나타나기 시작했다.[16]

칼에 찔려 몸 왼쪽이 완전히 마비된 맷 네이글Matt Nagle은 2002년 이 기술의 혜택을 본 최초의 환자 중 한 명이 됐다. 민간 회사인 사이버키네틱스Cyberkinetics가 만든 임플란트를 이식받은 그는 생각만으로 컴퓨터 커서를 움직이고, 텔레비전 채널을 바꿀 수 있게 됐다. 일론 머스크Elon Musk가 세운 뉴럴링크Neuralink 같은 회사는 인간 외과 의사들은 도저히 흉내 낼 수 없는 정교한 기술로 임플란트를 신경조직에 결합하는 수술 로봇을 개발해 이 분야의 기술 발전을 가속화하겠다고 얼마 전 밝혔다. AI 장치 제어를 위해 뇌수술까지 받는 것은 좀 지나치다고 생각할 수 있다. 그런 이유로 뇌전도와 같은 비외과적 뇌 스캐닝 장비를 활용하는 기업들도 있다. 뇌전도를 기계학습과 결합하면 마찬가지로 외부 기술을 정확하게 제어하는 게 가능할 수도 있다.[17]

현재 진행 중인 대부분의 BCI 연구는 뇌 활동을 활용해 외부 기술을 제어하는 방법을 찾는 데 초점이 맞춰져 있다. 하지만 뇌가 자율적 장치를 직접 제어하기보다 그냥 모니터링만 하는 것도 원칙적으로 가능하지 않을까? 메타인지의 관할 범위가 넓다는 것을 기억할 필요가 있다. 우리가 자율 기술을 뇌와 접속할 수 있다면 다른 인지 과정에 대한 자기인식을 뒷받침하는 바로 그 신경기제를 이용해 그 기술을 모니터링할 수도 있을 것이다. 이렇게 되면 BCI는 시스템의 상위 레벨로 지위가 올라갈 것이다. 지각과 운동제어보다는

메타인지와 자기인식에 근접한 수준으로 말이다.[18]

　타고난 우리의 자기인식 능력을 활용하는 쪽으로 기술과 협력 관계를 구축함으로써 인간은 중추적 지위를 확고하게 유지할 수 있다. AI의 발전으로 우리의 메타인지 모형에 투입할 수 있는 재료의 원천은 더 새롭고 풍부해질 것이다. 에어프랑스의 불운한 에어버스 조종사들이 자동항법장치가 하는 일을 자연스럽게 인식하고 있었더라면 그들의 개입과 수동 제어가 그처럼 끔찍한 사고로 이어지지 않았을 것이다.

　기계가 메타인지와 잘 접속돼 있기만 하면 기계가 어떻게 작동하는지 이해하지 못한다고 해서 문제가 되진 않을 것이다. 눈이 어떻게 작동하는지 아주 세세하게 아는 생물학자는 소수에 불과하다. 그럼에도 눈을 사용하는 우리는 이미지가 초점에서 벗어났거나 안경의 도움이 필요할 때는 즉각 그것을 알아차린다. 근육이 팔을 움직이게 하는 복잡한 생체역학을 이해하는 사람은 거의 없다. 하지만 서브를 하면서 테니스공을 잘못 치거나 골프를 할 때 스윙을 잘못하면 우리는 금세 알아차리고, 좀더 코치를 받을 필요가 있다는 것을 깨닫는다. 이와 똑같은 방식으로 우리 자신의 생물학적 자기인식 기제가 미래의 기계를 모니터링하게 될지도 모른다. 어떻게 그게 가능한지 이해하기 위해 우리가 사용설명서까지 읽을 필요는 없을 것이다.

우리는 어떤 세상을 원하나

우리가 어떤 길을 추구할 것인가는 우리가 어떤 세상에서 살기를 원하는가에 달려 있다. 자기를 인식할 줄 아는 기계와 이 세상을 공유하길 바라는가? 아니면 AI가 우리의 인지 능력을 보강하는 선에서, 똑똑하지만 자기인식 능력은 없는 기계로 남길 원하는가?

첫 번째 길에 대한 한 가지 우려는 도덕적 우려다. 인간은 자기인식을 소유한 행위 주체에게 도덕적 책임을 묻는 경향이 있다. 만일 기계가 메타인지의 필수 블록 중 하나라도 갖게 된다면 우리와 협력하는 로봇의 권리와 책임에 관한 까다로운 문제가 생길지 모른다. 물론 아직까지는 AI 연구자들이 매달리고 있는 가장 앞선 메타인지 신경망조차도 인간의 자기인식이 가진 유연한 설계 구조와는 현격한 차이를 보이고 있다. 충돌 여부를 예측하는 드론과 같은 메타인지 알고리즘 시제품은 구글과 페이스북이 이미지를 분류하고, 발이 장난감 세상에서 길을 찾을 수 있게 하는 통상적 인공신경망과 마찬가지로 자기인식을 갖고 있지 않다.

현재 나와 있는 인공적 메타인지는 시각적 이미지 분류 같은 특정 과제 수행에 대한 모니터링 방법을 학습하는 정도로 활용 범위가 매우 좁다. 하지만 이미 본 것처럼 인간의 자기인식은 생각, 느낌, 행동 전체를 평가하는 데 적용할 수 있을 만큼 유연성의 폭이 매우 넓다. 따라서 특수한 영역에 한정된 메타인지 능력을 가진 기계를 개발하는 우리의 노력이 자율성과 연관된 인간의 자기인식에 접근하는 방향으로 전개되지는 않을 것이다.[19]

메타인지에 관한 대부분의 컴퓨터 시뮬레이션이 안정적이지 않은 두 번째 이유는 자신감과 불확실성을 계산할 때 암묵적이고 모형에 구애받지 않는 방식을 흉내 내기만 할 뿐, 메타인지 시스템이 하는 것을 적극적으로 반영하지는 못하기 때문이다. 이런 의미에서 AI의 메타인지는 1부에서 만난 불확실성과 오류 모니터링의 무의식적 필수 블록을 이제 겨우 도입하기 시작한 정도라고 할 수 있다. 다른 사람의 마음을 읽는 데 필요한 명시적 메타인지―아이들의 발달 과정에서도 좀 늦게 발현되는―단계로는 아직 나아가지 못하고 있다. 자기인식에 관한 라일 교수의 견해에 대한 우리의 2차 견해가 옳다면 AI가 마음이론을 완벽하게 구현할 수 있을 때 비로소 인간과 같은 자기인식 능력을 갖게 된다고 볼 수 있을 것이다.

하지만 우리는 미래가 우리의 자기인식에 주는 함의를 무시해서는 안 된다. 역설적인 얘기지만, 똑똑하지만 의식이 없는 기계를 창조하는 첫 번째 길로 계속 가기보다 AI와 융합하는 두 번째 길을 택함으로써 우리는 더 많은 자율성과 설명 능력을 보존할 수 있으리라는 것이 메타인지의 신경과학이 우리에게 주는 교훈이다. 설명할 줄 아는 AI를 둘러싼 최신 논쟁은 이러한 역설을 더욱 부각시키고 있다. 기계의 설명력 부족에 대한 솔루션은 대개 블랙박스의 내밀한 작용을 판독하거나 직관적으로 시각화하는 데 초점이 맞춰져 있다. 기계의 작용을 분석할 수 있다면 기계가 왜 특정한 결정을 하는지 더 잘 이해할 수 있을 것이라는 생각에서다. 단순한 시스템에서는 이런 아이디어가 유용할 수도 있다. 하지만 복잡한 문제에서는 별로 도움이 될 것 같지 않다. 점심때 내가 왜 특정한 샌드위치를 먹기로 했는지 설명하기 위해 fMRI 스캔 이미지(더 나쁘게는 전전두피질 세포의 발화를 보여주는 고해상도 뇌지도)를 제시하는 꼴이기 때문이다. 이것은 엄밀한 의미에서 설명이라고 할 수 없다. 법정에서도 설명으로 인정되지 않을 것이다. 좋든 싫든 인간은 자신이 한 것을 왜 했는지 서로에게 설명하기 위해 자연스럽게 자기인식에 기대고 있다. 그리고 그 설명에 대한 공식적인 반대 신문이 자율성과 책임의 근거를 이룬다.[20]

실제로는 두 가지 접근법을 혼합한 제3의 길이 부상하지 않을까 하는 것이 내 개인적 생각이다. 특정 영역에 국한해 기계가 불확실성을 추적하고 자기 행동을 모니터링할 수 있는 능력을 갖추고, 그 능력을 바탕으로 다른 기계나 기계 조작을 맡은 인간과 협력하고 신뢰 관계를 구축하는 식으로 말이다. 그렇게 되면 인간은 여전히 중추적 위치에서 기계가 한 일을 왜 했는지 인간의 언어로 설명하는 능력, 즉 유일하게 인간만 보유한 자기서사 능력을 지렛대로 활용할 수 있을 것이다. 역사학자 유발 노아 하라리Yuval Noah Harari가 "AI 개발에 1달러와 1분을 투자할 때마다 인간의 의식 발전에도 1달러와 1분을 투자하는 게 현명할 것이다"라고 썼을 때 염두에 둔 게 바로 이러한 의식의 메타인지적 의미였을 거라고 생각한다. 자기인식의 미래는 '너 자신' 뿐만 아니라 '너의 기계'를 알게 되는 것을 뜻하게 될지도 모른다.[21]

Chapter 11

다시, 나 자신을 알라

"델포이 신전에 새겨진 가르침과 달리 나는 아직도 나 자신을 알 수 없다. 그것도 모르면서 상관도 없는 것들을 탐구하는 내가 우스꽝스러워 보인다."

— 플라톤,《파이드로스》

한 바퀴를 돌아 원점으로 돌아왔다. 우리는 '너 자신을 알라'라는 고대 그리스인들의 외침으로 자기인식의 과학을 돌아보는 여정을 시작했다. 이제 우리는 자신을 알라는 그 말이 공허하고 진부한 얘기가 아니라는 것을 안다. 인간의 뇌는 정확하게 그렇게 하게끔 만들어져 있다. 우리는 불확실성을 추적하고, 자신의 행동을 모니터링하고, 마음의 모형을 계속해서 업데이트한다. 이를 통해 우리의 기억이나 시각이 언제 오류를 일으킬 것 같은지 예측하고, 자신의 스킬, 능력, 성격에 대한 지식을 부호화해 저장하기도 한다. 자기인식의 작동 방식을 이해함으로써 우리는 대기업 이사회에서 법정까지 다양한 상황에서 자기인식을 더 잘 활용할 수 있는 방법도 알게 됐다. 아울러 인간의 뇌가 자기를 인식할 수 있게 하는 기제와 계산에 담긴 통찰을 뽑아내기 시작했다. AI 장치를 만들고, AI 장치와 상호작용하는 방법을 찾는 데 도움이 될 수도 있는 통찰 말이다.

하지만 어떤 면에서는 자기 자신을 더 잘 알 수 있는 방법을 찾으라는 소크라테스의 도전을 살짝 외면한 측면이 있다. 자기인식의 증진과 개선에 초점을 맞춘 연구는 아직 초기 단계에 있다. 고급 또는 초급 기술을 활용해 이 도전에 대한 해법을 찾으려는 선구적인 시도들은 그동안에도 물론 있었다. 다행인 것은 우리가 이 책 1부에서 보았듯이 메타인지는 돌에 새겨진 것처럼 고정되어 있지 않고, 훈련과 경험에 의해 형태와 틀이 바뀔 수 있다는 점이다. 그러나 처음부터 그렇게 믿었던 것은 아니다. 일단 뇌가 다 자라고 나면 뇌의 회로망은 어느 정도 고정불변이라는 생각이 20세기 들어서도 한참 동안 과학자들과 대중의 통념이었다.

이제 우리는 성인이 된 뒤에도 경험과 훈련을 통해 뇌 구조를 바꿀 수 있음을 알고 있다. 런던의 택시 운전기사들은 뒤쪽해마 posterior hippocampus가 큰 것으로 유명하다. 뒤쪽해마는 지식—이 경우에는 런던의 뒷골목을 숙지하는 데 필요한 지식의 총량—을 저장하고 인출하는 데 중요한 뇌 영역이다. 기량이 뛰어난 음악가들의 청각피질 내 회색질 부피는 보통 사람들보다 크다. 이 또한 해당 피질 영역이 소리를 처리하는 데 특화하면서 그렇게 됐을 것으로 짐작된다. 연습이 뇌 구조를 직접적으로 변화시킨다는 증거도 있다. 저글링을 배우게 되면 시각운동 처리에 관여하는 두정엽 영역의 회색질과 백색질 부피가 늘어난다. 생쥐를 대상으로 한 연구에서는 이러한 부피 변화가 축삭의 성장을 돕는 단백질 합성과 관련이 있는 것으로 밝혀졌다. 연습과 훈련을 하면 뉴런의 연결이 증가하고, 그 결과 해당 뇌 영역의 부피가 증가한다는 것은 관찰 가능한 사실이다. 동물을 대상으로 한 광범위한 연구에서는 새로운 학습이 시냅스의 가중치, 즉 뉴런과 뉴런의 연결을 가능케 하는 미세한 분자 구조의 변화를 동반한다는 사실이 밝혀지기도 했다.[1]

다시 말해 당연히 성인도 새로운 묘기를 배울 수 있다. 게다가 뭐든 새로 배워야 하는 것은 성인에게도 선택의 여지가 없는 문제다. 뇌의 회로망은 좋든 싫든 우리가 하는 모든 것에 의해 미묘하게 변화하고 업데이트된다. 다른 뇌 기능과 마찬가지로 메타인지도 고정불변이 아니다.

여러 방법으로 메타인지의 조절 또는 촉진을 시도했던 기존 실험들을 좀더 자세히 살펴보면 자기인식의 개선과 증진을 위해 어떤 것이 가능할지 감을 잡을 수 있다. 나이가 든 자원자들을 대상으로 한 실험에서 더블린의 트리니티대학교 연구팀은 경두개직류자극법 transcranial direct current stimulationt(tDCS)으로 알려진 기술을 이용해 전전두피질에 약한 전류를 흘려보내면 메타인지적 사고가 강화되는지 조사했다. 피험자들은 제한 시간 안에 색깔을 식별하는 까다로운 과제를 수행하면서 실수를 했다는 생각이 들 때는 그것을 따로 알려야 했다. 전류가 흐르지 않는 가짜 자극 조건과 비교해 tDCS 조건에서 전체적인 수행 성과에는 차이가 없었지만, 실수했을 때 그것을 인지하는 능력은 향상된 것으로 나타났다. tDCS가 뇌에 어떻게 작용하는지는 아직 알려진 게 없지만, 약한 전류가 일시적으로 뉴런의 흥분을 유발해 전전두피질의 상태를 메타인지를 증진하는 쪽으로 바꾼 것으로 추정해볼 수는 있다.[2]

비슷한 과제를 이용한 다른 연구에서 도파민과 노르아드레날린 농축을 촉진하는 약물인 메틸페니데이트methylphenidate(리탈린)도 실수에 대한 사람들의 인식 능력을 향상시키는 것으로 나타났다. 여기서 한 걸음 더 들어가 유니버시티칼리지런던에 있는 우리 동료들은 베타 차단제—노르아드레날린 기능을 차단함으로써 혈압을 낮추는 용도로 흔히 처방된다—를 투여하면 지각적 식별과 관련한 과제에서 메타인지 감수성이 눈에 띄게 향상된다는 것을 알아냈다. 하지만 도파민 기능을 차단할 목적으로 개발된 아미설프라이드amisulpride를 복용한 다른 피험자 그룹에서는 그런 효과가 나타나지 않았다. 메타인지에 관한 약리학적 데이터는 드물지만, 지금까지 나온 것만 놓고 보면 도파민 분비를 촉진하고 노르아드레날린(이것 역시 스트레스를 받을 때 분비됨) 분비를 억제하는 것이 자기인식 능력 향상에 전반적으로 도움이 되는 것으로 보인다.[3]

심지어 의사결정에 대한 자신감을 추적하는 뇌 회로를 훈련을 통해 직접적으로 바꾸는 것도 가능해 보인다. 2016년 발표된 논문에서 일본 국제전기통신기초기술연구소 연구진은 기계학습 알고리즘을 훈련시켜 단순한 과제를 수행 중인 사람들의 전전두피질 활성도를 보고 그들의 자신감을 수준별로 분류하는 게 가능하다는 것을 보여주었다. 연구자들은 수준별 패턴을 실험 참가자들 스스로 활성화하는 연습을 시켰다. 참가자들이 패턴을 활성화하면 컴퓨터 화면에 있는 원이 커지고, 비활성화하면 원이 작아졌다. 피험자들은 자신이 무엇을 하는지 알 필요 없이 오로지 원이 커지게만 하면 되었다. 나머지는 알고리즘이 알아서 했다. 이틀간의 훈련이 끝난 뒤 참가자들의 메타인지를 다시 측정했다. '높은 자신감' 패턴을 촉진하도록 훈련받은 그룹에서는 자신감이 높아진 반면 '낮은 자신감' 패턴을 훈련받은 그룹에서는 자신감이 낮아졌다. 이는 메타인지 편향성에 생긴 작은 변화를 의미한다. 높은 자신감 그룹에 속한 사람들은 과제를 수행하면서 틀렸을 때도 큰 자신감을 경험했기 때문에 그들의 실제 메타인지 감수성은 오히려 떨어졌다. 이 연구 결과는 특정한 목표에 맞춰 자기인식을 촉진하는 것이 가능할 수도 있음을 보여주는 하나의 개념 증거라고 할 수 있다.[4]

　메타인지를 촉진할 목적으로 뇌 자극을 받거나 약물을 복용한다면 많은 사람들이 꺼림칙한 반응을 보일 것이다. 하지만 연습만으로 자기인식 능력을 높일 수 있다면 사람들은 기꺼이 연습에 시간을 투자할 것이다. 연습을 통한 자기인식 능력 향상을 목표로 우리 연구실은 사람들의 수행 능력만이 아니라 메타인지에 대해서도 피드백을 제공하는 훈련 계획을 개발하고 있다. 우리는 자원자들에게 매일 20분씩 단순한 지각적 판단(두 이미지 중 어느 것이 약간 더 밝은지 등)을 하는 연습을 시켰다. 한쪽 집단에 속한 피험자들에게는 메타인지에 대한 피드백―자신감에 대한 그들의 판단이 정확한지 부정확한지―을 제공했다. 반면 통제 그룹에 속한 피험자들에게는 지각적 판단에 대한 피드백―그들이 올바른 이미지를 선택했는지 아닌지―을 제공했다. 2주 동안의 규칙적 훈련이 끝난 뒤 메타인지 피드백 그룹에 속한 사람들의 메타인지 감수성은 향상된 것으로 나타났다.[5]

자기인식의 증진과 개선이 가능할 수 있다는 희망은 이런 종류의 훈련이 실험실 밖에서도 효과를 낼 수 있느냐에 달려 있다. 우리는 훈련에 포함되어 있지 않았던 기억력 테스트에서도 메타인지 개선 효과가 나타나는 것을 확인했다. 어떤 과제를 수행하면서 메타인지 촉진 방법을 배우고 나면 다른 과제를 수행할 때도 그 기술을 자연스럽게 적용할 수 있기 때문에 자신이 수행한 성과를 더 잘 돌아볼 수 있게 된다. 이는 자기인식 능력을 향상하는 기술의 적용 범위가 넓고, 분야에 구애받지 않는다는 것을 의미한다. 자기인식 능력이 증진되면 내가 틀릴 것 같은 때가 언제이고, 더 많은 정보가 필요할 것 같은 때가 언제인지 아는 능력을 체계적으로 향상시키는 효과를 기대할 수 있다. 열린 마음으로 숙고해서 내리는 의사결정을 촉진하는 메타인지의 역할을 생각하면 당연한 얘기다. 간단한 게임을 연습하면서 쌓은 메타인지가 기후변화와 같은 논쟁적 이슈에 대해서도 보다 열린 마음으로 의사결정을 하도록 돕는다는 증거도 있다.[6]

하지만 이쯤에서 경고음을 울려야 할 것 같다. 우리가 실험실에서 거둔 메타인지 개선 효과―의사결정에 미칠 수 있는 잠재적 개선 효과는 별개로 치고—는 미미할뿐더러 우리의 일상생활에 눈에 띄는 영향을 미칠 것 같지도 않기 때문이다. 더구나 자기인식을 촉진하는 게 무조건 좋은 것은 아닐 수도 있다는 점을 유념할 필요가 있다. 예컨대 좋은 의도로 하는 것이라 할지라도 통찰력을 향상시키고, 잠재적 기억 오류를 깨닫게 하는 시도가 치매 환자들에게는 원치 않는 불안과 우울증을 유발할 수도 있다. 건강한 뇌를 가진 사람들에서도 보다 실재에 가까운 자기평가를 하게 되면 감정적으로 부정적 효과가 나타날 수 있다. 반면 과하지 않은 정도의 자신감은 자기효능감을 높이는 데 도움이 될 수 있다. 그 어떤 신약도 잠재적 부작용에 대한 철저한 심사가 이루어져야 하듯이 자기인식의 촉진에 수반되는 잠재적 부작용도 염두에 두지 않으면 안 된다.[7]

그럼에도 나는 자기인식의 개선—특히 정교하게 조절되기만 한다면—이 가져다주는 혜택이 부작용보다 훨씬 클 수 있다는 점을 여러분이 이해했기를 바란다. 우리는 자기인식이 문화 전반—동굴 벽화에서 철학, 소설 작품에 이르기까지—에 불꽃 같은 영감을 제공하고, 서로의 의견이 맞지 않을 때도 다른 사람들과 조화를 이루며 살아가는 데 도움을 준다는 것을 보았다. 이런 맥락에서 자기인식의 증진에 시간을 써야 한다는 소크라테스의 충고는 그 어느 때보다 큰 울림을 준다.

의식 그 너머

자기인식을 체계적으로 개선하고 바꾸는 게 가능하다면 그것은 어떤 느낌일까? 이 질문에 대한 답은 우리를 둘러싸고 있는 세상에 대한 인식과 메타인지의 관계를 우리가 어떻게 보느냐에 달려 있다. 내가 여러분을 캄캄한 방에 가둬놓고 컴퓨터 스크린에 나타나는 희미한 빛을 주시하게 했다고 가정해보자. 화면에 빛이 나타나면 그 빛으로 인해 여러분의 시각적 경험에 변화가 생긴다. 이는 자기인식의 변화로 이어진다. 여러분은 자극을 보았는지 아닌지 생각하게 되고, 성찰적 판단을 통해 의식의 변화를 알아차리고, 그 변화를 다른 사람에게 전달할 수 있게 된다. 이런 관계를 우리는 어떻게 생각해야 할까?

이 분야에는 두 개의 대표적인 진영이 있다. 첫째는 자기인식은 의식적 경험의 선택적 겉치레일 뿐이라고 보고 접근하는 진영이다. 이 '1차적' 견해는 경험에 대해 성찰하고 그것을 보고하기 위해서는 메타인지가 필요할 수 있다는 점은 인정하지만, 그렇다고 메타인지가 경험 자체의 생성에 관여한다는 의미는 아니라고 주장한다. 메타인지는 의식의 맨 위층에 있는 선택적 부가물optional add-on로서, 단지 정보를 외부세계로 내보내는 데 필요할 뿐이라는 것이다.

1차적 견해를 뒷받침하는 한 가지 주장이 넘침이론overflow thesis 인데, 이런 식의 논리를 전개한다. 당신 주위의 세상은 다채롭고 세세하게 조율된 것처럼 보인다. 나는 책상 위에 있는 앵글포이즈 램프에서 나온 불빛이 벽, 책상의 나무 무늬, 벽에 걸린 그림의 짙은 청색을 비추면서 벽지에 만들어내는 흰색 그늘이 변화하는 것을 알아볼 수 있다. 계속할 수도 있겠지만, 이 장면만 해도 내가 말로 표현할 수 있는 것보다 훨씬 많은 것들이 있는 게 분명해 보인다. 나의 사적인 내면세계에 접근해 그것을 다 묘사하기에는 내 언어 능력이 못 미친다. 즉 나의 보고 능력을 초과하는, '넘치는overflow' 상태다.[8]

넘친다는 표현은 직관적인 것처럼 보인다. 이 단어는 우리의 경험과 그 경험에 대해 설명하는 능력은 별개라는 생각을 뒷받침할 목적으로 사용되어왔다. 하지만 이 결론을 받아들이기에 앞서 조심할 필요가 있다. 넘침이론에 관한 실험 데이터는, 모든 대상에 대해 우리는 막연한 인상만 갖고 있을 뿐이며 보고할 필요성이 있을 때 비로소 대상에 좀더 분명하게 초점이 맞춰진다는 견해에 힘을 실어주고 있다. 경험하고 있는 것에 대해 잘 생각해보고 설명해달라고 부탁하지 않는 한 사람들의 의식적 경험이 어떻게 생겼는지 확실히 알기는 극히 어렵다.[9]

또 다른 진영은 '고차적higher-order' 견해로 알려진 그룹이다. 고차 이론가들은 성찰을 통해 우리의 심적 상태에 대한 생각을 만들어낼 수 있는 바로 그 능력이 무엇보다 우리를 의식적으로 만든다고 주장한다. 심적 상태에 대한 메타인지적 인식이 없어도 여전히 우리는 정보를 처리하고, 자극에 반응할 수는 있겠지만, 이렇다 할 의식은 없을 거란 얘기다.[10]

몇 가지 핵심적 예측을 놓고, 고차 이론가들과 1차 이론가들의 의견이 엇갈리고 있다. 메타인지와 고차원적 사고에 전전두피질이 중요하다는 전제에 따라 의식적 인식만 다를 뿐 나머지는 똑같은 실험조건을 만들 경우, 고차 이론대로라면 전전두피질에서 차이가 나타나야 하지만, 1차 이론대로라면 차이가 나타나서는 안 된다. 초기 데이터는 이런 가설을 뒷받침한다. 하지만 문제는 인간의 뇌 연구를 위해 현재 우리가 가진 기술(fMRI, MEG 등)이 아직은 너무 조악해서 어느 한쪽 손을 확실하게 들어주기 어렵다는 점이다. 아직은 인간의 의식적·메타인지적 상태의 미묘한 변화를 떠받치는 신경 활동의 미세한 패턴에 자유롭게 접근하기가 어렵기 때문에 확실한 결론을 내릴 수 없다.[11]

하지만 적어도 메타인지와 의식의 연관성을 보여주는 정황증거는 있다. 앞서 우리가 본 맹시에 관한 연구들은 메타인지 감수성의 결여가 무의식적(안 보이는) 반쪽 시야에서 이루어지는 정보 처리의 특징임을 시사하고 있다. 반대로 전전두피질이 손상되면 메타인지에 장애가 올 뿐만 아니라 의식적 경험에도 영향을 미칠 수 있다.[12]

또 다른, 하지만 좀더 미묘한 함의는 메타인지가 의식적 경험에 내재하는 것이라면 우리가 의식 자체에 대해 성찰하는 것은 어려울지 모른다는 점이다. 앞에서 본 대로, 인간은 메타인지 덕분에 실재와 상상을 구분하고, 지각적 경험이 오류일 수 있다는 것을 인식하고, 착각에 속을 수 있음을 우리는 알고 있다. 1부에서 본 체스판 착시를 다시 접하게 되면 "정사각형 네모 칸들이 다 똑같은 회색이라는 것을 '알지만', 그래도 여전히 다르게 보이긴 해"라고 말할지도 모른다. 내가 보는 것과 본다고 생각하는 것이 서로 충돌하고 있음을 나는 인식할 수 있다. 지각과 실재의 이러한 차이를 부호화함으로써 우리는 본다고 하는 인식―주관적 경험의 중요한 구성요소―
을 갖게 된다. 하지만 이런 방식으로 의식 자체를 볼 수 있게 한다
는 것은 훨씬 어려워 보인다. 우리에게 의식은 그냥 있는 것이고,
투명한 것이다. 어쩌면 이 투명성이 의식이라는 어려운 문제의 근
원으로, 우리가 의식을 신비롭게 생각하는 이유인지도 모른다.[13]

　개인적으로 보기에 이 논쟁은 의식에 관한 어느 쪽 견해에 우
리가 더 마음을 두느냐에 달려 있는 것 같다. 1차적 의식이 우리의
사고능력이 미칠 수 없는 진공 상태에 존재하는 것은 확실히 가능
해 보인다. 그렇기 때문에 우리는 메타인지를 전혀 가동시키지 않
고도 커피 냄새를 맡고 색깔이 빨갛다고 느끼는 원초적 경험을 하
게 되는 것인지도 모른다. 하지만 나는 우리가 삶에서 소중히 여기
는 그런 종류의 의식―커피 냄새를 음미하고, 친구에게 저녁 노을
에 대해 얘기해줄 수 있게 하는―에는 메타인식meta-awareness, 즉 우
리가 의식하고 있다는 것을 아는 상태가 관여하는 게 아닐까 생각
해본다. 이러한 고차원적 인식은 단지 경험을 선택적으로 포장하거
나 장식하는 차원을 넘어 인간이 된다고 하는 것이 지닌 의미의 기
층을 이룬다.[14]

　감정의 의식적 경험에도 이러한 종류의 고차원적 인식이 개입
하고 있는지도 모른다. 신경과학자 조지프 르두Joseph LeDoux는 감정
적 상태에 흔히 수반되는 신체 반응―시끄러운 소리에 몸이 얼어붙
거나 뱀 또는 거미를 보고 땀을 흘리는 등―은 충격이나 공포와 같
은 무의식적이고 반사적인 경험과는 뚜렷하게 다를 수 있다는 견해
를 제시한다. 그는 위험에 처했을 때 실험실의 생쥐와 인간은 뇌 깊

은 곳에 있는 신경회로의 작용으로 유사한 자동 반응을 보이지만, 오직 사람만이 두려움을 느낀다는 것이 지닌 의미를 생각하고, 그 의미를 인식하게 되는 것 같다고 지적한다.[15]

이처럼 다양한 의식적 경험의 의미를 탐구하기 위한 흥미로운 시험이 꿈이라고 하는 수수께끼다. 꿈속에서 우리가 의식을 하는 것은 확실해 보인다. 하지만 꿈을 꾸고 있을 때 우리가 꿈속에 있다고 스스로 인식하는 경우는 드물다. 그렇기 때문에 꿈을 꾸는 경험은 적어도 우리가 깨어나기 전까지는 약간은 당혹스럽고 무의미한 것이 된다. 가끔 꿈속에서 꿈을 의식할 수 있다면 근사하지 않을까?

사실, 꿈을 꾸면서 자기인식을 경험했다고 보고하는 사람들도 있다. 이른바 자각몽lucid dream이다. 자각몽은 훈련을 통해 자기 의지대로 명료한 상태가 될 수 있는 사람들에서 나타나기도 하지만 그보다는 지나치게 피곤한 상태에서 잠을 잘 때 나타나는 경우가 많다. 자각몽의 빈도는 사람에 따라 큰 차이가 난다. 평생 한 번도 경험하지 못했다는 사람이 있는가 하면 한 달에 한 번, 심지어 매일 경험한다는 사람도 있다. 나는 딱 한 번 자각몽을 경험했다. 며칠간의 크루징을 마치고 잉글랜드 남부 해안의 햄블강에 배를 정박한 채로 잠을 잘 때였다. 갑자기 내가 배 안을 이리저리 날아다니고, 마음대로 내 몸을 조종할 수 있다는 것을 인식하게 됐다. 기이하지만 신나는 경험이었다. 완전히 깨어 있고, 의식이 또렷하다고 느꼈다.

잠들기 전 관찰 대상자에게 자각몽에 빠지게 되면 눈을 움직여 알려달라고 부탁하고, 모니터로 눈의 움직임과 수면 상태를 관찰하는 방법으로 자각몽을 추적할 수 있다. 뇌 영상 연구 결과 놀랍게도 자각몽을 꾸는 동안 전두극피질과 쐐기앞소엽―앞에서 보았듯이 메타인지에도 관여하는 두 영역―의 뇌 활동이 증가한 것으로 나타났다. 더 놀라운 것은 특정 빈도로 전전두피질에 전기 자극을 가하는 것만으로 꿈의 명료함을 높일 수 있다는 점이다.[16]

자각몽에 대한 이런 연구는 정상적인 상황에서는 사람들이 꿈을 의미 있는 정도로 인식하지 못한다는 생각과 완벽히 일치한다. 오버플로의 경우와 마찬가지로 꿈을 꾸는 동안 자기인식은 없이 1차적 의식 비슷한 것만 갖고 있을 가능성은 여전히 남아 있다. 하지만 현재 우리가 가진 측정 기술로는 이것이 사실인지 아닌지 알아내기 어렵거나 불가능한 것으로 보인다. 대신 사람들이 꿈을 의식하게 되면―즉 자각몽 상태가 되면―메타인지의 각성을 지원하는 바로 그 뇌 신경망을 동원한다는 것을 보여주는 데이터는 있다.

메타인지와 자기인식의 각성

일상생활에서 자기인식을 촉진하는 것이 자각몽을 경험하는 것과 비슷한 느낌일 수 있다는 생각은 매력적이다. 그렇게 되면 우리는 자신과 다른 사람들, 나아가 세상에 대해 전에는 몰랐던 것들을 깨닫기 시작할 것이다. 사실 이것은 전문 명상가들이 집중적인 수행 끝에 경험했다고 말하는 의식의 변화와 놀라울 정도로 닮아 있다.

따라서 메타인지와 자기인식의 각성으로 가는 또 다른 유망한 길이 규칙적인 명상에 있다는 것은 놀랄 일이 아닐 것이다. 마음챙

김 명상은 불교적 수행의 요체로, 메타인지의 특성인 고차원적이고 성찰적인 인식과 밀접하게 연관되어 있다. 명상이 자기인식의 과학적 계량분석에 미치는 영향에 대한 연구는 최근에야 시작됐지만, 지금까지 나온 데이터만 놓고 보면 고무적이다. 2014년 캘리포니아대학교 샌타바버라캠퍼스의 심리학자인 벤저민 베어드Benjamin Baird 와 조너선 스쿨러 연구팀은 2주간의 명상 훈련에 참가한 피험자들이 기억력 테스트에서도 향상된 메타인지 감수성을 보였다고 보고했다. 명상 전문가 그룹이 통제 그룹에 비해 뛰어난 메타인지 감수성을 보였다는 연구 결과도 있다.[17]

명상은 아직 규모는 작지만 성장하는 연구 분야다. 하지만 지금까지의 연구 결과를 재현하고 확장하기 위해서는 아직 갈 길이 멀다. 뇌 과학에서 명상에 대한 연구는 논쟁적 영역이다. 명상 훈련의 의미에 대해 합의된 정의를 도출하기가 쉽지 않은 까닭이다. 그럼에도 나는 여전히 낙관적이다. 마음챙김 명상은 지속적인 자기집중 능력 및 심적 상태에 초점을 맞추는 능력과 관련이 있기 때문에, 자기평가 능력을 연마할 수 있게 해준다는 생각을 하면 흥미진진하다. 수행 성과 향상에 자기성찰이 갖는 힘을 전통적 명상에 국한할 것도 아니다. 하버드대학교 비즈니스쿨 연구원들은 인도의 IT 기업인 와이프로Wipro의 수습 직원들을 세 그룹으로 나눠 일과가 끝나기 전 15분 동안 수행해야 할 서로 다른 과제를 부여했다. 첫 번째 그룹에는 그날 배운 것을 성찰하게 했고(성찰 조건), 두 번째 그룹에는 그날 배운 주요 내용을 다른 사람에게 설명하게 했다(공유 조건). 나머지 한 그룹에게는 그냥 교육을 계속했다(통제 조건). 통제 조건에 비해 성찰 조건과 공유 조건에 속한 수습 직원들이 최종 시험에서 20퍼센트 정도 높은 성적을 보인 것으로 나타났다.[18]

하지만 이미 본 대로 메타인지와 자기인식은 취약하며, 가소성의 범위도 비대칭적이다. 다시 말해 메타인지를 촉진함으로써 우리가 얻을 수 있는 이득은 그것을 잃었을 때 생길 수 있는 불이익에 비하면 사실 아무것도 아니다. 현대적 삶에서 자기인식에 대한 위협이 점점 커지고 있는 것은 그래서 걱정스럽다. 효율과 생산성을 강조하는 문화에서 따로 시간을 내 우리가 하고 있는 것에 대해 성찰한다는 것은 선택적 사치로 보일 수 있다. 스마트폰과 스크린이 우리의 깨어 있는 시간을 지배하고 있고, 생각하기 위해 멈추었을 시간마저 집어삼키고 있다. 이미 보았듯이 과도한 스트레스와 정신건강의 악화도 우리의 자기인식을 침식하는 요인인지 모른다. '생각하는 것'보다 '하는 것'에 집중할수록 우리는 고급 메타인지가 제공하는 혜택을 점점 더 모르게 되는 악순환에 빠질 위험이 있다. 자기인식의 실패를 초래하는 요인들을 이해함으로써 우리는 악순환이 시작되기 전에 그것을 예방하는 조치를 취할 수 있다.

또 자기인식의 과학은 가끔 다른 사람들이 보이는 메타인지 실패에 온정적인 태도를 취하도록 도와준다. 우리와 마찬가지로 친구와 동료들의 자기인식도 계속 변한다. 특정 이슈에 대한 그들의 판단에 영향을 미치는 다양한 숨은 신호들에 의해 흔들리기도 한다. 정치에서 백신까지 양극화된 이슈에서, 나와 정반대 시각을 가진 사람들이 증거에 눈을 감고 있는 것처럼 보일 수도 있다. 하지만 자신의 시각에 대한 자신감은 하나의 자기 서사이며 왜곡되기 쉽다는 것을 안다면 우리는 우리와 의견이 다른 사람들에 대해 보다 관대한 태도를 취할 수 있을 것이다.

　어쩌면 자기인식을 보호하고 함양하는 데 가장 중요한 요소가 이제 여러분이 막 끝내려고 하는 이것인지도 모른다. 자기인식의 과학에 관한 책을 읽고 생각하는 것 말이다. 메타인지의 작동 방식을 가리고 있는 베일을 잠깐만이라도 열어젖힌다면 우리는 성찰적인 마음의 취약성과 힘에 새로운 외경심을 갖게 될 것이다. 그 취약성과 힘에는 아름다운 대칭이 있다. 자기인식을 공부하는 것만으로 우리는 더 많은 자기인식을 얻게 될 것이다. 아테네인들이 델포이 신전에 충고의 말을 새겨놓은 지 2500년이 지난 지금, 우리는 그 어느 때보다 우리 자신을 잘 아는 위치에 있다.

감사의 말

과학을 하는 경이로움 중 하나는 친구, 동료와의 끊임 없는 의견 교환에 있다. 이 책에 담긴 아이디어에 기여한 모든 분과 메타인지 신경과학 분야를 일궈낸 많은 동료에게 적절한 사의를 표하는 것은 불가능한 과제에 가까울 것이다. 나는 특별히 폴 아조파르디Paul Azzopardi에게 큰 신세를 졌다. 그는 내가 학부생이었을 때 8주간의 신나는 특강 코스를 통해 주관적 경험의 과학은 가능할 뿐 아니라 맹시에 관한 연구를 통해 실제로 진행되고 있음을 내게 처음으로 보여주었다. 크리스 프리스와 레이 돌런으로부터 박사학위 과정지도를 받은 것은 최고의 행운이었다. 그들은 탐구의 자유를 제공하면서도 부드럽고 중요한 충고의 말로 메타인지에 관한 우리의 작업을 가장 흥미로운 질문들로 채워주었다. 메타인지와 의식을 연구하는 사람들의 활기찬 국제 커뮤니티는 매년 열리는 의식과학연구협회Association of the Scientific Study of Consciousness 모임을 통해 제2의 가족이 됐다.

웰컴재단Wellcome Trust, 왕립학회Royal Society, 레버흄재단Leverhulme Trust은 이 책에서 다룬 많은 연구에 관대한 재정적 지원을 제공했다. 그뿐 아니라 대중적 참여와 과학 커뮤니케이션을 과학적 진취성의 필수 요소로 보고, 이를 옹호하는 기풍을 영국에 조성했다. 유니버시티칼리지런던UCL의 예리한 동료들은 물론이고 웰컴인간뇌영상센터, 막스 플랑크 컴퓨터정신의학 및 노화연구센터, 실험심리학과에 소속된 인지신경과학자 및 심리학자들과 활발한 네크워크를 이루며 함께 어울릴 수 있었던 것은 나로서는 특권이었다. 마찬가지로 내 연구팀의 전·현직 연구원들은 아이디어와 열정의 원천이었다. 특히 박사학위 과정 학생이었던 맥스 롤웨이지, 매턴 메이저Matan Mazor, 엘리사 반 데 플라스Elisa van der Plas, 시아오 후Xiao Hu, 앤드루 맥윌리엄스Andrew McWilliams와 박사후과정 동료인 마리옹 루오, 댄 방Dan Bang, 존 헌틀리Jon Huntley, 나딤 아티야Nadim Atiya, 나딘 디크스트라Nadine Dijkstra, 연구조교 및 소속 학생인 제이슨 카펜터Jason Carpenter, 올리버 워링턴Oliver Warrington, 류지혜Jihye Ryu, 새라 에르샤마네쉬Sara Ershadmanesh, 오드레 마장시유Audrey Mazancieux, 앤서니 바카로, 트리샤 서우에게 특별히 감사를 표한다. 연구실 바깥에서는 라우하 콴과 베네데토 데 마르티노가 인내심을 갖고 설익은 아이디어와 우려에 귀 기울여 준 나의 실험 공명판sounding board이자 과학에서의 진정한 친구였다. 또 댄 셰퍼Dan Schaffer와 파트너십을 구축할 수 있었던 것은 행운이었다. 슬로터앤드메이Slaughter and May 로펌에서 연수생들과 함께했던 저녁 토론 때마다 그는 호기심을 자극하는 예리한 지적들로 메타인지가 실제 세상에서 갖는 함의에 대한 나의 생각을 날카롭게 벼려주었다.

연속해서 세 번의 여름을 거치며 이 책을 완성했기 때문에 모든 장이 특정한 장소와 지울 수 없는 관련을 맺고 있다. 티보 가즈도 Thibault Gajdos의 친절한 배려로 2018년 여름을 액스마르세유대학교 에서 방문연구원으로 지내며 이 책 1부의 토대를 이루는 연속 강의 를 할 수 있었다. 이듬해 여름은 육아휴가를 이용해 스코틀랜드의 작은 마을 크레일에서 보내며 1부의 나머지 부분을 끝낼 수 있었다. 항구가 보이는 멋진 아파트를 쓸 수 있게 해주신 장인과 장모님께 감사드린다. 마지막 장들은 외교관인 아내가 발령받은 지 얼마 안 된 크로아티아의 자그레브에서 집필했다. 이렇게 옮겨 다니는 동안 부모님과 친구들이 보여준 한결같은 성원은 몸은 아닐지라도 감정 적으로 우리를 집에 묶어놓는 중요한 힘이 되었다.

이 책을 쓰는 일은 그 자체로 나에게 자기의심과 자기의문, 내 가 바른 길을 가고 있는지 아닌지에 대한 사후적 비판을 수반하는 강렬한 메타인지적 경험이었다. 이 책을 마치는 단계에서 터진 코 로나 팬데믹으로 자기반성적 우려가 더 커졌지만, 이메일을 통해 즉각적인 조언과 격려의 말을 전해준 분들의 도움으로 극복할 수 있었음에 감사드린다. 최종 원고를 읽고 예리하면서도 시의적절한 지적으로 나의 지독한 실수와 오탈자를 최소화할 수 있게 해준 크 리스 프리스와 니컬러스 시어에게 특별한 감사를 표하지 않을 수 없다. 《사이언티픽 아메리칸Scientific American》과 《이온Aeon》의 편집자 인 샌드라 업손Sandra Upson과 브리짓 하인스Brigid Hains는 메타인지에 대한 나의 처음 생각을 일관성 있는 서술로 바꾸는 데 결정적 역할 을 했다. 전속 에이전트인 너새니얼 잭스Nathaniel Jacks는 특히 이 책 의 아이디어가 처음 태동한 뉴욕 시절, 믿기 어려운 인내심으로 큰 도움을 주었다. 베이직북스의 편집자 존 머리John Murray와 T. J. 켈러 T. J. Kellehe, 조지나 레이콕Georgina Laycock은 런던 회합 때 침착하게 차를 마시며 책의 구성과 목차를 시의성 있게 정리해내는 솜씨를 보여주었다. 리즈 대너Liz Dana의 예리한 눈과 오류 식별 능력은 마지막 단계에서 진가를 발휘했다. 초기 원고와 각 장을 읽고 의견을 보내준 니컬러스 라이트Nicholas Wright, 베네데토 데 마르티노, 서실리아 헤이스, 댄 방, 카테리나 포토풀루, 로버트 로스코프, 윌 로빈슨Will Robinson, 알렉스 플레밍Alex Fleming, 헬렌 워커-플레밍Helen Walker-Fleming 에게도 감사한다.

아낌없는 사랑과 지지, 인내를 보여준 아내 헬렌에게 무한한 감사를 표한다. 내가 연구하고, 책을 쓰려고 애써온 바로 그것을 아들 핀이 자라면서 획득해나가는 과정을 지켜보는 것은 경외심과 그만큼의 겸허함을 불러일으키는 순간들이었다. 이 책은 두 사람을 위한 것이다.

옮긴이의 말

이 책은 영국 유니버시티칼리지런던UCL의 실험심리학과 교수인 스티븐 플레밍 박사가 쓴《Know Thyself—The Science of Self-Awareness(나 자신을 알라—자기인식의 과학)》를 우리말로 옮긴 것이다.

메타인지 신경과학 분야의 최고 전문가 가운데 한 명으로 꼽히는 저자는 이 책에서 뇌과학과 연관된 신경과학, 심리학, 생물학, 컴퓨터과학 이론을 뇌 영상화 기술과 접목해 인간을 대표하는 특성 중 하나인 자기인식 능력의 실체를 파헤쳤다. 저자는 UCL 부설 웰컴인간뇌영상센터에서 메타인지 연구팀장으로도 활동 중이다.

자신의 생각에 대해 생각하는 능력을 뜻하는 메타인지라는 용어는 1970년대 발달심리학에서 처음 선보였다. 이후 학습법에 대한 관심과 함께 세계적으로 주목받는 단어가 됐다. 한국에서는 '우리 아이 공부 잘 하는 법', '전교 1등·수능 만점의 공부법' 같이 어떻게 하면 시험을 잘 보고, 원하는 대학에 갈 수 있을지 고민하는 학생과 학부모 사이에 널리 퍼졌다. 시중에 관련 서적만 수십 종에 달한다.

책을 쓰게 된 동기에 대해 저자는 실용서나 자기계발서 위주로 메타인지가 소비되고 있는 데 대한 문제의식을 거론한다. 메타인지가 작동하는 원리나 기제에 대한 이해 없이 무조건 메타인지를 활용하면 공부를 잘하고, 인생에서 성공할 수 있다고 약장수처럼 떠드는 현실에 대한 안타까움이라고 할까. 이는 마치 엔진의 작동원리도 모르는 사람에게 자동차는 무조건 직접 수리하는 게 좋다거나 어떤 근육을 단련해야 할지도 모르는 사람에게 무조건 헬스장에 가라고 권하는 꼴이라는 게 저자의 지적이다.

이 책은 메타인지, 즉 자기인식 능력의 작동원리를 다룬 1부와 학교, 스포츠 경기장, 현실정치, 기업, 소셜미디어 등 다양한 삶의 현장에서 메타인지의 쓰임새와 활용법을 다룬 2부로 구성돼 있다. 감각이 제공하는 불충분한 정보를 토대로 불확실성을 추적하고, 자신의 행동을 무의식적 또는 의식적 차원에서 모니터링하는 것이 뇌의 자기인식 능력을 떠받치는 필수 요소라고 저자는 말한다. 이를 통해 자기 자신을 의심하고, 자신감의 수위를 가늠하고, 자신을 반성하고 성찰하게 된다는 것이다.

다른 사람의 마음을 읽는 능력을 의미하는 '마음읽기mindreading'도 메타인지의 중요한 기능이다. 저자는 각종 실험실 연구 성과와 기능적 자기공명영상(fMRI) 장치 등으로 촬영한 뇌 이미지를 바탕으로 자기인식 능력의 작동 방식과 원리를 밝힌다. 이마에 가까운 전두엽의 전전두피질 영역, 그중에서도 전두극이 메타인지와 마음읽기에 결정적으로 중요하다는 게 저자의 설명이다. 또 항공기 조종사와 자동항법장치가 한 팀을 이뤄 비행기를 조종하듯이 인간의 뇌도 명시적 메타인지와 암묵적 메타인지가 협력해 자신의 행동을 끊임없이 모니터링하고, 불확실성을 추적한다고 말한다.

학습에서 메타인지가 갖는 중요성을 누구보다 잘 아는 저자는 2부의 한 장을 학습과 자기인식에 할애하고 있다. 하지만 메타인지가 실생활에서 영향을 미치는 분야는 학습만이 아니다. 사람들끼리 서로 협업을 하고, 정보를 공유하고, 법정에서 재판을 하고, 회사를 경영하는 데도 자기인식 능력은 대단히 중요하다. 저자는 범죄 사건의 용의자 식별 과정에서 증인의 메타인지가 재판 결과에 큰 영향을 미치는 사례를 실감 나게 제시한다.

메타인지는 개인은 물론이고 공동체의 성공과 실패에도 중요하게 작용한다. 특히 SNS가 발달한 요즘처럼 가짜뉴스가 난무하고 확증편향에 따른 사회적 양극화가 심화하는 시대에는 제3자적 시각으로 자신을 바라보고, 자신이 틀렸을 수 있음을 인정하는 '지적 겸손'이 그 어느 때보다 절실히 요구된다고 저자는 강조한다. 이럴 때일수록 자신의 의견과 다른 정보에도 마음을 열고, 자기 생각을 보정하는 개방적 자세가 필요하다는 것이다. 저자는 자기인식 능력이 좋은 사람을 리더로 선출하는 것도 중요하다고 말한다. 필요할 때는 자신감 있는 태도로 사람들을 안심시키면서도 자기가 틀렸을 때는 기꺼이 이를 인정하고 진로를 바꿀 줄 아는 지도자 말이다.

인공지능(AI)의 급속한 발전이 인간의 자기인식에 미칠 파장에도 저자는 큰 관심을 보인다. 똑똑하지만 자기인식 능력은 없는 로봇이나 자율기계와 공존할지, 아니면 특정 용도에 한정해 기계에 자기인식을 주입함으로써 뇌-컴퓨터 인터페이스를 통해 인간과 기계가 교감하는 쪽으로 갈지 방향을 정할 때가 오고 있다는 것이다.

기본적으로 이 책은 뇌과학, 그중에서도 메타인지에 관심을 가진 일반인을 위한 대중서라고 할 수 있다. 하지만 꼼꼼한 주석과 방대한 분량의 참고문헌이 보여주듯이 관련 분야 전문가에 대한 배려도 곳곳에서 엿보인다. 전체적으로 보아 아주 어렵지도, 그렇다고 아주 쉽지도 않은 중급 정도의 난이도를 가진 책이다. 실험실 연구와 이론을 주로 다룬 1부가 좀 지루하고 어렵게 느껴지면 서문에 이어 2부를 먼저 읽어도 무방할 것 같다.

이 책에서 메타인지와 자기인식은 비슷한 의미로 혼용되고 있기 때문에 독자 입장에서는 좀 헷갈릴 수 있다. 굳이 구분하면, 다른 인지 프로세스를 감시하는 모든 의식적, 무의식적 프로세스가 메타인지라면 자기인식은 자기 자신과 자신의 행동을 의식적으로 성찰할 수 있는 능력을 가리킨다는 게 저자의 설명이다. 그러나 저자도 사실상 두 용어를 혼용하고 있다. 지적 능력이 지능이라면 자기인식 능력은 메타인지라고 이해하고 읽으면 큰 무리가 없을 듯하다.

원문에 오류가 있는 부분은 임의로 고쳐서 번역했음을 밝힌다. 들어가는 말에 나오는 독일 잠수함 U-352 이야기나 6장에서 언급된 SAT 시험의 채점 방식과 관련한 대목에 약간의 사실 착오가 있어 바로잡았다. 번역 과정에서 가장 힘들었던 것은 용어 때문이었다. 원문의 의미가 정확하게 와 닿지 않는 경우 대개는 관련 용어에 대한 역자의 빈약한 지식이나 무지 때문이라는 걸 알았다. 그때마다 시간 품을 파는 방법으로 대처할 수밖에 없었다. 원문을 충실히 반영하면서도 최대한 자연스러운 우리말로 옮긴다는 원칙에 따랐지만, 여전히 매끄럽지 못하거나 모호한 구석이 있다는 걸 잘 안다.

독자 여러분의 예리한 질정을 기대한다.

책 말미에 한꺼번에 주석을 몰아서 배치하는 미주는 솔직히 독자에게 불친절한 방식이다. 독자 입장에선 미주보다 각주가 낫다는 걸 알지만, 그럼에도 이 책에서는 원서 그대로 미주 방식을 택했다. 전문가가 아닌 이상 굳이 주석을 참고하지 않아도 읽는 데 큰 지장이 없다고 봤기 때문이다. 대신 일반 독자의 이해를 돕기 위해 필요한 경우 그때그때 역주를 달았다. 메타인지 신경과학의 최일선에서 활약하는 젊은 과학자의 세심한 안내를 따라가다 보면 자기 자신을 객관적으로 바라보고, 자신의 한계를 인식하는 성숙한 자아로 가는 여정의 끝에 이르게 될 것으로 믿는다.

알량한 지식으로 전문가 행세를 하는 반풍수가 차고 넘치는 세상이다. 가방끈만 길지 아는 건 없는 헛똑똑이도 많다. "아는 것은 안다고 하고, 모르는 것은 모른다고 하는 것, 그것이 곧 아는 것知之爲知之 不知爲不知 是知也"이라고 2500년 전 공자는 말했다. 같은 시기 소크라테스는 "너 자신을 알라"고 했다. 벼는 익을수록 고개를 숙인다. 자신이 무엇을 모르는지 아는 것이 진정한 앎이다.

평생 신문기자로 지내다 나온 사람에게 선뜻 번역을 맡겨준 바다출판사 김인호 대표께 감사한다. 기대에 못 미친 게 아닌가 하는 걱정이 고마움만큼 크다. 요즘 같은 인스턴트 출판문화 속에서 책 한 권을 낳는 산고가 어떤 것인지 보여준 편집진에게 경의를 표한다.

2022년 3월 일산 골방 작업실에서

배명복

주

들어가는 말

1. Linnaeus(1735); Flavell(1979); Nelson and Narens(1990); Metcalfe and Shimamaura(1996).
2. Nestor(2014).
3. Shimamura(2000); Fleming and Frith(2014).
4. The MetaLab; https://metacoglab.org
5. Comte(1988).
6. Descartes(1998).
7. Mill(1865).
8. Dennett(1996).
9. 제임스 모스먼과의 BBC 인터뷰. Vladimir Nabokov, *Strong Opinions*(New York: Vintage, 1990)에 수록되었다.
10. Hamilton, Cairns, and Cooper(1961).
11. Renz(2017).
12. Baggini(2019); Ivanhoe(2003).
13. Dennett(2018).
14. 자기인식과 메타인지를 연구하는 과학자와 철학자들이 사용하는 용어는 종종 혼란 스러울 수 있다. 이 책에서는 수학 문제를 풀다가 실수한 것을 깨닫는 것 같이 '다른 인지 프로세스를 감시하는 모든 프로세스'를 뜻하는 말로 메타인지metacognition와 자기모니터링self-monitoring이라는 용어를 사용했다. 자기모니터링과 메타인지는 무의 식적으로 일어날 수도 있다. 자기 자신과 자신의 행동, 자신의 정신적 삶을 '의식적 으로 성찰할 수 있는 능력'을 가리킬 때는 자기인식self-awareness이라는 용어를 썼다. 자기인식이란 말을 신체적 자기인식이나 장소에 대한 인식, 신체의 외현外現이라는

298

의미로 한정하는 심리학자들도 있지만, 이 책에서는 보통 정신적 상태에 대한 인식과 관련된 의미로 사용했다.

Chapter 1 불확실성을 추적하는 뇌

1. Jonathan Steele, "Stanislav Petrov Obituary," *The Guardian*, October 11, 2017; www.theguardian.com/world/2017/oct/11/stanislav-petrov-obituary

2. Green and Swets(1966).

3. 베이즈 정리의 씨앗을 처음 뿌린 사람은 11세기 아랍의 수학자였던 이븐 알하이삼Ibn al-Haytham으로 알려져 있다. 이를 1763년 영국의 성직자이자 수학자였던 토머스 베이즈Thomas Bayes가 베이즈 정리로 발전시켰고, 18세기 프랑스의 수학자였던 피에르-시몽 라플라스Pierre-Simon Laplace가 과학적 문제에 폭넓게 적용했다. McGrayne(2012)를 볼 것.

4. Felleman and Van Essen(1991); Zeki and Bartels(1998).

5. Clark(2013); Clark(2016); Craik(1963); Friston(2010); Helmholtz(1856); Gregory(1970); Hohwy(2013).

6. Kersten, Mamassian, and Yuille(2004); Ernst and Banks(2002); Pick, Warren, and Hay(1969); Bertelson(1999); McGurk and MacDonald(1976).

7. Born and Bradley(2005); Ma et al.(2006).

8. Apps and Tsakiris(2014); Blanke, Slater, and Serino(2015); Botvinick and Cohen(1998); Della Gatta et al.(2016); Seth(2013).

9. Kiani and Shadlen(2009); Carruthers(2008); Insabato, Pannunzi, and Deco(2016); Meyniel, Sigman, and Mainen(2015).

10. Smith et al.(1995).

11. 불확실성 추적을 끌어들이지 않고도 이 실험에서 동물들이 보인 행동을 설명하는 것이 가능할 수도 있다. 예컨대 내튜어에게 세 번째 레버를 주었을 때 예상 가능한 반응은 세 가지다. 저음, 고음, 모르겠음(선택 기피 반응)이다. 시간이 지나면서 내튜어는 중간 음일 때 낮은 키나 높은 키를 누르면 오답에 대한 벌칙으로 물고기를 못 먹는다는 것을 알게 되었을 수 있다. 선택 기피 레버를 누르고 신속하게 새로운 시도로 넘어가면 물고기를 먹을 수도 있기 때문에 w내튜어로서는 아무것도 선택하지 않는 것이 덜 위험한 선택이다. 내튜어는 정답 여부에 대한 불확실성을 느낄 필요도 없이 "중간 톤이 나오면 선택 기피 레버를 누른다"는 간단한 규칙을 따른 것뿐일지도 모른다. Carruthers(2008).

12. Kornell, Son, and Terrace(2007); Shields et al.(1997); Kepecs et al.(2008); Fujita et al.(2012). 비둘기 여섯 마리와 닭 세 마리 중 두 마리는 시각을 이용해 찾는 과제에서 올바른 선택을 했을 때 위험한 옵션을 사용했을 가능성이 크다. 비둘기 두 마리도 새로운 색깔을 식별하는 과제에서 메타인지 능력을 일관되게 사용하는 경향을 보였다.

13. Goupil and Kouider(2016); Goupil, Romand-Monnier, and Kouider(2016).

14. 심리학자 조지프 콜Josep Call은 이를 다음과 같이 요약한다. "아마도 이렇게 말하는 것이 공정하다고 생각한다. 설명을 둘러싸고 학자들이 일종의 군비경쟁에 돌입함으로써 점점 더 정교해지는 비非 메타인지적 설명을 반박하는 유례 없이 정교한 경험적 증거들이 나왔고, 이는 다시 점점 더 복잡한 비메타인지적 설명을 야기했다." Call(2012); Hampton(2001).

15. Beran et al.(2009).

16. Meyniel, Schlunegger, and Dehaene(2015).

17. 헝가리의 수학자 아브라함 왈드Abraham Wald는 제2차 세계대전에서 미국 정부를 위해 일하던 중 순차분석이론theory of sequential analysis을 개발했다. 튜링은 반부리스무스Banburismus 프로세스의 일환으로 유사한 기법을 독자적으로 개발했는데, 영국 정부는 이를 1980년대까지 기밀로 분류했다. Hodges(1992); Wald(1945); Gold and Shadlen(2002).

18. Desender, Boldt, and Yeung(2018); Desender et al.(2019).

19. 베이즈 추론Bayesian inference은 가설이 몇 개밖에 안 되는 제한적 상황에서는 복잡하지 않다. 하지만 문제에 제약이 없어지면 매번 확률을 따져야 하는 가능한 경우의 수가 기하급수적으로 늘어나 순식간에 손을 쓸 수 없는 상태가 된다. AI와 인지과학 등 급속히 발전하고 있는 연구 분야는 유례가 없는 독창성으로 베이즈 추론의 근사치에 바짝 다가서고 있다. 뇌가 바로 그와 유사한 근사치를 사용하고 있는 것인지 모른다.

Chapter 2 우리는 스스로 관찰한다

1. 생체적응Allostasis은 항상성을 어느 정도나 조절해야 할지 예측하는 프로세스를 가리킨다. "Stability through change." Conant and Ashby(1970); Sterling(2012).

2. Clark(2016); Hohwy(2013); Pezzulo, Rigoli, and Friston(2015); Gershman and Daw(2012); Yon, Heyes, and Press(2020).

3. Badre and Nee(2018); Passingham and Lau(2019).

4. Michael Church, "Method & Madness: The Oddities of the Virtuosi," *The Independent*, March 12, 2008; www.independent.co.uk/arts-entertainment/music/features/method-madness-the-oddities-of-the-virtuosi-794373.html

5. Logan and Zbrodoff(1998); Logan and Crump(2011).

6. Crump and Logan(2010); Logan and Crump(2009).

7. Reynolds and Bronstein(2003).

8. Fourneret and Jeannerod(1998).

9. Diedrichsen et al.(2005); Schlerf et al.(2012). 이 복사본이 중심 제어main command에 비해 부차적이지 않다는 대안적 시각도 있다. 능동적 추론active inference으로 알려진 시각이다. 능동적 추론의 중심에는 지각과 운동 예측 오류의 심오한 대칭 구조가 있다. 지각적 예측 오류는 세계상을 바꾸고, 운동 또는 '자기수용적proprioceptive' 예측 오류는 근육을 움직여 우리의 수족이 예측과 일치하는 형태를 취하도록 만든다. 다시 말해 "그쪽으로 가고 싶어(갈 생각이야)"라고 말함으로써 우리는 오류를 유도하고, 운동체계는 거기에 재빨리 보조를 맞춘다. Clark(2013); Friston(2010); Adams, Shipp, and Friston(2013); Friston et al.(2010).

10. Blakemore, Wolpert, and Frith(2000); Shergill et al.(2003); Wolpert and Miall(1996).

11. Rabbitt(1966); Rabbitt and Rodgers(1977); Hasbroucq et al.(1999); Meckler et al.(2017).

12. Gehring et al.(1993); Dehaene, Posner, and Tucker(1994); Fu et al.(2019).

13. Goupil and Kouider(2016).

14. Schultz, Dayan, and Montague(1997). 연상학습associative learning은 다른 형태로 이루어진다. '전통적classical' 또는 조건반사적 조건에서 예기반응anticipatory response은 자극이나 신호와 연관된다. 반면 '자발적operant' 또는 포상적 조건에서 동물이나 인간은 보상을 받기 위해 과제를 수행하게 된다.

15. Seymour et al.(2004); O'Doherty et al.(2003); 오류 예측은 컴퓨터과학 분야에서 강화학습reinforcement learning(RL)으로 알려진 방법으로, 기계학습 알고리즘을 훈련시킬 때 필요한 핵심적인 수학적 변수다. 강화학습은 슐츠가 알아냈듯이 학습이 완료되면 추가적인 도파민 분비가 필요 없음을 암시한다. 원숭이는 불이 켜지면 주스를 마실 수 있을 것으로 기대하게 됐고, 그 예측에 더이상 오류는 없다. 하지만 원숭이는 예기치 않게 주스를 빼앗기게 되면 기초적인 도파민 반응이 떨어질 거라는 점도 예측하고 있다. 이른바 부정적 오류 예측이다. 이는 뉴런 기록neuronal recording을 통해서도 확인됐다.

16. dACC 및 ERN과 같은 신호의 역할에 대한 또 다른 시각은 그것들을 보다 구체적이고 확실한 보상으로 가는 중간 단계 신호로 보는 것이다. Botvinick, Niv, and

주 **301**

Barto(2009); Shidara and Richmond(2002); Ribas-Fernandes et al.(2011).

17. Gadagkar et al.(2016); Hisey, Kearney, and Mooney(2018).

18. 서로 다른 레벨 간에 뚜렷한 구분이 있는 것 같지는 않다. 예를 들어 ERN 자체는 목표물에 다가가기 위해 우리가 하는 동작의 매끄러움에 의해 조절된다. Torrecillos et al.(2014).

19. Stephen M. Fleming, "False Functional Inference: What Does It Mean to Understand the Brain?" Elusive Self(blog), May 29, 2016; https://elusiveself. wordpress.com/2016/05/29/false-functional-inference-what-doesit-mean-to-understand-the-brain/; 그리고 Jonas and Kording(2017); Marr and Poggio(1976)를 볼 것.

20. 여기서 용어에 대한 설명이 또 한 번 필요해 보인다. 철학자 조엘 프루스트Joёlle Proust는 절차적 메타인지와 분석적 메타인지를 구분한다. 절차적 메타인지는 의식적일 수도 있고 아닐 수도 있는 낮은 수준의 유창감feeling of fluency에 바탕을 둔 반면, 분석적 메타인지는 자기 자신의 능력에 대한 추론에 기반하고 있다. 하지만 피터 카루더스Peter Carruthers같은 이는 메타표상meta-representation을 끌어들이지 않고도 암묵적 모니터링과 제어를 설명할 수 있기 때문에 그것들을 메타인지로 보기는 어렵다고 주장한다. 또 다른 이들, 예컨대 조지프 퍼너Josef Perner같은 이는 메타인지에 관한 생각의 출발점으로서 메타표상의 우위를 인정하지만, 암묵적 모니터링과 완전하고 의식적인 메타표상 사이에 단계적인 중간 레벨이 있을 수 있다는 견해를 기꺼이 수용한다. Perner(2012); Proust(2013); Carruthers(2008).

Chapter 3 나를 알고 너를 알기

1. Aubert et al.(2014); McBrearty and Brooks(2000); Sterelny(2011).

2. Ryle(2012).

3. Carruthers(2009); Carruthers(2011); Fleming and Daw(2017); Thornton et al.(2019).

4. Baron-Cohen, Leslie, and Frith(1985); Wimmer and Perner(1983).

5. Hembacher and Ghetti(2014).

6. Bretherton and Beeghly(1982); Gopnik and Astington(1988); Flavell(1979); Rohwer, Kloo, and Perner(2012); Kloo, Rohwer, and Perner(2017); Filevich et al.(2020).

7. Lockl and Schneider(2007); Nicholson et al.(2019); Nicholson et al.(2020).

8. Darwin(1872); Lewis and Ramsay(2004); Kulke and Rakoczy(2017); Onishi and Baillargeon(2005); Scott and Baillargeon(2017); Paulus, Proust, and Sodian(2013);

Wiesmann et al.(2020).

9. Courage, Edison, and Howe(2004). 또 다른 대안적 시각은 거울 테스트는 자기인식 없이도 거울을 똑바로 사용-(거울을 보면서 수월하게 면도를 하거나 머리 손질을 하는 것처럼)할 줄 아는 뚜렷한(무의식적일 수 있는) 능력을 알아보는 것이라는 견해다. Heyes(1994); Chang et al.(2017); Kohda et al.(2019).

10. Bretherton and Beeghly(1982); Gopnik and Astington(1988).

11. Lewis and Ramsay(2004).

12. Call and Tomasello(2008); Kaminski, Call, and Tomasello(2008); Butterfill and Apperly(2013); Heyes(2015); Krupenye and Call(2019); Premack and Woodruff(1978).

13. Herculano-Houzel, Mota, and Lent(2006); Herculano-Houzel et al.(2007).

14. 조류도 영장류와 비슷한 축척비 법칙을 갖고 있는 듯하다. Dawkins and Wong(2016); Herculano-Houzel(2016); Olkowicz et al.(2016).

15. 이는 분명한 문제를 제기한다. 인간의 머리가 큰 것은 사실일 수 있지만, 뇌가 가장 큰 것은 확실히 아니라는 것이다. 코끼리나 고래처럼 몸집이 거대하고 진화적으로 우리와 멀리 떨어져 있는 종은 어떨까? 허큘라노 하우젤은 아프리카 코끼리의 뇌는 실제로 인간의 뇌보다 클 뿐만 아니라 뉴런의 숫자는 인간의 세 배에 달한다는 사실을 밝혀냈다. 얼핏 보면 이것은 인간은 다른 종에 비해 뉴런 숫자가 이례적으로 많다는 이론에 코를 빠뜨리는 것처럼 보인다. 하지만 코끼리 뉴런의 98퍼센트는 피질이 아니라 소뇌에 모여 있다. 앞장에서 보았듯이 소뇌는 행동과 생각이 옆길로 새지 않도록 하는 자동항법장치 역할을 하지만, 적어도 인간에게는 어떤 종류의 자기인식도 만들어내지 못한다. 코끼리는 미세한 운동 관리가 상당히 많이 요구되는 신체 구조, 특히 코 때문에 큰 소뇌가 필요할 수 있다. 지금까지 시험한 그 어떤 종과도 비교할 수 없는 피질 뉴런의 이점을 인간이 보유하고 있다는 점을 상기하면 아프리카 코끼리는 인간의 독보성uniqueness 법칙을 다시 한번 입증하는 예외일 뿐이다. Herculano-Houzel et al.(2014).

16. Ramnani and Owen(2004); Mansouri et al.(2017); Wallis(2011); Semendeferi et al.(2010).

17. Jenkins, Macrae, and Mitchell(2008); Mitchell, Macrae, and Banaji(2006); Ochsner et al.(2004); Kelley et al.(2002); Northoff et al.(2006); Lou, Changeux, and Rosenstand(2017); Summerfield, Hassabis, and Maguire(2009).

18. Lou et al.(2004).

19. Shimamura and Squire(1986).

20. Janowsky et al.(1989); Schnyer et al.(2004); Pannu and Kaszniak(2005); Fleming et al.(2014); Vilkki, Servo, and Surma-aho(1998); Vilkki, Surma-aho, and Servo(1999);

Schmitz et al.(2006); Howard et al.(2010); Modirrousta and Fellows(2008).

21. Nelson et al.(1990).

22. Kao, Davis, and Gabrieli(2005).

23. Amodio and Frith(2006); Vaccaro and Fleming(2018).

24. 아르민 락Armin Lak과 애덤 케펙스Adam Kepecs는 쥐를 대상으로 한 실험에서 전두엽 내 뉴런의 발화를 보고 의사결정 과제에서 올바른 선택을 한 것에 대한 보상을 얼마나 기다릴 수 있을지―암묵적 메타인지의 징표―예측할 수 있음을 보여주었다. 무시몰muscimol로 알려진 약물을 주입해 이 영역의 뇌 활동을 멈추게 하자 과제 수행 능력에는 변화가 없었지만, 기다리는 능력은 손상됐다. 이 쥐들은 전전두피질이 손상된 사람과 마찬가지로 인지는 멀쩡하지만 메타인지에 장애가 생겼다. 원숭이를 대상으로 한 다른 연구에서는 두정엽, 전두엽, 시상에 있는 뉴런이 뒷받침할 만한 증거나 다른 결정―자극이 움직이는 방향이 왼쪽인지 오른쪽인지 등에 관한―의 불확실성을 추적하는 것으로 드러났다. 튜링의 방정식이 특정한 에니그마 가설에 부합하거나 반대되는 증거를 추적하는 것과 마찬가지다. Lak et al.(2014); Middlebrooks and Sommer(2012); Kiani and Shadlen(2009); Miyamoto et al.(2017); Miyamoto et al.(2018); Komura et al.(2013).

25. Mesulam(1998); Krubitzer(2007).

26. Margulies et al.(2016); Baird et al.(2013); Christoff et al.(2009); Passingham, Bengtsson, and Lau(2010); Metcalfe and Son(2012); Tulving(1985).

27. Herculano-Houzel(2016).

Chapter 4 자기를 인식하는 수십억 개의 뇌

1. Freud(1997); Mandler(2011).

2. 개략적인 역사가 다 그렇듯이 이것 역시 지나치게 단순화된 역사다. 마음의 주관적 측면을 연구한 초기의 심리학자들도 행동을 진지하게 여긴 것은 분명하다. 그래서 분트는 자기 제자인 티치너와 퀼페가 수행한 내성introspection에 관한 연구에 격렬히 반대하는 입장으로 돌아섰다. 동물의 행동에 대한 연구는 행동주의가 태동하기 전부터 활발하게 진행되고 있었다(Constall, 2006). 자기인식의 정확성을 계량화하는 쪽으로 가는 현대적 접근법의 전조가 되는 시도들도 있었다. 빅토리아 시대의 심리학자였던 퍼스와 재스트로는 시대를 앞선 논문에서 메타인지의 수학적 모델을 제시하면서 $m = c \log \frac{1}{1-p}$ 이란 공식을 내놓았다. 여기서 m은 피험자의 자신감 수준, p는 답이 맞을 확률, c는 상수를 가리킨다(Peirce and Jastrow, 1885). 피험자의 자신감은 답이

맞을 확률의 로그값에 비례에 올라간다는 뜻인데, 최근의 실험들은 이 주장을 뒷받
침하고 있다. Van den Berg, Yoo, and Ma(2017).

3. Hart(1965).

4. 편향성과 감수성이 충돌하는 지점이 생긴다. 내가 항상 100퍼센트 확신한다면 나는
   높은 편향성과 낮은 감수성을 보이게 될 것이다. Clarke, Birdsall, and Tanner(1959);
   Galvin et al.(2003); Nelson(1984); Maniscalco and Lau(2012); Fleming and Lau(2014);
   Fleming(2017); Shekhar and Rahnev(2021).

5. Fleming et al.(2010).

6. Poldrack et al.(2017).

7. Yokoyama et al.(2010); McCurdy et al.(2013). See also Fleming et al.(2014);
   Hilgenstock, Weiss, and Witte(2014); Miyamoto et al.(2018); Baird et al.(2013); Baird
   et al.(2015); Barttfeld et al.(2013); Allen et al.(2017); Rounis et al.(2010); Shekhar and
   Rahnev(2018); Qiu et al.(2018).

8. Semendeferi et al.(2010); Neubert et al.(2014).

9. Cross(1977); Alicke et al.(1995). 발견자의 이름을 따 더닝-크루거 효과로 알려진
   현상에서 과잉 자신감 편향은 주로 수행 능력이 떨어지는 사람들에게서 나타난다
   (Dunning, 2012; Kruger and Dunning, 1999). 두 사람은 수행 성과가 떨어지는 사람
   들은 반응을 할 때 편향성이 아니라 메타인지 오류를 겪는다는 의견을 제시했다
   (Ehrlingwe et al., 2008). 하지만 더닝-크루거 효과가 메타인지 감수성 때문인지 편향
   성 때문인지, 아니면 둘 다 때문인지는 아직 명확히 밝혀지지 않았다. Tal Yarkoni,
   "What the Dunning-Kruger Effect Is and Isn't,"(blog), July 7, 2010; https://
   talyarkoni.org/blog/2010/07/07/what-the-dunning-kruger-effect-is-and-isnt; and
   Simons(2013)를 볼 것.

10. Ais et al.(2016); Song et al.(2011).

11. Mirels, Greblo, and Dean(2002); Rouault, Seow, Gillan, and Fleming(2018); Hoven et
    al.(2019).

12. Fleming et al.(2014); Rouault, Seow, Gillan, and Fleming(2018); Woolgar, Parr, and
    Cusack(2010); Roca et al.(2011); Toplak, West, and Stanovich(2011); but Lemaitre et
    al.(2018)를 볼 것.

13. Fleming et al.(2015); Siedlecka, Paulewicz, and Wierzchoń(2016); Pereira et al.(2020);
    Gajdos et al.(2019).

14. Logan and Crump(2010).

15. Charles, King, and Dehaene(2014); Nieuwenhuis et al.(2001); Ullsperger et al.(2010).

16. Allen et al.(2016); Jonsson, Olsson, and Olsson(2005).

17. De Gardelle and Mamassian(2014); Faivre et al.(2018); Mazancieux et al.(2020); Morales, Lau, and Fleming(2018). 추가적 연구가 필요한, 분야와 무관한 보편성에는 흥미로운 예외도 있다. 우선 행동의 관점에서 메타인지가 분야와 무관해 보인다고 해서 그것이 서로 다른 메타인지 능력이 똑같은 신경회로에 의존하고 있다는 뜻은 아니다(예컨대 McCurdy et al., 2013; Baird et al., 2013; Baird et al., 2015; Fleming et al., 2014; Ye et al., 2018를 볼 것). 둘째로, 어떤 양상들은 메타인지적으로 특별해 보인다는 점이다. 브라이애너 벡Brianna Beck, 발렌티나 페냐 비바스Valentina Pena-Vivas, 패트릭 해거드Patrick Haggard와 나는 촉감과 시각 능력이 긍정적 상관관계에 있지만, 통증 자극에 대한 메타인지의 변화를 통해 촉각이나 시각에 필요한 메타인지를 예측할 순 없다는 걸 알아냈다. Beck et al.(2019).

18. Bengtsson, Dolan, and Passingham(2010); Bandura(1977); Stephan et al.(2016); Rouault, McWilliams, Allen, and Fleming(2018); Will et al.(2017); Rouault, Dayan, and Fleming(2019); Rouault and Fleming(2020).

19. Bang and Fleming(2018); Bang et al.(2020); Fleming and Dolan(2012); Fleming, Huijgen, and Dolan(2012); Gherman and Philiastides(2018); Passingham, Bengtsson, and Lau(2010); De Martino et al.(2013); Fleming, van der Putten, and Daw(2018).

20. Heyes and Frith(2014); Heyes(2018).

21. Pyers and Senghas(2009); Mayer and Trauble(2013).

22. Hughes et al.(2005). 메타인지의 유전학을 다루는 유사한 연구는 드물다. 뉴욕대학교의 데이비드 체사리니David Cesarini는 스웨덴의 쌍둥이 460쌍을 대상으로 20분짜리 일반 인지능력 검사를 실시했다. 검사 전 각 쌍둥이 쌍에게 다른 사람들과 비교해 인지능력의 상대적 순위가 어느 정도나 될 것으로 보는지ㅡ자신감 과잉인지 결핍인지ㅡ스스로 평가하게 했다. 그 결과 과잉 자신감의 16~34퍼센트가 유전적 차이 때문인 것으로 나타났다.(Cesarini et al., 2009) 킹스칼리지런던의 코리나 그레븐Corina Greven과 로버트 플로민Robert Plomin 연구팀이 7500명의 영국 어린이를 대상으로 수행한 연구에서도 비슷한 결과가 나왔다. 그들은 자신감 데이터ㅡ스스로 영어, 과학, 수학을 얼마나 잘 한다고 생각하는지ㅡ와 함께 IQ 측정치, 실제 학교 성적 데이터도 수집했다. 분석 결과 어린이들이 보인 자신감 차이의 절반 정도가 유전적 요인에 의해 영향을 받은 것으로 나타났다. IQ에 미치는 유전적 요인도 비슷한 수준을 보였다.(Greven et al., 2009) 지금까지 유전적 연구는 자기 능력에 대한 전반적 자신감만 조사해왔을 뿐, 이 장에서 기술한 도구를 사용해 메타인지 능력을 계량화한 연구는 없었다. 유사한 기술을 이용해 메타인지 감수성의 차이를 살펴보는 것은 흥미로운 연구가 될 것이다. 유전적 기질을 통해서도 자기 마음을 스스로 얼마나 잘 아는지 예측할 수 있을까? 아니면 메타인지는 유전자보다 부모나 교사로부터 획득한 풍

부한 생각 도구의 영향을 더 많이 받는 마음읽기와 비슷한 것일까?

23. Heyes et al.(2020).

24. Weil et al.(2013).

25. Blakemore(2018); Fandakova et al.(2017).

26. David et al.(2012).

27. Fotopoulou et al.(2009).

28. Marsh(2017).

29. Burgess et al.(1998); Schmitz et al.(2006); Sam Gilbert and Melanie George, "Frontal Lobe Paradox: Where People Have Brain Damage but Don't Know It," *The Conversation*, August 10, 2018; https://theconversation.com/frontal-lobe-paradox-where-people-have-brain-damage-but-dont-know-it-100923

30. Cosentino(2014); Cosentino et al.(2007); Moulin, Perfect, and Jones(2000); Vannini et al.(2019); Agnew and Morris(1998); Morris and Mograbi(2013).

31. Johnson and Raye(1981); Simons, Garrison, and Johnson(2017).

32. Frith(1992); Knoblich, Stottmeister, and Kircher(2004); Metcalfe et al.(2012).

33. Harvey(1985); Bentall, Baker, and Havers(1991); Garrison et al.(2017); Simons et al.(2010).

34. Eichner and Berna(2016); Moritz and Woodward(2007); Moritz et al.(2014).

Chapter 5 메타인지는 언제 실패하는가

1. Alter and Oppenheimer(2006); Alter and Oppenheimer(2009); Reber and Schwarz(1999); Hu et al.(2015); Palser, Fotopoulou, and Kilner(2018); Thompson et al.(2013).

2. Kahneman(2012).

3. Schooler et al.(2011).

4. Smallwood and Schooler(2006).

5. Goldberg, Harel, and Malach(2006).

6. Reyes et al.(2015); Reyes et al.(2020).

7. Metzinger(2015).

8. Metcalfe and Finn(2008); Kornell and Metcalfe(2006); Rollwage et al.(2020); Koizumi, Maniscalco, and Lau(2015); Peters et al.(2017); Samaha, Switzky, and Postle(2019); Zylberberg, Barttfeld, and Sigman(2012).

Chapter 6 자신을 알아야 성공적인 학습이 가능하다

1. "Equipping People to Stay Ahead of Technological Change," *The Economist*, January 14, 2017; www.economist.com/leaders/2017/01/14/equipping-people-to-stay-ahead-of-technological-change

2. Christian Jarrett et al., "How to Study and Learn More Effectively," August 29, 2018, in PsyCruch, produced by Christian Jarrett, podcast, 13:00; https://digest.bps.org.uk/2018/08/29/episode-13-how-to-study-and-learn-more-effectively/; Christian Jarrett, "All You Need to Know About the 'Learning Styles' Myth, in Two Minutes," Wired, January 5, 2015; www.wired.com/2015/01/need-know-learning-styles-myth-two-minutes/

3. Knoll et al.(2017).

4. Ackerman and Goldsmith(2011).

5. Bjork, Dunlosky, and Kornell(2013); Kornell(2009); Kornell and Son(2009); Karpicke(2009); Zimmerman(1990).

6. Dunlosky and Thiede(1998); Metcalfe and Kornell(2003); Metcalfe and Kornell(2005); Metcalfe(2009).

7. Schellings et al.(2013); De Jager, Jansen, and Reezigt(2005); Jordano and Touron(2018); Michalsky, Mevarech, and Haibi(2009); Tauber and Rhodes(2010); Heyes et al.(2020).

8. Chen et al.(2017).

9. Diemand-Yauman, Oppenheimer, and Vaughan(2011); "Sans Forgetica," RMIT University, https://sansforgetica.rmit.edu.au/.

10. 2016년부터 감점 제도가 폐지되었다. 다음을 보라. Test Specifications for the Redesigned SAT(New York: College Board, 2015), 17-18; https://collegereadiness.collegeboard.org/pdf/test-specifications-redesigned-sat-1.pdf; 아이러니지만, 규칙의 이런 변화로 인해 이전 득점 규칙에 내재해 있던 메타인지 선택 기능이 우연히(짐작컨대 의도하지 않게) 제거됐을 수 있다. Higham(2007)을 보라.

11. Koriat and Goldsmith(1996).

12. Bocanegra et al.(2019); Fandakova et al.(2017).

13. Bandura(1977); Cervone and Peake(1986); Cervone(1989); Weinberg, Gould, and Jackson(1979); Zacharopoulos et al.(2014).

14. Greven et al.(2009); Chamorro-Premuzic et al.(2010); Programme for International Student Assessment(2013).

15. Kay and Shipman(2014).

16. Clark and Chalmers(1998); Clark(2010); Risko and Gilbert(2016); Gilbert(2015); Bulley et al.(2020).

17. Hu, Luo, and Fleming(2019).

18. Ronfard and Corriveau(2016).

19. Csibra and Gergely(2009); Lockhart et al.(2016).

20. Bargh and Schul(1980); Eskreis-Winkler et al.(2019).

21. Trouche et al.(2016); Sperber and Mercier(2017).

22. Koriat and Ackerman(2010).

23. Clark(2010); Mueller and Oppenheimer(2014).

Chapter 7 성공적인 결정의 비결

1. Mark Lynas, interview with Dominic Lawson, February 4, 2015, in Why I Changed My Mind, produced by Martin Rosenbaum, podcast, 15:30; www.bbc.co.uk/sounds/play/b0510gvx

2. Van der Plas, David, and Fleming(2019); Fleming(2016).

3. Fleming, van der Putten, and Daw(2018).

4. Rollwage et al.(2020).

5. Klayman(1995); Park et al.(2010); Sunstein et al.(2016); Kappes et al.(2020).

6. Rollwage et al.(2020); Talluri et al.(2018).

7. Rollwage and Fleming(in press).

8. Rollwage, Dolan, and Fleming(2018).

9. De Martino et al.(2013).

10. De Martino et al.(2013); Folke et al.(2016). 흥미롭게도 사람들은 눈의 움직임을 통해 선택의 어려움을 드러냈다. 두 선택지 중 어느 것을 고를지 불확실할 때 사람들은 앞뒤로 눈을 더 자주 움직였다. 미래에 마음을 바꿀 가능성을 예측하기 위해서는 자신감을 구체적으로 평가하는 수밖에 없었다.

11. Frederick(2005); Evans and Stanovich(2013); Thompson et al.(2013); Ackerman and Thompson(2017).

12. Toplak, West, and Stanovich(2011); Pennycook, Fugelsang, and Koehler(2015); Pennycook and Rand(2019); Young and Shtulman(2020).

13. Johnson and Fowler(2011).

14. Anderson et al.(2012).

15. Hertz et al.(2017); Von Hippel and Trivers(2011).

16. Bang et al.(2017); Bang and Fleming(2018); Bang et al.(2020).

17. Edelson et al.(2018); Fleming and Bang(2018); Dalio(2017).

18. Amazon, "To Our Shareholders," 2017; www.sec.gov/Archives/edgar/
data/1018724/000119312518121161/d456916dex991.htm

Chapter 8 협업과 공유의 비밀

1. Shea et al.(2014); Frith(2012).

2. 이것은 1장에서 본 베이즈 알고리즘의 변형으로, 시각과 청각 같은 두 가지 감각 양
식을 결합한 것이다. 지금은 똑같은 뇌에서 결합하기보다는 여러 뇌에 걸쳐 결합한
다는 점만 다르다. 이 모형은 또 관찰자들이 너무 다르면 상호작용의 이점이 사라지
고 만다는 것을 암시한다. 즉 너무 다른 한 쌍에게는 머리 두 개가 좋은 머리 하나만
못하다. Bahrami et al.(2010); Fusaroli et al.(2012); Bang et al.(2014); Koriat(2012).

3. Bang et al.(2017); Patel, Fleming, and Kilner(2012); Jiang and Pell(2017); Jiang,
Gossack-Keenan, and Pell(2020); Goupil et al.(2020); Pulfordet al.(2018).

4. Brewer and Burke(2002); Fox and Walters(1986).

5. Busey et al.(2000).

6. Wixted and Wells(2017).

7. National Research Council(2015).

8. Barney Thompson, "'Reasonable Prospect' of Lawyer Being Vague on Case's
Chances," Financial Times, November 25, 2018; www.ft.com/content/94cddbe8-
ef31-11e8-8180-9cf212677a57; Robert Rothkopf, "Part 1: Miscommunication in
Legal Advice," Balance Legal Capital, November 23, 2018; www.balancelegalcapital.
com/litigation-superforecasting-miscommunication/

9. Tetlock and Gardner(2016).

10. Firestein(2012).

11. Open Science Collaboration(2015); Camerer et al.(2018).

12. Rohrer et al.(in press).

13. Fetterman and Sassenberg(2015).

14. Camerer et al.(2018).

15. Pennycook and Rand(2019).

16. Rollwage, Dolan, and Fleming(2018); Ortoleva and Snowberg(2015); Toner et al.(2013).

17. Schulz et al.(2020).

18. Fischer, Amelung, and Said(2019).

19. Leary et al.(2017).

20. Bang and Frith(2017); Tetlock and Gardner(2016).

Chapter 9 자기 자신을 설명하기

1. Cleeremans(2011); Norman and Shallice(1986).

2. Beilock and Carr(2001); Beilock et al.(2002).

3. Sian Beilock, "The Best Players Rarely Make the Best Coaches," Psychology Today, August 16, 2010; www.psychologytoday.com/intl/blog/choke/201008/the-best-players-rarely-make-the-best-coaches; Steven Rynne and Chris Cushion, "Playing Is Not Coaching: Why So Many Sporting Greats Struggle as Coaches," The Conversation, February 8, 2017; http://theconversation.com/playing-is-not-coaching-why-so-many-sporting-greats-struggle-as-coaches-71625

4. James McWilliams, "The Lucrative Art of Chicken Sexing," Pacific Standard, September 8, 2018에 인용, https://psmag.com/magazine/the-lucrative-art-of-chicken-sexing. 이들 경우 전체적 메타인지는 여전히 온전한 상태일 수 있다. 선택의 정확성에 대한 부분적 통찰력은 빈약함에도 불구하고 감별사들은 자신들이 전문가임을 알고 있는 것으로 추측된다.

5. Weiskrantz et al.(1974); Ro et al.(2004); Azzopardi and Cowey(1997); Schmid et al.(2010); Ajina et al.(2015). 맹시는 질적으로 무의식적이라기보다 의식적 시각이 퇴화한 형태로 봐야 한다는 견해에 대해서는 Phillips(2020)을 볼 것.

6. Kentridge and Heywood(2000); Persaud, McLeod, and Cowey(2007); Ko and Lau(2012).

7. Hall et al.(2010).

8. Johansson et al.(2005); Nisbett and Wilson(1977). 룬드 실험은 1977년 사회심리학자 리처드 니스벳Richard Nisbett과 티머시 윌슨Timothy Wilson이 발표한 유명한 논문에 기초하고 있다. 〈우리가 알 수 있는 것보다 더 많이 말하기: 정신적 프로세스에 관한 구두보고〉는 심리학에서 가장 많이 인용되는 논문 중 하나다. 두 사람은 우리의 행동을 이끄는 정신적 프로세스에 대해 우리가 가진 통찰이 거의 없음을 시사하는 문

헌을 조사했다. 부분적으로 이 논문은 선택 편견을 확연하게 드러낸 사람들—예를
들어 한 가지만 빼면 다 똑같은 여러 벌의 옷 중에서 극우적 아이템을 골라냄으로써
자기도 모르게 편견을 드러냈음을 전혀 눈치 채지 못한 사람들—을 대상으로 한 실
험에 근거하고 있다.

9. Gazzaniga(1998); Gazzaniga(2005).

10. Hirstein(2005); Benson et al.(1996); Stuss et al.(1978).

11. Wegner(2003).

12. Wegner and Wheatley(1999); Moore et al.(2009); Metcalfe et al.(2012); Wenke,
    Fleming, and Haggard(2010).

13. Vygotsky(1986); Fernyhough(2016).

14. Schechtman(1996); Walker(2012).

15. Frankfurt(1988); Dennett(1988); Moeller and Goldstein(2014).

16. Crockett et al.(2013); Bulley and Schacter(2020).

17. Pittampalli(2016).

18. Stephen M. Fleming, "Was It Really Me?," Aeon, September 26, 2012; https://aeon.
    co/essays/will-neuroscience-overturn-the-criminal-law-system

19. Case(2016); Keene et al.(2019).

Chapter 10 기계 시대의 자기인식

1. Hamilton, Cairns, and Cooper(1961).

2. Turing(1937); Domingos(2015); Tegmark(2017); Marcus and Davis(2019).

3. Braitenberg(1984).

4. Rosenblatt(1958); Rumelhart, Hinton, and Williams(1986).

5. Bengio(2009); Krizhevsky, Sutskever, and Hinton(2012); Schafer and Zimmermann
   (2007).

6. 여기에는 몇 가지 경고가 따른다. 어떤 것을 내면적 표상으로 간주할지 말지는 인지
   과학에서 논쟁적인 이슈다. 철학자 니컬러스 시어Nicholas Shea는 단순한 인과관계의
   사슬을 뛰어넘어 시스템이 하고 있는 기능을 설명하는 데 도움이 될 때 표상이 작동
   하기 시작한다는 의견을 제시했다. 예컨대 신경망이나 뇌 영역의 일부가 내 아들의
   얼굴을 보는 것을 '표상'한다고 말할 수도 있을 것이다. 서로 다른 많은 조건과 입력
   값의 영향 아래서 그 표상이 활성화하는 것이기 때문이다. 내가 아들의 얼굴을 측면
   에서 보든 정면에서 보든, 조명 상태가 좋든 나쁘든 표상은 활성화할 것이다. 이러한

표상은 아들을 향한 애정이 담긴 특별한 행동으로 나를 이끌기 때문에 쓸모가 있다. 좀더 전문적으로 표현하면, 이 같은 표상은 어떤 조건에서도 '불변invariant'이고 '견고robust'하기 때문에 심리학과 인지과학에서 유용한 설명 도구가 된다(얼굴에 대한 말 대신 빛과 그늘, 인풋과 아웃풋에 대한 말만으로 신경망에서 얼굴 선택 뉴런이 하는 일을 설명한다고 상상해 보라). Pitt(2018); Shea(2018).

7. Khaligh-Razavi and Kriegeskorte(2014); Kriegeskorte(2015); Guclu and Van Gerven(2015).

8. Silver et al.(2017).

9. James(1950).

10. Marcus and Davis(2019).

11. Clark and Karmiloff-Smith(1993); Cleeremans(2014).

12. Yeung, Cohen, and Botvinick(2004).

13. Pasquali, Timmermans, and Cleeremans(2010). For other related examples, see Insabato et al.(2010) and Atiya et al.(2019).

14. Daftry et al.(2016); Dequaire et al.(2016); Gurău et al.(2018); Gal and Ghahramani (2016); Kendall and Gal(2017).

15. Clark and Karmiloff-Smith(1993); Wang et al.(2018).

16. Georgopoulos et al.(1982).

17. Hochberg et al.(2006).

18. Schurger et al.(2017).

19. Rouault et al.(2018).

20. Samek et al.(2019).

21. Harari(2018).

Chapter 11 다시, 나 자신을 알라

1. Maguire et al.(2000); Schneider et al.(2002); Zatorre, Fields, and Johansen-Berg(2012); Draganski et al.(2004); Woollett and Maguire(2011); Scholz et al.(2009); Lerch et al.(2011).

2. Harty et al.(2014); Shekhar and Rahnev(2018).

3. Hester et al.(2012); Hauser et al.(2017); Joensson et al.(2015).

4. Cortese et al.(2016); Cortese et al.(2017).

5. Carpenter et al.(2019).

6. Sinclair, Stanley, and Seli(2020); Max Rollwage, Philippa Watson, Raymond J. Dolan, and Stephen M. Fleming, "Reducing Confirmation Bias by Boosting Introspective Accuracy"(in prep).

7. Cosentino(2014); Leary(2007).

8. 이같은 직관은 우리 연구실에서 지지를 받았다. 세심한 실험을 통해 우리는 스크린에서 반짝하고 잠깐 나타났다 사라진 여러 물체들(문자나 방향성을 가진 많은 선 같은 것들) 중 피험자들이 기억하고 보고할 수 있는 것은 일부에 불과하다는 걸 알았다. 이 자체는 놀랄 일이 아니다. 다수의 것을 한꺼번에 마음에 넣어 간직할 수 있는 인간의 능력에는 한계가 있다. 하지만 놀랍게도 피험자들은 그 물체들이 스크린에서 사라진 직후에 물어보면 어떤 개별 물체가 그 무리에 포함돼 있었는지 아닌지 정확하게 식별할 수 있었다. 이것이 암시하는 바는 자극이 주어졌을 때 피험자들은 그 무리에 있는 물체들을 의식적으로 보긴 했지만, 물체들의 개별적 위치를 보고하라는 신호를 못 받은 탓에 금세 잊어버려 결국 보고 능력을 초과하는 상태가 됐다는 것이다. Sperling(1960); Landman, Spekreijse, and Lamme(2003); Block(2011); Bronfman et al.(2014).

9. Phillips(2018); Stazicker(2018); Cova, Gaillard, and Kammerer(2020).

10. Lau and Rosenthal(2011); Rosenthal(2005); Brown, Lau, and LeDoux(2019).

11. Lau and Passingham(2006); Michel and Morales(2020); Panagiotaropoulos(2012).

12. Del Cul et al.(2009); Fleming et al.(2014); Sahraie et al.(1997); Persaud et al.(2011).

13. Chalmers(2018); Graziano(2019).

14. Dehaene, Lau, and Kouider(2017); Schooler(2002); Winkielman and Schooler(2009).

15. LeDoux(2016); LeDoux and Brown(2017).

16. La Berge et al.(1981); Baird et al.(2018); Dresler et al.(2012); Voss et al.(2014); Filevich et al.(2015).

17. Baird et al.(2014); Fox et al.(2012).

18. Schmidt et al.(2019); Van Dam et al.(2018); Di Stefano et al.(2016).

314

참고문헌

Ackerman, Rakefet, and Morris Goldsmith. "Metacognitive Regulation of Text Learning: On Screen Versus on Paper." *Journal of Experimental Psychology: Applied* 17, no. 1 (2011): 18.

Ackerman, Rakefet, and Valerie A. Thompson. "Meta-Reasoning: Monitoring and Control of Thinking and Reasoning." *Trends in Cognitive Sciences* 21, no. 8 (2017): 607 – 617.

Adams, Rick A., Stewart Shipp, and Karl J. Friston. "Predictions Not Commands: Active Inference in the Motor System." *Brain Structure & Function* 218, no. 3 (2013): 611 – 643.

Agnew, Sarah Kathleen, and R. G. Morris. "The Heterogeneity of Anosognosia for Memory Impairment in Alzheimer's Disease: A Review of the Literature and a Proposed Model." *Aging & Mental Health* 2, no. 1 (1998): 7 – 19.

Ais, Joaquin, Ariel Zylberberg, Pablo Barttfeld, and Mariano Sigman. "Individual Consistency in the Accuracy and Distribution of Confidence Judgments." *Cognition* 146 (2016): 377 – 386.

Ajina, Sara, Franco Pestilli, Ariel Rokem, Christopher Kennard, and Holly Bridge. "Human Blindsight Is Mediated by an Intact Geniculo-Extrastriate Pathway." *eLife* 4 (2015): e08935.

Alicke, Mark D., Mary L. Klotz, David L. Breitenbecher, Tricia J. Yurak, and Debbie S. Vredenburg. "Personal Contact, Individuation, and the Better-Than-Average Effect." *Journal of Personality and Social Psychology* 68, no. 5 (1995): 804.

Allen, Micah, Darya Frank, D. Samuel Schwarzkopf, Francesca Fardo, Joel S. Winston, Tobias U. Hauser, and Geraint Rees. "Unexpected Arousal Modulates the Influence of Sensory Noise on Confidence." *eLife* 5 (2016): 403.

Allen, Micah, James C. Glen, Daniel Mullensiefen, Dietrich Samuel Schwarzkopf, Francesca Fardo, Darya Frank, Martina F. Callaghan, and Geraint Rees. "Metacognitive Ability Correlates with Hippocampal and Prefrontal Microstructure." *NeuroImage* 149 (2017): 415 – 423.

Alter, Adam L., and Daniel M. Oppenheimer. "Predicting Short-Term Stock Fluctuations by Using Processing Fluency." *Proceedings of the National Academy of Sciences* 103, no. 24 (2006): 9369 – 9372.

———. "Uniting the Tribes of Fluency to Form a Metacognitive Nation." *Personality and Social Psychology Review* 13, no. 3 (2009): 219 – 235.

Amodio, D. M., and Chris D. Frith. "Meeting of Minds: The Medial Frontal Cortex and Social Cognition." *Nature Reviews Neuroscience* 7, no. 4 (2006): 268 – 277.

Anderson, Cameron, Sebastien Brion, Don A. Moore, and Jessica A. Kennedy. "A Status-Enhancement Account of Overconfidence." *Journal of Personality and Social Psychology* 103, no. 4 (2012): 718 – 735.

Apps, Matthew A. J., and Manos Tsakiris. "The Free-Energy Self: A Predictive Coding Account of Self-Recognition." *Neuroscience & Biobehavioral Reviews* 41 (2014): 85 – 97.

Atiya, Nadim A. A., Inaki Rano, Girijesh Prasad, and KongFatt Wong-Lin. "A Neural Circuit Model of Decision Uncertainty and Change-of-Mind." *Nature Communications* 10, no. 1 (2019): 2287.

Aubert, Maxime, Adam Brumm, Muhammad Ramli, Thomas Sutikna, E. Wahyu Saptomo, Budianto Hakim, Michael J. Morwood, Gerrit D. van den Bergh, Leslie Kinsley, and Anthony Dosseto. "Pleistocene Cave Art from Sulawesi, Indonesia." *Nature* 514, no. 7521 (2014): 223 – 227.

Azzopardi, Paul, and Alan Cowey. "Is Blindsight Like Normal, Near-Threshold Vision?" *Proceedings of the National Academy of Sciences* 94, no. 25 (1997): 14190 – 14194.

Badre, David, and Derek Evan Nee. "Frontal Cortex and the Hierarchical Control of Behavior." *Trends in Cognitive Sciences* 22, no. 2 (2018): 170 – 188.

Baggini, Julian. *How the World Thinks: A Global History of Philosophy*. 2018. Reprint, London: Granta, 2019.

Bahrami, Bahador, Karsten Olsen, Peter E. Latham, Andreas Roepstorff, Geraint Rees, and Chris D. Frith. "Optimally Interacting Minds." *Science* 329, no. 5995 (2010): 1081 – 1085.

Baird, Benjamin, Anna Castelnovo, Olivia Gosseries, and Giulio Tononi. "Frequent Lucid Dreaming Associated with Increased Functional Connectivity Between Frontopolar

Cortex and Temporoparietal Association Areas." *Scientific Reports* 8, no. 1(2018): 1–15.

Baird, Benjamin, Matthew Cieslak, Jonathan Smallwood, Scott T. Grafton, and Jonathan W. Schooler. "Regional White Matter Variation Associated with Domain-Specific Metacognitive Accuracy." *Journal of Cognitive Neuroscience* 27, no. 3(2015): 440–452.

Baird, Benjamin, Michael D. Mrazek, Dawa T. Phillips, and Jonathan W. Schooler. "Domain-Specific Enhancement of Metacognitive Ability Following Meditation Training." *Journal of Experimental Psychology: General* 143, no. 5(2014): 1972.

Baird, Benjamin, Jonathan Smallwood, Krzysztof J. Gorgolewski, and Daniel S. Margulies. "Medial and Lateral Networks in Anterior Prefrontal Cortex Support Metacognitive Ability for Memory and Perception." *Journal of Neuroscience* 33, no. 42(2013): 16657–16665.

Bandura, A. "Self-Efficacy: Toward a Unifying Theory of Behavioral Change." *Psychological Review* 84, no. 2(1977): 191–215.

Bang, Dan, Laurence Aitchison, Rani Moran, Santiago Herce Castanon, Banafsheh Rafiee, Ali Mahmoodi, Jennifer Y. F. Lau, Peter E. Latham, Bahador Bahrami, and Christopher Summerfield. "Confidence Matching in Group Decision-Making." *Nature Human Behaviour* 1, no. 6(2017): 1–7.

Bang, Dan, Sara Ershadmanesh, Hamed Nili, and Stephen M. Fleming. "Private-Public Mappings in Human Prefrontal Cortex." *eLife* 9(2020): e56477.

Bang, Dan, and Stephen M. Fleming. "Distinct Encoding of Decision Confidence in Human Medial Prefrontal Cortex." *Proceedings of the National Academy of Sciences* 115, no. 23(2018): 6082–6087.

Bang, Dan, and Chris D. Frith. "Making Better Decisions in Groups." *Royal Society Open Science* 4, no. 8(2017): 170193.

Bang, Dan, Riccardo Fusaroli, Kristian Tylen, Karsten Olsen, Peter E. Latham, Jennifer Y. F. Lau, Andreas Roepstorff, Geraint Rees, Chris D. Frith, and Bahador Bahrami. "Does Interaction Matter? Testing Whether a Confidence Heuristic Can Replace Interaction in Collective Decision-Making." *Consciousness and Cognition* 26(2014): 13–23.

Bargh, John A., and Yaacov Schul. "On the Cognitive Benefits of Teaching." *Journal of Educational Psychology* 72, no. 5(1980): 593–604.

Baron-Cohen, Simon, Alan M. Leslie, and Uta Frith. "Does the Autistic Child Have a 'Theory of Mind'?" *Cognition* 21, no. 1(1985): 37–46.

Barttfeld, Pablo, Bruno Wicker, Phil McAleer, Pascal Belin, Yann Cojan, Martin

Graziano, Ramon Leiguarda, and Mariano Sigman. "Distinct Patterns of Functional Brain Connectivity Correlate with Objective Performance and Subjective Beliefs." *Proceedings of the National Academy of Sciences* 110, no. 28(2013): 11577 – 11582.

Beck, Brianna, Valentina Pena-Vivas, Stephen Fleming, and Patrick Haggard. "Metacognition Across Sensory Modalities: Vision, Warmth, and Nociceptive Pain." *Cognition* 186(2019): 32 – 41.

Beilock, Sian L., and Thomas H. Carr. "On the Fragility of Skilled Performance: What Governs Choking Under Pressure?" *Journal of Experimental Psychology: General* 130, no. 4(2001): 701 – 725.

Beilock, Sian L., Thomas H. Carr, Clare MacMahon, and Janet L. Starkes. "When Paying Attention Becomes Counterproductive: Impact of Divided Versus Skill-Focused Attention on Novice and Experienced Performance of Sensorimotor Skills." *Journal of Experimental Psychology: Applied* 8, no. 1(2002): 6 – 16.

Bengio, Yoshua. "Learning Deep Architectures for AI." *Foundations and Trends in Machine Learning* 2, no. 1(2009): 1 – 127.

Bengtsson, Sara L., Raymond J. Dolan, and Richard E. Passingham. "Priming for Self-Esteem Influences the Monitoring of One's Own Performance." *Social Cognitive and Affective Neuroscience*, June 15, 2010.

Benson, D. F., A. Djenderedjian, B. L. Miller, N. A. Pachana, L. Chang, L. Itti, and I. Mena. "Neural Basis of Confabulation." *Neurology* 46, no. 5(1996): 1239 – 1243.

Bentall, Richard P., Guy A. Baker, and Sue Havers. "Reality Monitoring and Psychotic Hallucinations." *British Journal of Clinical Psychology* 30, no. 3(1991): 213 – 222.

Beran, Michael J., J. David Smith, Mariana V. C. Coutinho, Justin J. Couchman, and Joseph Boomer. "The Psychological Organization of 'Uncertainty' Responses and 'Middle' Responses: A Dissociation in Capuchin Monkeys(Cebus Apella)." *Journal of Experimental Psychology: Animal Behavior Processes* 35, no. 3(2009): 371 – 381.

Bertelson, P. "Ventriloquism: A Case of Crossmodal Perceptual Grouping." *Advances in Psychology* 129(1999): 347 – 362.

Bjork, Robert A., John Dunlosky, and Nate Kornell. "Self-Regulated Learning: Beliefs, Techniques, and Illusions." *Annual Review of Psychology* 64, no. 1(2013): 417 – 444.

Blakemore, Sarah-Jayne. Inventing Ourselves: The Secret Life of the Teenage Brain. London: Doubleday, 2018. Blakemore, Sarah-Jayne, Daniel Wolpert, and Chris D. Frith. "Why Can't You Tickle Yourself?" *NeuroReport* 11, no. 11(2000): R11 – R16.

Blanke, Olaf, Mel Slater, and Andrea Serino. "Behavioral, Neural, and Computational

Principles of Bodily Self-Consciousness." *Neuron* 88, no. 1(2015): 145 – 166.

Block, Ned. "Perceptual Consciousness Overflows Cognitive Access." *Trends in Cognitive Sciences* 15, no. 12(2011): 567 – 575.

Bocanegra, Bruno R., Fenna H. Poletiek, Bouchra Ftitache, and Andy Clark. "Intelligent Problem-Solvers Externalize Cognitive Operations." *Nature Human Behaviour* 3, no. 2(2019): 136 – 142.

Born, Richard T., and David C. Bradley. "Structure and Function of Visual Area MT." *Annual Review of Neuroscience* 28(2005): 157 – 189.

Botvinick, Matthew M., and Johnathan Cohen. "Rubber Hands 'Feel' Touch That Eyes See." *Nature* 391, no. 6669(1998): 756.

Botvinick, Matthew M., Yael Niv, and Andew G. Barto. "Hierarchically Organized Behavior and Its Neural Foundations: A Reinforcement Learning Perspective." *Cognition* 113, no. 3(2009): 262 – 280.

Braitenberg, Valentino. *Vehicles: Experiments in Synthetic Psychology*. Cambridge, MA: MIT Press, 1984.

Bretherton, Inge, and Marjorie Beeghly. "Talking About Internal States: The Acquisition of an Explicit Theory of Mind." *Developmental Psychology* 18, no. 6(1982): 906 – 921.

Brewer, Neil, and Anne Burke. "Effects of Testimonial Inconsistencies and Eyewitness Confidence on Mock-Juror Judgments." *Law and Human Behavior* 26, no. 3(2002): 353 – 364.

Bronfman, Zohar Z., Noam Brezis, Hilla Jacobson, and Marius Usher. "We See More Than We Can Report: 'Cost Free' Color Phenomenality Outside Focal Attention." *Psychological Science* 25, no. 7(2014): 1394 – 1403.

Brown, Richard, Hakwan Lau, and Joseph E. LeDoux. "Understanding the Higher-Order Approach to Consciousness." *Trends in Cognitive Sciences* 23, no. 9(2019): 754 – 768.

Bulley, Adam, Thomas McCarthy, Sam J. Gilbert, Thomas Suddendorf, and Jonathan Redshaw. "Children Devise and Selectively Use Tools to Offload Cognition." *Current Biology* 30, no. 17(2020): 3457 – 3464.

Bulley, Adam, and Daniel L. Schacter. "Deliberating Trade-Offs with the Future." *Nature Human Behaviour* 4, no. 3(2020): 238 – 247.

Burgess, P. W., N. Alderman, J. Evans, H. Emslie, and B. A. Wilson. "The Ecological Validity of Tests of Executive Function." *Journal of the International Neuropsychological Society* 4, no. 6(1998): 547 – 558.

Busey, T. A., J. Tunnicliff, G. R. Loftus, and E. F. Loftus. "Accounts of the Confidence-

Accuracy Relation in Recognition Memory." *Psychonomic Bulletin & Review* 7, no. 1(2000): 26–48.

Butterfill, Stephen A., and Ian A. Apperly. "How to Construct a Minimal Theory of Mind." *Mind & Language* 28, no. 5(2013): 606–637.

Call, Josep. "Seeking Information in Non-Human Animals: Weaving a Metacognitive Web." In *Foundations of Metacognition*, edited by Michael J. Beran, Johannes Brandl, Josef Perner, and Joelle Proust, 62–75. Oxford: Oxford University Press, 2012.

Call, Josep, and Michael Tomasello. "Does the Chimpanzee Have a Theory of Mind? 30 Years Later." *Trends in Cognitive Sciences* 12, no. 5(2008): 187–192.

Camerer, Colin F., Anna Dreber, Felix Holzmeister, Teck-Hua Ho, Jurgen Huber, Magnus Johannesson, Michael Kirchler, et al. "Evaluating the Replicability of Social Science Experiments in Nature and Science Between 2010 and 2015." *Nature Human Behaviour* 2, no. 9(2018): 637–644.

Carpenter, Jason, Maxine T. Sherman, Rogier A. Kievit, Anil K. Seth, Hakwan Lau, and Stephen M. Fleming. "Domain-General Enhancements of Metacognitive Ability Through Adaptive Training." *Journal of Experimental Psychology: General* 148, no. 1(2019): 51–64.

Carruthers, Peter. "How We Know Our Own Minds: The Relationship Between Mindreading and Metacognition." *Behavioral and Brain Sciences* 32, no. 2(2009): 121–138.

———. "Meta-Cognition in Animals: A Skeptical Look." *Mind & Language* 23, no. 1(2008): 58–89.

———. *The Opacity of Mind: An Integrative Theory of Self-Knowledge*. New York: Oxford University Press, 2011.

Case, Paula. "Dangerous Liaisons? Psychiatry and Law in the Court of Protection—Expert Discourses of 'Insight' (and 'Compliance')." *Medical Law Review* 24, no. 3(2016): 360–378.

Cervone, Daniel. "Effects of Envisioning Future Activities on Self-Efficacy Judgments and Motivation: An Availability Heuristic Interpretation." *Cognitive Therapy and Research* 13, no. 3(1989): 247–261.

Cervone, Daniel, and Philip K. Peake. "Anchoring, Efficacy, and Action: The Influence of Judgmental Heuristics on Self-Efficacy Judgments and Behavior." *Journal of Personality and Social Psychology* 50, no. 3(1986): 492.

Cesarini, David, Magnus Johannesson, Paul Lichtenstein, and Bjorn Wallace. "Heritability of Overconfidence." *Journal of the European Economic Association* 7, nos. 2 – 3(2009): 617 – 627.

Chalmers, David J. "The Meta-Problem of Consciousness." *Journal of Consciousness Studies* 25, nos. 9 – 10(2018): 6 – 61.

Chamorro-Premuzic, Tomas, Nicole Harlaar, Corina U. Greven, and Robert Plomin. "More than Just IQ: A Longitudinal Examination of Self-Perceived Abilities as Predictors of Academic Performance in a Large Sample of UK Twins." *Intelligence* 38, no. 4(2010): 385 – 392.

Chang, Liangtang, Shikun Zhang, Mu-Ming Poo, and Neng Gong. "Spontaneous Expression of Mirror Self-Recognition in Monkeys After Learning Precise Visual-Proprioceptive Association for Mirror Images." *Proceedings of the National Academy of Sciences* 114, no. 12(2017): 3258 – 3263.

Charles, Lucie, Jean-Remi King, and Stanislas Dehaene. "Decoding the Dynamics of Action, Intention, and Error Detection for Conscious and Subliminal Stimuli." *Journal of Neuroscience* 34, no. 4(2014): 1158 – 1170.

Chen, Patricia, Omar Chavez, Desmond C. Ong, and Brenda Gunderson. "Strategic Resource Use for Learning: A Self-Administered Intervention That Guides Self-Reflection on Effective Resource Use Enhances Academic Performance." *Psychological Science* 28, no. 6(2017): 774 – 785.

Christoff, Kalina, Alan M. Gordon, Jonathan Smallwood, Rachelle Smith, and Jonathan W. Schooler. "Experience Sampling During fMRI Reveals Default Network and Executive System Contributions to Mind Wandering." *Proceedings of the National Academy of Sciences* 106, no. 21(2009): 8719 – 8724.

Clark, Andy. *Supersizing the Mind: Embodiment, Action, and Cognitive Extension.* New York: Oxford University Press, 2010.

―――. *Surfing Uncertainty: Prediction, Action, and the Embodied Mind.* New York: Oxford University Press, 2016.

―――. "Whatever Next? Predictive Brains, Situated Agents, and the Future of Cognitive Science." *Behavioral and Brain Sciences* 36, no. 3(2013): 181 – 204.

Clark, Andy, and David J. Chalmers. "The Extended Mind." *Analysis* 58, no. 1(1998): 7 – 19.

Clark, Andy, and Annette Karmiloff-Smith. "The Cognizer's Innards: A Psychological and Philosophical Perspective on the Development of Thought." *Mind & Language* 8, no. 4(1993): 487 – 519.

Clarke, F. R., T. G. Birdsall, and W. P. Tanner. "Two Types of ROC Curves and Definition of Parameters." *Journal of the Acoustical Society of America* 31(1959): 629 – 630.

Cleeremans, Axel. "Connecting Conscious and Unconscious Processing." *Cognitive Science* 38, no. 6(2014): 1286 – 1315.

————. "The Radical Plasticity Thesis: How the Brain Learns to Be Conscious." *Frontiers in Psychology* 2(2011): 1 – 12.

Comte, Auguste. *Introduction to Positive Philosophy*. Indianapolis, IN: Hackett Publishing, 1988.

Conant, Roger C., and W. Ross Ashby. "Every Good Regulator of a System Must Be a Model of That System." *International Journal of Systems Science* 1, no. 2(1970): 89 – 97.

Cortese, Aurelio, Kaoru Amano, Ai Koizumi, Mitsuo Kawato, and Hakwan Lau. "Multivoxel Neurofeedback Selectively Modulates Confidence Without Changing Perceptual Performance." *Nature Communications* 7(2016): 13669.

Cortese, Aurelio, Kaoru Amano, Ai Koizumi, Hakwan Lau, and Mitsuo Kawato. "Decoded fMRI Neurofeedback Can Induce Bidirectional Confidence Changes Within Single Participants." *NeuroImage* 149(2017): 323 – 337.

Cosentino, Stephanie. "Metacognition in Alzheimer's Disease." In *The Cognitive Neuroscience of Metacognition*, edited by Stephen M. Fleming and Chris D. Frith, 389 – 407. Cham, Switzerland: Springer, 2014.

Cosentino, Stephanie, Janet Metcalfe, Brady Butterfield, and Yaakov Stern. "Objective Metamemory Testing Captures Awareness of Deficit in Alzheimer's Disease." *Cortex* 43, no. 7(2007): 1004 – 1019.

Costall, Alan. "'Introspectionism' and the Mythical Origins of Scientific Psychology." *Consciousness and Cognition* 15, no. 4(2006): 634 – 654.

Courage, Mary L., Shannon C. Edison, and Mark L. Howe. "Variability in the Early Development of Visual Self-Recognition." *Infant Behavior and Development* 27, no. 4(2004): 509 – 532.

Cova, Florian, Maxence Gaillard, and Francois Kammerer. "Is the Phenomenological Overflow Argument Really Supported by Subjective Reports?" *Mind & Language*, April 21, 2020(epub ahead of print).

Craik, Kenneth. *The Nature of Explanation*. 1943. New Impression edition, Cambridge: Cambridge University Press, 1963.

Crockett, Molly J., Barbara R. Braams, Luke Clark, Philippe N. Tobler, Trevor W.

Robbins, and Tobias Kalenscher. "Restricting Temptations: Neural Mechanisms of Precommitment." *Neuron* 79, no. 2(2013): 391 – 401.

Cross, K. Patricia. "Not Can, but Will College Teaching Be Improved?" *New Directions for Higher Education* 1977, no. 17(1977): 1 – 15.

Crump, Matthew J. C., and Gordon D. Logan. "Warning: This Keyboard Will Deconstruct—the Role of the Keyboard in Skilled Typewriting." *Psychonomic Bulletin & Review* 17, no. 3(2010): 394 – 399.

Csibra, Gergely, and Gyorgy Gergely. "Natural Pedagogy." *Trends in Cognitive Sciences* 13, no. 4(2009): 148 – 153.

Daftry, Shreyansh, Sam Zeng, J. Andrew Bagnell, and Martial Hebert. "Introspective Perception: Learning to Predict Failures in Vision Systems," in 2016 IEEE/RSJ International Conference on Intelligent Robots and Systems(IROS), 1743 – 1750.

Dalio, Ray. *Principles: Life and Work*. New York: Simon & Schuster, 2017.

Darwin, Charles. *The Expression of the Emotions in Man and Animals*. London: John Murray, 1872.

David, Anthony S., Nicholas Bedford, Ben Wiffen, and James Gilleen. "Failures of Metacognition and Lack of Insight in Neuropsychiatric Disorders." *Philosophical Transactions of the Royal Society B: Biological Sciences* 367, no. 1594(2012): 1379 – 1390.

Dawkins, Richard, and Yan Wong. *The Ancestor's Tale: A Pilgrimage to the Dawn of Life*. London: Weidenfeld & Nicolson, 2016.

De Gardelle, Vincent, and Pascal Mamassian. "Does Confidence Use a Common Currency Across Two Visual Tasks?" *Psychological Science* 25, no. 6(2014): 1286 – 1288.

De Martino, Benedetto, Stephen M. Fleming, Neil Garrett, and Raymond J. Dolan. "Confidence in Value-Based Choice." *Nature Neuroscience* 16, no. 1(2013): 105 – 110.

Dehaene, Stanislas, Hakwan Lau, and Sid Kouider. "What Is Consciousness, and Could Machines Have It?" *Science* 358, no. 6362(2017): 486 – 492.

Dehaene, Stanislas, M. I. Posner, and D. M. Tucker. "Localization of a Neural System for Error Detection and Compensation." *Psychological Science* 5, no. 5(1994): 303 – 305.

De Jager, Bernadet, Margo Jansen, and Gerry Reezigt. "The Development of Metacognition in Primary School Learning Environments." *School Effectiveness and School Improvement* 16, no. 2(2005): 179 – 196.

Del Cul, A., S. Dehaene, P. Reyes, E. Bravo, and A. Slachevsky. "Causal Role of Prefrontal Cortex in the Threshold for Access to Consciousness." *Brain* 132, no. 9(2009): 2531.

Della Gatta, Francesco, Francesca Garbarini, Guglielmo Puglisi, Antonella Leonetti, Annamaria Berti, and Paola Borroni. "Decreased Motor Cortex Excitability Mirrors Own Hand Disembodiment During the Rubber Hand Illusion." *eLife* 5(2016): e14972.

Dennett, Daniel C. "Conditions of Personhood." In *What Is a Person?*, edited by Michael F. Goodman, 145 – 167. Totowa, NJ: Humana Press, 1988.

———. *From Bacteria to Bach and Back: The Evolution of Minds.* London: Penguin, 2018.

———. *Kinds of Minds: Toward an Understanding of Consciousness.* New York: Basic Books, 1996.

Dequaire, Julie, Chi Hay Tong, Winston Churchill, and Ingmar Posner. "Off the Beaten Track: Predicting Localisation Performance in Visual Teach and Repeat." In 2016 IEEE International Conference on Robotics and Automation(ICRA), 795 – 800. Stockholm, Sweden: IEEE, 2016.

Descartes, Rene. *Meditations and Other Metaphysical Writings.* London: Penguin, 1998.

Desender, Kobe, Annika Boldt, and Nick Yeung. "Subjective Confidence Predicts Information Seeking in Decision Making." *Psychological Science* 29, no. 5(2018): 761 – 778.

Desender, Kobe, Peter Murphy, Annika Boldt, Tom Verguts, and Nick Yeung. "A Postdecisional Neural Marker of Confidence Predicts Information-Seeking in Decision-Making." *Journal of Neuroscience* 39, no. 17(2019): 3309 – 3319.

Diedrichsen, Jorn, Yasmin Hashambhoy, Tushar Rane, and Reza Shadmehr. "Neural Correlates of Reach Errors." *Journal of Neuroscience* 25, no. 43(2005): 9919 – 9931.

Diemand-Yauman, Connor, Daniel M. Oppenheimer, and Erikka B. Vaughan. "Fortune Favors the Bold(and the Italicized): Effects of Disfluency on Educational Outcomes." *Cognition* 118, no. 1(2011): 111 – 115.

Di Stefano, Giada, Francesca Gino, Gary P. Pisano, and Bradley R. Staats. "Making Experience Count: The Role of Reflection in Individual Learning." NOM Unit Working Paper No. 14-093, Harvard Business School, Boston, MA, June 14, 2016. https://papers.ssrn.com/abstract=2414478.

Domingos, Pedro. *The Master Algorithm: How the Quest for the Ultimate Learning Machine Will Remake Our World.* London: Penguin, 2015.

Draganski, Bogdan, Christian Gaser, Volker Busch, Gerhard Schuierer, Ulrich Bogdahn, and Arne May. "Neuroplasticity: Changes in Grey Matter Induced by Training." *Nature* 427, no. 6972(2004): 311 – 312.

Dresler, Martin, Renate Wehrle, Victor I. Spoormaker, Stefan P. Koch, Florian Holsboer, Axel Steiger, Hellmuth Obrig, Philipp G. Samann, and Michael Czisch. "Neural Correlates of Dream Lucidity Obtained from Contrasting Lucid Versus Non-Lucid REM Sleep: A Combined EEG/fMRI Case Study." *Sleep* 35, no. 7(2012): 1017 – 1020.

Dunlosky, John, and Keith W. Thiede. "What Makes People Study More? An Evaluation of Factors That Affect Self-Paced Study." *Acta Psychologica* 98, no. 1(1998): 37 – 56.

Dunning, David. *Self-Insight: Roadblocks and Detours on the Path to Knowing Thyself.* New York: Psychology Press, 2012.

Edelson, Micah G., Rafael Polania, Christian C. Ruff, Ernst Fehr, and Todd A. Hare. "Computational and Neurobiological Foundations of Leadership Decisions." *Science* 361, no. 6401(2018).

Ehrlinger, Joyce, Kerri Johnson, Matthew Banner, David Dunning, and Justin Kruger. "Why the Unskilled Are Unaware: Further Explorations of(Absent) Self-Insight Among the Incompetent." *Organizational Behavior and Human Decision Processes* 105, no. 1(2008): 98 – 121.

Eichner, Carolin, and Fabrice Berna. "Acceptance and Efficacy of Metacognitive Training(MCT) on Positive Symptoms and Delusions in Patients with Schizophrenia: A Meta-Analysis Taking into Account Important Moderators." *Schizophrenia Bulletin* 42, no. 4(2016): 952 – 962.

Ernst, Marc O., and Martin S. Banks. "Humans Integrate Visual and Haptic Information in a Statistically Optimal Fashion." *Nature* 415, no. 6870(2002): 429 – 433.

Eskreis-Winkler, Lauren, Katherine L. Milkman, Dena M. Gromet, and Angela L. Duckworth. "A Large-Scale Field Experiment Shows Giving Advice Improves Academic Outcomes for the Advisor." *Proceedings of the National Academy of Sciences* 116, no. 30(2019): 14808 – 14810.

Evans, Jonathan St. B. T., and Keith E. Stanovich. "Dual-Process Theories of Higher Cognition: Advancing the Debate." *Perspectives on Psychological Science* 8, no. 3(2013): 223 – 241.

Faivre, Nathan, Elisa Filevich, Guillermo Solovey, Simone Kuhn, and Olaf Blanke. "Behavioral, Modeling, and Electrophysiological Evidence for Supramodality in Human Metacognition." *Journal of Neuroscience* 38, no. 2(2018): 263 – 277.

Fandakova, Yana, Diana Selmeczy, Sarah Leckey, Kevin J. Grimm, Carter Wendelken, Silvia A. Bunge, and Simona Ghetti. "Changes in Ventromedial Prefrontal and

Insular Cortex Support the Development of Metamemory from Childhood into Adolescence." *Proceedings of the National Academy of Sciences* 114, no. 29(2017): 7582 – 7587.

Felleman, D. J., and D. C. van Essen. "Distributed Hierarchical Processing in the Primate Cerebral Cortex." *Cerebral Cortex* 1, no. 1(1991): 1 – 47.

Fernyhough, Charles. *The Voices Within: The History and Science of How We Talk to Ourselves.* New York: Basic Books, 2016.

Fetterman, Adam K., and Kai Sassenberg. "The Reputational Consequences of Failed Replications and Wrongness Admission Among Scientists." *PLOS One* 10, no. 12(2015): e0143723.

Filevich, Elisa, Martin Dresler, Timothy R. Brick, and Simone Kuhn. "Metacognitive Mechanisms Underlying Lucid Dreaming." *Journal of Neuroscience* 35, no. 3(2015): 1082 – 1088.

Filevich, Elisa, Caroline Garcia Forlim, Carmen Fehrman, Carina Forster, Markus Paulus, Yee Lee Shing, and Simone Kuhn. "I Know That I Know Nothing: Cortical Thickness and Functional Connectivity Underlying Meta-Ignorance Ability in Preschoolers." *Developmental Cognitive Neuroscience* 41(2020): 100738.

Firestein, Stuart. *Ignorance: How It Drives Science.* New York: Oxford University Press, 2012.

Fischer, Helen, Dorothee Amelung, and Nadia Said. "The Accuracy of German Citizens' Confidence in Their Climate Change Knowledge." *Nature Climate Change* 9, no. 10(2019): 776 – 780.

Flavell, J. H. "Metacognition and Cognitive Monitoring: A New Area of Cognitive-Developmental Inquiry." *American Psychologist* 34(1979): 906 – 911.

Fleming, Stephen M. "Decision Making: Changing Our Minds About Changes of Mind." *eLife* 5(2016): e14790.

———. "HMeta-d: Hierarchical Bayesian Estimation of Metacognitive Efficiency from Confidence Ratings." *Neuroscience of Consciousness* 2017, no. 1(2017).

Fleming, Stephen M., and Dan Bang. "Shouldering Responsibility." *Science* 361, no. 6401(2018): 449 – 450.

Fleming, Stephen M., and Nathaniel D. Daw. "Self-Evaluation of Decision-Making: A General Bayesian Framework for Metacognitive Computation." *Psychological Review* 124, no. 1(2017): 91 – 114.

Fleming, Stephen M., and Raymond J. Dolan. "The Neural Basis of Metacognitive Ability." *Philosophical Transactions of the Royal Society B: Biological Sciences* 367, no.

1594(2012): 1338 – 1349.

Fleming, Stephen M., and Chris D. Frith. *The Cognitive Neuroscience of Metacognition*. Cham, Switzerland: Springer, 2014.

Fleming, Stephen M., Josefien Huijgen, and Raymond J. Dolan. "Prefrontal Contributions to Metacognition in Perceptual Decision Making." *Journal of Neuroscience* 32, no. 18(2012): 6117 – 6125.

Fleming, Stephen M., and Hakwan Lau. "How to Measure Metacognition." *Frontiers in Human Neuroscience* 8(2014): 443.

Fleming, Stephen M., Brian Maniscalco, Yoshiaki Ko, Namema Amendi, Tony Ro, and Hakwan Lau. "Action-Specific Disruption of Perceptual Confidence." *Psychological Science* 26, no. 1(2015): 89 – 98.

Fleming, Stephen M., Jihye Ryu, John G. Golfinos, and Karen E. Blackmon. "Domain-Specific Impairment in Metacognitive Accuracy Following Anterior Prefrontal Lesions." *Brain* 137, no. 10(2014): 2811 – 2822.

Fleming, Stephen M., Elisabeth J. van der Putten, and Nathaniel D. Daw. "Neural Mediators of Changes of Mind About Perceptual Decisions." *Nature Neuroscience* 21(2018).

Fleming, Stephen M., Rimona S. Weil, Zoltan Nagy, Raymond J. Dolan, and Geraint Rees. "Relating Introspective Accuracy to Individual Differences in Brain Structure." *Science* 329, no. 5998(2010): 1541 – 1543.

Folke, Tomas, Catrine Jacobsen, Stephen M. Fleming, and Benedetto De Martino. "Explicit Representation of Confidence Informs Future Value-Based Decisions." *Nature Human Behaviour* 1, no. 1(2016): 0002.

Fotopoulou, Aikaterini, Anthony Rudd, Paul Holmes, and Michael Kopelman. "Self-Observation Reinstates Motor Awareness in Anosognosia for Hemiplegia." *Neuropsychologia* 47, no. 5(2009): 1256 – 1260.

Fourneret, P., and M. Jeannerod. "Limited Conscious Monitoring of Motor Performance in Normal Subjects." *Neuropsychologia* 36, no. 11(1998): 1133 – 1140.

Fox, Kieran C. R., Pierre Zakarauskas, Matt Dixon, Melissa Ellamil, Evan Thompson, and Kalina Christoff. "Meditation Experience Predicts Introspective Accuracy." *PLOS One* 7, no. 9(2012): e45370.

Fox, Steven G., and H. A. Walters. "The Impact of General Versus Specific Expert Testimony and Eyewitness Confidence Upon Mock Juror Judgment." *Law and Human Behavior* 10, no. 3(1986): 215 – 228.

Frankfurt, Harry G. "Freedom of the Will and the Concept of a Person." In *What Is a Person?*, edited by Michael F. Goodman, 127 – 144. Totowa, NJ: Humana Press, 1988.

Frederick, Shane. "Cognitive Reflection and Decision-Making." *Journal of Economic Perspectives* 19, no. 4(2005): 25 – 42.

Freud, Sigmund. *The Interpretation of Dreams*. London: Wordsworth Editions, 1997.

Friston, Karl. "The Free-Energy Principle: A Unified Brain Theory?" *Nature Reviews Neuroscience* 11, no. 2(2010): 127 – 138.

Friston, Karl, Jean Daunizeau, James Kilner, and Stefan J. Kiebel. "Action and Behavior: A Free-Energy Formulation." *Biological Cybernetics* 102, no. 3(2010): 227 – 260.

Frith, Chris D. *The Cognitive Neuropsychology of Schizophrenia*. Hillsdale, NJ: Lawrence Erlbaum Associates, 1992.

———. "The Role of Metacognition in Human Social Interactions." *Philosophical Transactions of the Royal Society B: Biological Sciences* 367, no. 1599(2012): 2213 – 2223.

Fu, Zhongzheng, Daw-An J. Wu, Ian Ross, Jeffrey M. Chung, Adam N. Mamelak, Ralph Adolphs, and Ueli Rutishauser. "Single-Neuron Correlates of Error Monitoring and Post-Error Adjustments in Human Medial Frontal Cortex." *Neuron* 101, no. 1(2019): 165 – 177,e5.

Fujita, Kazuo, Noriyuki Nakamura, Sumie Iwasaki, and Sota Watanabe. "Are Birds Metacognitive?" In *Foundations of Metacognition*, edited by Michael J. Beran, Johannes Brandl, Josef Perner, and Joelle Proust, 50 – 61. Oxford: Oxford University Press, 2012.

Fusaroli, Riccardo, Bahador Bahrami, Karsten Olsen, Andreas Roepstorff, Geraint Rees, Chris D. Frith, and Kristian Tylen. "Coming to Terms: Quantifying the Benefits of Linguistic Coordination." *Psychological Science* 23, no. 8(2012): 931 – 939.

Gadagkar, Vikram, Pavel A. Puzerey, Ruidong Chen, Eliza Baird-Daniel, Alexander R. Farhang, and Jesse H. Goldberg. "Dopamine Neurons Encode Performance Error in Singing Birds." *Science* 354, no. 6317(2016): 1278 – 1282.

Gajdos, Thibault, Stephen M. Fleming, Marta Saez Garcia, Gabriel Weindel, and Karen Davranche. "Revealing Subthreshold Motor Contributions to Perceptual Confidence." *Neuroscience of Consciousness* 2019, no. 1(2019): niz001.

Gal, Yarin, and Zoubin Ghahramani. "Dropout as a Bayesian Approximation: Representing Model Uncertainty in Deep Learning," arXiv.org, October 4, 2016.

Galvin, Susan J., John V. Podd, Vit Drga, and John Whitmore. "Type 2 Tasks in the Theory of Signal Detectability: Discrimination Between Correct and Incorrect

Decisions." *Psychonomic Bulletin & Review* 10, no. 4(2003): 843 – 876.

Garrison, Jane R., Emilio Fernandez-Egea, Rashid Zaman, Mark Agius, and Jon S. Simons. "Reality Monitoring Impairment in Schizophrenia Reflects Specific Prefrontal Cortex Dysfunction." *NeuroImage: Clinical* 14(2017): 260 – 268.

Gazzaniga, Michael S. "Forty-Five Years of Split-Brain Research and Still Going Strong." *Nature Reviews Neuroscience* 6, no. 8(2005): 653 – 659.

————. *The Mind's Past.* Berkeley: University of California Press, 1998.

Gehring, W. J., B. Goss, M. G. H. Coles, D. E. Meyer, and E. Donchin. "A Neural System for Error Detection and Compensation." *Psychological Science* 4, no. 6(1993): 385.

Georgopoulos, A. P., J. F. Kalaska, R. Caminiti, and J. T. Massey. "On the Relations Between the Direction of Two-Dimensional Arm Movements and Cell Discharge in Primate Motor Cortex." *Journal of Neuroscience* 2, no. 11(1982): 1527 – 1537.

Gershman, Samuel J., and Nathaniel D. Daw. "Perception, Action and Utility: The Tangled Skein." *Principles of Brain Dynamics: Global State Interactions*, 2012, 293 – 312.

Gherman, Sabina, and Marios Philiastides. "Human VMPFC Encodes Early Signatures of Confidence in Perceptual Decisions." *eLife* 7(2018).

Gilbert, Sam J. "Strategic Use of Reminders: Influence of Both Domain-General and Task-Specific Metacognitive Confidence, Independent of Objective Memory Ability." *Consciousness and Cognition* 33(2015): 245 – 260.

Gold, J. I., and M. N. Shadlen. "Banburismus and the Brain: Decoding the Relationship Between Sensory Stimuli, Decisions, and Reward." *Neuron* 36, no. 2(2002): 299 – 308.

Goldberg, Ilan I., Michal Harel, and Rafael Malach. "When the Brain Loses Its Self: Prefrontal Inactivation During Sensorimotor Processing." Neuron 50, no. 2(2006): 329 – 339.

Gopnik, Alison, and Janet W. Astington. "Children's Understanding of Representational Change and Its Relation to the Understanding of False Belief and the Appearance-Reality Distinction." *Child Development* 59, no. 1(1988): 26 – 37.

Goupil, Louise, and Sid Kouider. "Behavioral and Neural Indices of Metacognitive Sensitivity in Preverbal Infants." *Current Biology* 26, no. 22(2016): 3038 – 3045.

Goupil, Louise, Emmanuel Ponsot, Daniel C. Richardson, Gabriel Reyes, and Jean-Julien Aucouturier. "Hearing Reliability: A Common Prosodic Code Automatically Signals Confidence and Honesty to Human Listeners." *PsyArXiv*, January 8, 2020.

Goupil, Louise, Margaux Romand-Monnier, and Sid Kouider. "Infants Ask for Help

When They Know They Don't Know." *Proceedings of the National Academy of Sciences* 113, no. 13(2016): 3492 – 3496.

Graziano, Michael S. A. *Rethinking Consciousness: A Scientific Theory of Subjective Experience.* New York: W. W. Norton, 2019.

Green, D. M., and J. A. Swets. *Signal Detection Theory and Psychophysics.* New York: Wiley, 1966.

Gregory, Richard. *The Intelligent Eye.* New York: McGraw-Hill, 1970.

Greven, Corina U., Nicole Harlaar, Yulia Kovas, Tomas Chamorro-Premuzic, and Robert Plomin. "More than Just IQ: School Achievement Is Predicted by Self-Perceived Abilities—but for Genetic Rather than Environmental Reasons." *Psychological Science* 20, no. 6(2009): 753 – 762.

Guclu, Umut, and Marcel A. J. van Gerven. "Deep Neural Networks Reveal a Gradient in the Complexity of Neural Representations Across the Ventral Stream." *Journal of Neuroscience* 35, no. 27(2015): 10005 – 10014.

Gurău, Corina, Dushyant Rao, Chi Hay Tong, and Ingmar Posner. "Learn from Experience: Probabilistic Prediction of Perception Performance to Avoid Failure." *International Journal of Robotics Research* 37, no. 9(2018): 981 – 995.

Hall, Lars, Petter Johansson, Betty Tarning, Sverker Sikstrom, and Therese Deutgen. "Magic at the Marketplace: Choice Blindness for the Taste of Jam and the Smell of Tea." *Cognition* 117, no. 1(2010): 54 – 61.

Hamilton, Edith, Huntington Cairns, and Lane Cooper. *The Collected Dialogues of Plato.* Princeton, NJ: Princeton University Press, 1961.

Hampton, R. R. "Rhesus Monkeys Know When They Remember." *Proceedings of the National Academy of Sciences* 98, no. 9(2001): 5359 – 5362.

Harari, Yuval Noah. 21 Lessons for the 21st Century. London: Jonathan Cape, 2018.

Hart, J. T. "Memory and the Feeling-of-Knowing Experience." *Journal of Educational Psychology* 56, no. 4(1965): 208 – 216.

Harty, S., I. H. Robertson, C. Miniussi, O. C. Sheehy, C. A. Devine, S. Mc-Creery, and R. G. O'Connell. "Transcranial Direct Current Stimulation over Right Dorsolateral Prefrontal Cortex Enhances Error Awareness in Older Age." *Journal of Neuroscience* 34, no. 10(2014): 3646 – 3652.

Harvey, Philip D. "Reality Monitoring in Mania and Schizophrenia: The Association of Thought Disorder and Performance." *Journal of Nervous and Mental Disease* 173, no. 2(1985): 67 – 73.

Hasbroucq, T., C. A. Possamai, M. Bonnet, and F. Vidal. "Effect of the Irrelevant Location of the Response Signal on Choice Reaction Time: An Electromyographic Study in Humans." *Psychophysiology* 36, no. 4(1999): 522–526.

Hauser, Tobias U., Micah Allen, Nina Purg, Michael Moutoussis, Geraint Rees, and Raymond J. Dolan. "Noradrenaline Blockade Specifically Enhances Metacognitive Performance." *eLife* 6(2017): 468.

Helmholtz, H. L. F. *Treatise on Physiological Optics.* London: Thoemmes Continuum, 1856.

Hembacher, Emily, and Simona Ghetti. "Don't Look at My Answer: Subjective Uncertainty Underlies Preschoolers' Exclusion of Their Least Accurate Memories." *Psychological Science* 25, no. 9(2014): 1768–1776.

Herculano-Houzel, Suzana. *The Human Advantage: A New Understanding of How Our Brain Became Remarkable.* Cambridge, MA: MIT Press, 2016.

Herculano-Houzel, Suzana, Kamilla Avelino-de-Souza, Kleber Neves, Jairo Porfirio, Debora Messeder, Larissa Mattos Feijo, Jose Maldonado, and Paul R. Manger. "The Elephant Brain in Numbers." *Frontiers in Neuroanatomy* 8(2014): 46.

Herculano-Houzel, Suzana, Christine E. Collins, Peiyan Wong, and Jon H. Kaas. "Cellular Scaling Rules for Primate Brains." *Proceedings of the National Academy of Sciences* 104, no. 9(2007): 3562–3567.

Herculano-Houzel, Suzana, Bruno Mota, and Roberto Lent. "Cellular Scaling Rules for Rodent Brains." *Proceedings of the National Academy of Sciences* 103, no. 32(2006): 12138–12143.

Hertz, Uri, Stefano Palminteri, Silvia Brunetti, Cecilie Olesen, Chris D. Frith, and Bahador Bahrami. "Neural Computations Underpinning the Strategic Management of Influence in Advice Giving." *Nature Communications* 8, no. 1(2017): 1–12.

Hester, Robert, L. Sanjay Nandam, Redmond G. O'Connell, Joe Wagner, Mark Strudwick, Pradeep J. Nathan, Jason B. Mattingley, and Mark A. Bellgrove. "Neurochemical Enhancement of Conscious Error Awareness." *Journal of Neuroscience* 32, no. 8(2012): 2619–2627.

Heyes, Cecilia. "Animal Mindreading: What's the Problem?" *Psychonomic Bulletin & Review* 22, no. 2(2015): 313–327.

———. *Cognitive Gadgets: The Cultural Evolution of Thinking.* Cambridge, MA: Belknap Press, 2018.

———. "Reflections on Self-Recognition in Primates." *Animal Behaviour* 47, no. 4(1994): 909–919.

Heyes, Cecilia, Dan Bang, Nicholas Shea, Chris D. Frith, and Stephen M. Fleming. "Knowing Ourselves Together: The Cultural Origins of Metacognition." *Trends in Cognitive Sciences* 24, no. 5(2020): 349–362.

Heyes, Cecilia, and Chris D. Frith. "The Cultural Evolution of Mind Reading." *Science* 344, no. 6190(2014): 1243091.

Higham, P. A. "No Special K! A Signal Detection Framework for the Strategic Regulation of Memory Accuracy." *Journal of Experimental Psychology: General* 136, no. 1(2007): 1–22.

Hilgenstock, Raphael, Thomas Weiss, and Otto W. Witte. "You'd Better Think Twice: Post-Decision Perceptual Confidence." *NeuroImage* 99(2014): 323–331.

Hirstein, William. *Brain Fiction: Self-Deception and the Riddle of Confabulation*. Cambridge, MA: MIT Press, 2005.

Hisey, Erin, Matthew Gene Kearney, and Richard Mooney. "A Common Neural Circuit Mechanism for Internally Guided and Externally Reinforced Forms of Motor Learning." *Nature Neuroscience* 21, no. 4(2018): 1–13.

Hochberg, Leigh R., Mijail D. Serruya, Gerhard M. Friehs, Jon A. Mukand, Maryam Saleh, Abraham H. Caplan, Almut Branner, David Chen, Richard D. Penn, and John P. Donoghue. "Neuronal Ensemble Control of Prosthetic Devices by a Human with Tetraplegia." *Nature* 442, no. 7099(2006): 164–171.

Hodges, Andrew. *Alan Turing: The Enigma*. London: Vintage, 1992.

Hohwy, Jakob. *The Predictive Mind*. Oxford: Oxford University Press, 2013.

Hoven, Monja, Mael Lebreton, Jan B. Engelmann, Damiaan Denys, Judy Luigjes, and Ruth J. van Holst. "Abnormalities of Confidence in Psychiatry: An Overview and Future Perspectives." *Translational Psychiatry* 9, no. 1(2019): 1–18.

Howard, Charlotte E., Pilar Andres, Paul Broks, Rupert Noad, Martin Sadler, Debbie Coker, and Giuliana Mazzoni. "Memory, Metamemory and Their Dissociation in Temporal Lobe Epilepsy." *Neuropsychologia* 48, no. 4(2010): 921–932.

Hu, Xiao, Zhaomin Liu, Tongtong Li, and Liang Luo. "Influence of Cue Word Perceptual Information on Metamemory Accuracy in Judgment of Learning." *Memory* 24, no. 3(2015): 1–16.

Hu, Xiao, Liang Luo, and Stephen M. Fleming. "A Role for Metamemory in Cognitive Offloading." *Cognition* 193(2019): 104012.

Hughes, Claire, Sara R. Jaffee, Francesca Happe, Alan Taylor, Avshalom Caspi, and Terrie E. Moffitt. "Origins of Individual Differences in Theory of Mind: From Nature to

Nurture?" *Child Development* 76, no. 2(2005): 356 – 370.

Insabato, Andrea, Mario Pannunzi, and Gustavo Deco. "Neural Correlates of Metacognition: A Critical Perspective on Current Tasks." *Neuroscience & Biobehavioral Reviews* 71(2016): 167 – 175.

Insabato, Andrea, Mario Pannunzi, Edmund T. Rolls, and Gustavo Deco. "Confidence-Related Decision Making." *Journal of Neurophysiology* 104, no. 1(2010): 539 – 547.

Ivanhoe, Philip J., trans. *The Daodejing of Laozi.* Indianapolis, IN: Hackett Publishing, 2003.

James, William. *The Principles of Psychology.* Vol. 1. Mineola, NY: Dover Publications, 1950.

Janowsky, J. S., Arthur P. Shimamura, M. Kritchevsky, and L. R. Squire. "Cognitive Impairment Following Frontal Lobe Damage and Its Relevance to Human Amnesia." *Behavioral Neuroscience* 103, no. 3(1989): 548.

Jenkins, Adrianna C., C. Neil Macrae, and Jason P. Mitchell. "Repetition Suppression of Ventromedial Prefrontal Activity During Judgments of Self and Others." *Proceedings of the National Academy of Sciences* 105, no. 11(2008): 4507 – 4512.

Jiang, Xiaoming, Kira Gossack-Keenan, and Marc D. Pell. "To Believe or Not to Believe? How Voice and Accent Information in Speech Alter Listener Impressions of Trust." *Quarterly Journal of Experimental Psychology* 73, no. 1(2020): 55 – 79.

Jiang, Xiaoming, and Marc D. Pell. "The Sound of Confidence and Doubt." *Speech Communication* 88(2017): 106 – 126.

Joensson, Morten, Kristine Rømer Thomsen, Lau M. Andersen, Joachim Gross, Kim Mouridsen, Kristian Sandberg, Leif Østergaard, and Hans C. Lou. "Making Sense: Dopamine Activates Conscious Self-Monitoring Through Medial Prefrontal Cortex." *Human Brain Mapping* 36, no. 5(2015): 1866 – 1877.

Johansson, Petter, Lars Hall, Sverker Sikstrom, and Andreas Olsson. "Failure to Detect Mismatches Between Intention and Outcome in a Simple Decision Task." *Science* 310, no. 5745(2005): 116 – 119.

Johnson, Dominic D. P., and James H. Fowler. "The Evolution of Overconfidence." *Nature* 477, no. 7364(2011): 317 – 320.

Johnson, Marcia K., and Carol L. Raye. "Reality Monitoring." *Psychological Review* 88, no. 1(1981): 67.

Jonas, Eric, and Konrad Paul Kording. "Could a Neuroscientist Understand a Microprocessor?" *PLOS Computational Biology* 13, no. 1(2017): e1005268.

Jonsson, Fredrik U., Henrik Olsson, and Mats J. Olsson. "Odor Emotionality Affects the

Confidence in Odor Naming." *Chemical Senses* 30, no. 1(2005): 29 – 35.

Jordano, Megan L., and Dayna R. Touron. "How Often Are Thoughts Metacognitive? Findings from Research on Self–Regulated Learning, Think–Aloud Protocols, and Mind–Wandering." *Psychonomic Bulletin & Review* 25, no. 4(2018): 1269 – 1286.

Kahneman, Daniel. *Thinking, Fast and Slow.* London: Penguin, 2012.

Kaminski, Juliane, Josep Call, and Michael Tomasello. "Chimpanzees Know What Others Know, but Not What They Believe." *Cognition* 109, no. 2(2008): 224 – 234.

Kao, Yun–Ching, Emily S. Davis, and John D. E. Gabrieli. "Neural Correlates of Actual and Predicted Memory Formation." *Nature Neuroscience* 8, no. 12(2005): 1776 – 1783.

Kappes, Andreas, Ann H. Harvey, Terry Lohrenz, P. Read Montague, and Tali Sharot. "Confirmation Bias in the Utilization of Others' Opinion Strength." *Nature Neuroscience* 23, no. 1(2020): 130 – 137.

Karpicke, Jeffrey D. "Metacognitive Control and Strategy Selection: Deciding to Practice Retrieval During Learning." *Journal of Experimental Psychology: General* 138, no. 4(2009): 469 – 486.

Kay, Katty, and Claire Shipman. *The Confidence Code: The Science and Art of Self-Assurance— What Women Should Know.* New York: Harper Business, 2014.

Keene, Alex Ruck, Nuala B. Kane, Scott Y. H. Kim, and Gareth S. Owen. "Taking Capacity Seriously? Ten Years of Mental Capacity Disputes Before England's Court of Protection." *International Journal of Law and Psychiatry* 62(2019): 56 – 76.

Kelley, W. M., C. N. Macrae, C. L. Wyland, S. Caglar, S. Inati, and T. F. Heatherton. "Finding the Self? An Event–Related fMRI Study." *Journal of Cognitive Neuroscience* 14, no. 5(2002): 785 – 794.

Kendall, Alex, and Yarin Gal. "What Uncertainties Do We Need in Bayesian Deep Learning for Computer Vision?" arXiv.org, October 5, 2017.

Kentridge, R. W., and C. A. Heywood. "Metacognition and Awareness." *Consciousness and Cognition* 9, no. 2(2000): 308 – 312.

Kepecs, Adam, Naoshige Uchida, Hatim A. Zariwala, and Zachary F. Mainen. "Neural Correlates, Computation and Behavioural Impact of Decision Confidence." *Nature* 455, no. 7210(2008): 227 – 231.

Kersten, Daniel, Pascal Mamassian, and Alan Yuille. "Object Perception as Bayesian Inference." *Annual Review of Psychology* 55(2004): 271 – 304.

Khaligh–Razavi, Seyed–Mahdi, and Nikolaus Kriegeskorte. "Deep Supervised, but Not Unsupervised, Models May Explain IT Cortical Representation." *PLOS Computational*

Biology 10, no. 11(2014): e1003915.

Kiani, R., and M. N. Shadlen. "Representation of Confidence Associated with a Decision by Neurons in the Parietal Cortex." *Science* 324, no. 5928(2009): 759 – 764.

Klayman, Joshua. "Varieties of Confirmation Bias." In *The Psychology of Learning and Motivation*. Vol. 32, edited by Jerome Busemeyer, Reid Hastie, Douglas L. Medin, 385 – 418. Cambridge, MA: Academic Press, 1995.

Kloo, Daniela, Michael Rohwer, and Josef Perner. "Direct and Indirect Admission of Ignorance by Children." *Journal of Experimental Child Psychology* 159(2017): 279 – 295.

Knoblich, Gunther, Frank Stottmeister, and Tilo Kircher. "Self-Monitoring in Patients with Schizophrenia." *Psychological Medicine* 34, no. 8(2004): 1561.

Knoll, Abby R., Hajime Otani, Reid L. Skeel, and K. Roger van Horn. "Learning Style, Judgements of Learning, and Learning of Verbal and Visual Information." *British Journal of Psychology* 108, no. 3(2017): 544 – 563.

Ko, Yoshiaki, and Hakwan Lau. "A Detection Theoretic Explanation of Blindsight Suggests a Link Between Conscious Perception and Metacognition." *Philosophical Transactions of the Royal Society B: Biological Sciences* 367, no. 1594(2012): 1401 – 1411.

Kohda, Masanori, Takashi Hotta, Tomohiro Takeyama, Satoshi Awata, Hirokazu Tanaka, Jun-ya Asai, and Alex L. Jordan. "If a Fish Can Pass the Mark Test, What Are the Implications for Consciousness and Self-Awareness Testing in Animals?" *PLOS Biology* 17, no. 2(2019): e3000021.

Koizumi, Ai, Brian Maniscalco, and Hakwan Lau. "Does Perceptual Confidence Facilitate Cognitive Control?" *Attention, Perception and Psychophysics* 77, no. 4(2015): 1295 – 1306.

Komura, Yutaka, Akihiko Nikkuni, Noriko Hirashima, Teppei Uetake, and Aki Miyamoto. "Responses of Pulvinar Neurons Reflect a Subject's Confidence in Visual Categorization." *Nature Neuroscience* 16, no. 6(2013): 746 – 755.

Koriat, Asher. "When Are Two Heads Better than One and Why?" *Science* 336, no. 6079(2012): 360 – 362.

Koriat, Asher, and Rakefet Ackerman. "Metacognition and Mindreading: Judgments of Learning for Self and Other During Self-Paced Study." *Consciousness and Cognition* 19, no. 1(2010): 251 – 264.

Koriat, Asher, and M. Goldsmith. "Monitoring and Control Processes in the Strategic Regulation of Memory Accuracy." *Psychological Review* 103, no. 3(1996): 490 – 517.

Kornell, Nate. "Optimising Learning Using Flashcards: Spacing Is More Effective than Cramming." *Applied Cognitive Psychology* 23, no. 9(2009): 1297 – 1317.

Kornell, Nate, and Janet Metcalfe. "Study Efficacy and the Region of Proximal Learning Framework." *Journal of Experimental Psychology: Learning, Memory and Cognition* 32, no. 3(2006): 609.

Kornell, Nate, and Lisa K. Son. "Learners' Choices and Beliefs About Self-Testing." *Memory* 17, no. 5(2009): 493–501.

Kornell, Nate, Lisa K. Son, and H. S. Terrace. "Transfer of Metacognitive Skills and Hint Seeking in Monkeys." *Psychological Science* 18, no. 1(2007): 64–71.

Kriegeskorte, Nikolaus. "Deep Neural Networks: A New Framework for Modeling Biological Vision and Brain Information Processing." *Annual Review of Vision Science* 1, no. 1(2015): 417–446.

Krizhevsky, Alex, Ilya Sutskever, and Geoffrey E. Hinton. "ImageNet Classification with Deep Convolutional Neural Networks." In *Proceedings of the 25th International Conference on Neural Information Processing Systems*. Vol. 1, 1097–1105. Lake Tahoe, Nevada: Curran Associates Inc., 2012. http://dl.acm.org/citation.cfm?id=2999134.2999257.

Krubitzer, Leah. "The Magnificent Compromise: Cortical Field Evolution in Mammals." *Neuron* 56, no. 2(2007): 201–208.

Kruger, J., and D. Dunning. "Unskilled and Unaware of It: How Difficulties in Recognizing One's Own Incompetence Lead to Inflated Self-Assessments." *Journal of Personality and Social Psychology* 77, no. 6(1999): 1121–1134.

Krupenye, Christopher, and Josep Call. "Theory of Mind in Animals: Current and Future Directions." *WIREs Cognitive Science* 10, no. 6(2019): e1503.

Kulke, Louisa, and Hannes Rakoczy. "Implicit Theory of Mind—n Overview of Current Replications and Non-Replications." *Data in Brief* 16(2017): 101–104.

La Berge, S. P., L. E. Nagel, W. C. Dement, and V. P. Zarcone. "Lucid Dreaming Verified by Volitional Communication During REM Sleep." *Perceptual and Motor Skills* 52, no. 3(1981): 727–732.

Lak, Armin, Gil M. Costa, Erin Romberg, Alexei A. Koulakov, Zachary F. Mainen, and Adam Kepecs. "Orbitofrontal Cortex Is Required for Optimal Waiting Based on Decision Confidence." *Neuron* 84, no. 1(2014): 190–201.

Landman, Rogier, Henk Spekreijse, and Victor A. F. Lamme. "Large Capacity Storage of Integrated Objects Before Change Blindness." *Vision Research* 43, no. 2(2003): 149–164.

Lau, Hakwan, and David Rosenthal. "Empirical Support for Higher-Order Theories of Conscious Awareness." *Trends in Cognitive Sciences* 15, no. 8(2011): 365–373.

Lau, Hakwan, and R. E. Passingham. "Relative Blindsight in Normal Observers and the Neural Correlate of Visual Consciousness." *Proceedings of the National Academy of Sciences* 103, no. 49(2006): 18763‒18768.

Leary, Mark R. The Curse of the Self: Self‒Awareness, Egotism, and the Quality of Human Life. Oxford: Oxford University Press, 2007.

Leary, Mark R., Kate J. Diebels, Erin K. Davisson, Katrina P. Jongman‒Sereno, Jennifer C. Isherwood, Kaitlin T. Raimi, Samantha A. Deffler, and Rick H. Hoyle. "Cognitive and Interpersonal Features of Intellectual Humility." *Personality and Social Psychology Bulletin* 43, no. 6(2017): 793‒813.

LeDoux, Joseph. *Anxious: Using the Brain to Understand and Treat Fear and Anxiety.* 2015. Reprint, New York: Penguin, 2016.

LeDoux, Joseph E., and Richard Brown. "A Higher‒Order Theory of Emotional Consciousness." *Proceedings of the National Academy of Science* 114, no. 10(2017): E2016‒E2025.

Lemaitre, Anne‒Laure, Guillaume Herbet, Hugues Duffau, and Gilles Lafargue. "Preserved Metacognitive Ability Despite Unilateral or Bilateral Anterior Prefrontal Resection." *Brain and Cognition* 120(2018): 48‒57.

Lerch, Jason P., Adelaide P. Yiu, Alonso Martinez‒Canabal, Tetyana Pekar, Veronique D. Bohbot, Paul W. Frankland, R. Mark Henkelman, Sheena A. Josselyn, and John G. Sled. "Maze Training in Mice Induces MRI‒Detectable Brain Shape Changes Specific to the Type of Learning." *NeuroImage* 54, no. 3(2011): 2086‒2095.

Leslie, John. *The Philosophy of Arithmetic: Exhibiting a Progressive View of the Theory and Practice of Calculation, with an Enlarged Table of the Products of Numbers Under One Hundred.* Edinburgh: Constable and Co., 1817.

Lewis, Michael, and Douglas Ramsay. "Development of Self‒Recognition, Personal Pronoun Use, and Pretend Play During the 2nd Year." *Child Development* 75, no. 6(2004): 1821‒1831.

Linnaeus, Carl. *Systema naturae, sive regna tria naturae systematice proposita per classes, ordines, genera, & species.* Lugdunum Batavorum, Netherlands, 1735.

Lockhart, Kristi L., Mariel K. Goddu, Eric D. Smith, and Frank C. Keil. "What Could You Really Learn on Your Own?: Understanding the Epistemic Limitations of Knowledge Acquisition." *Child Development* 87, no. 2(2016): 477‒493.

Lockl, Kathrin, and Wolfgang Schneider. "Knowledge About the Mind: Links Between Theory of Mind and Later Metamemory." *Child Development* 78, no. 1(2007): 148‒

167.

Logan, Gordon D., and Matthew J. C. Crump. "Cognitive Illusions of Authorship Reveal Hierarchical Error Detection in Skilled Typists." *Science* 330, no. 6004(2010): 683 – 686.

———. "Hierarchical Control of Cognitive Processes: The Case for Skilled Typewriting." In *The Psychology of Learning and Motivation: Advances in Research and Theory.* Vol. 54, edited by Brian H. Ross, 1 – 27. Cambridge, MA: Academic Press, 2011.

———. "The Left Hand Doesn't Know What the Right Hand Is Doing: The Disruptive Effects of Attention to the Hands in Skilled Typewriting." *Psychological Science* 20, no. 10(2009): 1296 – 1300.

Logan, Gordon D., and N. Jane Zbrodoff. "Stroop-Type Interference: Congruity Effects in Color Naming with Typewritten Responses." *Journal of Experimental Psychology: Human Perception and Performance* 24, no. 3(1998): 978 – 992.

Lou, Hans C., J. P. Changeux, and A. Rosenstand. "Towards a Cognitive Neuroscience of Self-Awareness." *Neuroscience & Biobehavioral Reviews* 83(2017): 765 – 773.

Lou, Hans C., Bruce Luber, Michael Crupain, Julian P. Keenan, Markus Nowak, Troels W. Kjaer, Harold A. Sackeim, and Sarah H. Lisanby. "Parietal Cortex and Representation of the Mental Self." *Proceedings of the National Academy of Sciences* 101, no. 17(2004): 6827 – 6832.

Ma, W. J., J. M. Beck, P. E. Latham, and A. Pouget. "Bayesian Inference with Probabilistic Population Codes." *Nature Neuroscience* 9, no. 11(2006): 1432 – 1438.

Maguire, E. A., D. G. Gadian, I. S. Johnsrude, C. D. Good, J. Ashburner, R. S. Frackowiak, and Chris D. Frith. "Navigation-Related Structural Change in the Hippocampi of Taxi Drivers." *Proceedings of the National Academy of Sciences* 97, no. 8(2000): 4398 – 4403.

Mandler, George. *A History of Modern Experimental Psychology: From James and Wundt to Cognitive Science.* Cambridge, MA: MIT Press, 2011.

Maniscalco, Brian, and Hakwan Lau. "A Signal Detection Theoretic Approach for Estimating Metacognitive Sensitivity from Confidence Ratings." *Consciousness and Cognition* 21, no. 1(2012): 422 – 430.

Mansouri, Farshad Alizadeh, Etienne Koechlin, Marcello G. P. Rosa, and Mark J. Buckley. "Managing Competing Goals — Key Role for the Frontopolar Cortex." *Nature Reviews Neuroscience* 18, no. 11(2017): 645.

Marcus, Gary, and Ernest Davis. *Rebooting AI: Building Artificial Intelligence We Can Trust.*

New York: Pantheon, 2019.

Margulies, Daniel S., Satrajit S. Ghosh, Alexandros Goulas, Marcel Falkiewicz, Julia M. Huntenburg, Georg Langs, Glen Bezgin et al. "Situating the Default-Mode Network Along a Principal Gradient of Macroscale Cortical Organization." *Proceedings of the National Academy of Sciences* 113, no. 44(2016): 12574 – 12579.

Marr, D., and T. Poggio. "From Understanding Computation to Understanding Neural Circuitry." *Massachusetts Institute of Technology Artificial Intelligence Laboratory*, AI Memo No. 357, 1976.

Marsh, Henry. *Admissions: A Life in Brain Surgery*. London: Weidenfeld & Nicolson, 2017.

Mayer, Andreas, and Birgit E. Trauble. "Synchrony in the Onset of Mental State Understanding Across Cultures? A Study Among Children in Samoa." *International Journal of Behavioral Development* 37, no. 1(2013): 21 – 28.

Mazancieux, Audrey, Stephen M. Fleming, Celine Souchay, and Chris J. A. Moulin. "Is There a G Factor for Metacognition? Correlations in Retrospective Metacognitive Sensitivity Across Tasks." *Journal of Experimental Psychology: General* 149, no. 9(2020): 1788 – 1799.

McBrearty, Sally, and Alison S. Brooks. "The Revolution That Wasn't: A New Interpretation of the Origin of Modern Human Behavior." *Journal of Human Evolution* 39, no. 5(2000): 453 – 563.

McCurdy, Li Yan, Brian Maniscalco, Janet Metcalfe, Ka Yuet Liu, Floris P. de Lange, and Hakwan Lau. "Anatomical Coupling Between Distinct Metacognitive Systems for Memory and Visual Perception." *Journal of Neuroscience* 33, no. 5(2013): 1897 – 1906.

McGrayne, Sharon Bertsch. *The Theory That Would Not Die: How Bayes' Rule Cracked the Enigma Code, Hunted Down Russian Submarines, and Emerged Triumphant from Two Centuries of Controversy*. New Haven, CT: Yale University Press, 2012.

McGurk, Harry, and John MacDonald. "Hearing Lips and Seeing Voices." *Nature* 264, no. 5588(1976): 746 – 748.

Meckler, Cedric, Laurence Carbonnell, Celine Ramdani, Thierry Hasbroucq, and Franck Vidal. "On-Line Action Monitoring of Response Execution: An Electrophysiological Study." *Biological Psychology* 129(2017): 178 – 185.

Mesulam, M. M. "From Sensation to Cognition." Brain 121, no. 6(1998): 1013 – 1052.

Metcalfe, Janet. "Metacognitive Judgments and Control of Study." *Current Directions in Psychological Science*, June 1, 2009.

Metcalfe, Janet, and Brigid Finn. "Evidence That Judgments of Learning Are Causally

Related to Study Choice." *Psychonomic Bulletin & Review* 15, no. 1 (2008): 174–179.

Metcalfe, Janet, and Nate Kornell. "The Dynamics of Learning and Allocation of Study Time to a Region of Proximal Learning." *Journal of Experimental Psychology: General* 132, no. 4 (2003): 530–542.

———. "A Region of Proximal Learning Model of Study Time Allocation." *Journal of Memory and Language* 52, no. 4 (2005): 463–477.

Metcalfe, Janet, and Arthur P. Shimamura, eds. *Metacognition: Knowing About Knowing.* 1994. Reprint, Cambridge, MA: MIT Press, 1996.

Metcalfe, Janet, and Lisa K. Son. "Anoetic, Noetic, and Autonoetic Metacognition." In *Foundations of Metacognition*, edited by Michael Beran, Johannes Brandl, Josef Perner, and Joelle Proust. Oxford: Oxford University Press, 2012.

Metcalfe, Janet, Jared X. van Snellenberg, Pamela Derosse, Peter Balsam, and Anil K. Malhotra. "Judgements of Agency in Schizophrenia: An Impairment in Autonoetic Metacognition." *Philosophical Transactions of the Royal Society B: Biological Sciences* 367, no. 1594 (2012): 1391–1400.

Metzinger, Thomas. "M-Autonomy." *Journal of Consciousness Studies* 22, nos. 11–12 (2015): 270–302.

Meyniel, Florent, Daniel Schlunegger, and Stanislas Dehaene. "The Sense of Confidence During Probabilistic Learning: A Normative Account." *PLOS Computational Biology* 11, no. 6 (2015): e1004305.

Meyniel, Florent, Mariano Sigman, and Zachary F. Mainen. "Confidence as Bayesian Probability: From Neural Origins to Behavior." *Neuron* 88, no. 1 (2015): 78–92.

Michalsky, Tova, Zemira R. Mevarech, and Liora Haibi. "Elementary School Children Reading Scientific Texts: Effects of Metacognitive Instruction." *Journal of Educational Research* 102, no. 5 (2009): 363–376.

Michel, Matthias, and Jorge Morales. "Minority Reports: Consciousness and the Prefrontal Cortex." *Mind & Language* 35, no. 4 (2020): 493–513.

Middlebrooks, Paul G., and Marc A. Sommer. "Neuronal Correlates of Metacognition in Primate Frontal Cortex." *Neuron* 75, no. 3 (2012): 517–530.

Mill, John Stuart. *Auguste Comte and Positivism: Reprinted from the Westminster Review.* London: N. Trubner, 1865.

Mirels, Herbert L., Paul Greblo, and Janet B. Dean. "Judgmental Self-Doubt: Beliefs About One's Judgmental Prowess." *Personality and Individual Differences* 33, no. 5 (2002): 741–758.

Mitchell, Jason P., C. Neil Macrae, and Mahzarin R. Banaji. "Dissociable Medial Prefrontal Contributions to Judgments of Similar and Dissimilar Others." *Neuron* 50, no. 4(2006): 655 – 663.

Miyamoto, Kentaro, Takahiro Osada, Rieko Setsuie, Masaki Takeda, Keita Tamura, Yusuke Adachi, and Yasushi Miyashita. "Causal Neural Network of Metamemory for Retrospection in Primates." *Science* 355, no. 6321(2017): 188 – 193.

Miyamoto, Kentaro, Rieko Setsuie, Takahiro Osada, and Yasushi Miyashita. "Reversible Silencing of the Frontopolar Cortex Selectively Impairs Metacognitive Judgment on Non-experience in Primates." *Neuron* 97, no. 4(2018): 980 – 989.e6.

Modirrousta, Mandana, and Lesley K. Fellows. "Medial Prefrontal Cortex Plays a Critical and Selective Role in 'Feeling of Knowing' Meta-Memory Judgments." *Neuropsychologia* 46, no. 12(2008): 2958 – 2965.

Moeller, Scott J., and Rita Z. Goldstein. "Impaired Self-Awareness in Human Addiction: Deficient Attribution of Personal Relevance." *Trends in Cognitive Sciences* 18, no. 12(2014).

Moore, James W., David Lagnado, Darvany C. Deal, and Patrick Haggard. "Feelings of Control: Contingency Determines Experience of Action." *Cognition* 110, no. 2(2009): 279 – 283.

Morales, Jorge, Hakwan Lau, and Stephen M. Fleming. "Domain-General and Domain-Specific Patterns of Activity Supporting Metacognition in Human Prefrontal Cortex." *Journal of Neuroscience* 38, no. 14(2018): 3534 – 3546.

Moritz, Steffen, and Todd S. Woodward. "Metacognitive Training in Schizophrenia: From Basic Research to Knowledge Translation and Intervention." *Current Opinion in Psychiatry* 20, no. 6(2007): 619 – 625.

Moritz, Steffen, Christina Andreou, Brooke C. Schneider, Charlotte E. Wittekind, Mahesh Menon, Ryan P. Balzan, and Todd S. Woodward. "Sowing the Seeds of Doubt: A Narrative Review on Metacognitive Training in Schizophrenia." *Clinical Psychology Review* 34, no. 4(2014): 358 – 366.

Morris, Robin G., and Daniel C. Mograbi. "Anosognosia, Autobiographical Memory and Self Knowledge in Alzheimer's Disease." *Cortex* 49, no. 6(2013): 1553 – 1565.

Moulin, Chris J. A., Timothy J. Perfect, and Roy W. Jones. "Evidence for Intact Memory Monitoring in Alzheimer's Disease: Metamemory Sensitivity at Encoding." *Neuropsychologia* 38, no. 9(2000): 1242 – 1250.

Mueller, Pam A., and Daniel M. Oppenheimer. "The Pen Is Mightier than the Keyboard:

참고문헌   **341**

Advantages of Longhand over Laptop Note Taking." *Psychological Science* 25, no. 6(2014): 1159 – 1168.

National Research Council. *Identifying the Culprit: Assessing Eyewitness Identification.* Washington, DC: National Academies Press, 2015.

Nelson, T. O. "A Comparison of Current Measures of the Accuracy of Feeling-of-Knowing Predictions." *Psychological Bulletin* 95(1984): 109 – 133.

Nelson, T. O., J. Dunlosky, D. M. White, J. Steinberg, B. D. Townes, and D. Anderson. "Cognition and Metacognition at Extreme Altitudes on Mount Everest." *Journal of Experimental Psychology: General* 119, no. 4(1990): 367 – 374.

Nelson, T. O., and L. Narens. "Metamemory: A Theoretical Framework and New Findings." In *Psychology of Learning and Motivation: Advances in Research and Theory.* Vol. 26, edited by Gordon H. Bower, 125 – 173. Cambridge, MA: Academic Press, 1990.

Nestor, James. *Deep: Freediving, Renegade Science, and What the Ocean Tells Us About Ourselves.* Boston: Eamon Dolan, 2014.

Neubert, Franz-Xaver, Rogier B. Mars, Adam G. Thomas, Jerome Sallet, and Matthew F. S. Rushworth. "Comparison of Human Ventral Frontal Cortex Areas for Cognitive Control and Language with Areas in Monkey Frontal Cortex." *Neuron* 81, no. 3(2014): 700 – 713.

Nicholson, Toby, David M. Williams, Catherine Grainger, Sophie E. Lind, and Peter Carruthers. "Relationships Between Implicit and Explicit Uncertainty Monitoring and Mindreading: Evidence from Autism Spectrum Disorder." *Consciousness and Cognition* 70(2019): 11 – 24.

Nicholson, Toby, David M. Williams, Sophie E. Lind, Catherine Grainger, and Peter Carruthers. "Linking Metacognition and Mindreading: Evidence from Autism and Dual-Task Investigations." *Journal of Experimental Psychology: General,* September 10, 2020(epub ahead of print).

Nieuwenhuis, S., K. R. Ridderinkhof, J. Blom, G. P. H. Band, and A. Kok. "Error-Related Brain Potentials Are Differentially Related to Awareness of Response Errors: Evidence from an Antisaccade Task." *Psychophysiology* 38, no. 5(2001): 752 – 760.

Nisbett, R. E., and T. D. Wilson. "Telling More Than We Can Know: Verbal Reports on Mental Processes." *Psychological Review* 84, no. 3(1977): 231.

Norman, Donald A., and Tim Shallice. "Attention to Action." In *Consciousness and Self-Regulation,* 1 – 18. Boston: Springer, 1986.

Northoff, G., A. Heinzel, M. de Greck, F. Bermpohl, H. Dobrowolny, and J. Panksepp.

"Self-Referential Processing in Our Brain— Meta-Analysis of Imaging Studies on the Self." *Neuroimage* 31, no. 1(2006): 440 – 457.

O'Doherty, J. P., P. Dayan, K. Friston, H. Critchley, and R. J. Dolan. "Temporal Difference Models and Reward-Related Learning in the Human Brain." *Neuron* 38, no. 2(2003): 329 – 337.

Ochsner, Kevin N., Kyle Knierim, David H. Ludlow, Josh Hanelin, Tara Ramachandran, Gary Glover, and Sean C. Mackey. "Reflecting upon Feelings: An fMRI Study of Neural Systems Supporting the Attribution of Emotion to Self and Other." *Journal of Cognitive Neuroscience* 16, no. 10(2004): 1746 – 1772.

Olkowicz, Seweryn, Martin Kocourek, Radek K. Lučan, Michal Porteš, W. Tecumseh Fitch, Suzana Herculano-Houzel, and Pavel Němec. "Birds Have Primate-Like Numbers of Neurons in the Forebrain." *Proceedings of the National Academy of Sciences* 113, no. 26(2016): 7255 – 7260.

Onishi, Kristine H., and Renee Baillargeon. "Do 15-Month-Old Infants Understand False Beliefs?" *Science* 308, no. 5719(2005): 255 – 258.

Open Science Collaboration. "Estimating the Reproducibility of Psychological Science." *Science* 349, no. 6251(2015).

Ortoleva, Pietro, and Erik Snowberg. "Overconfidence in Political Behavior." *American Economic Review* 105, no. 2(2015): 504 – 535.

Palser, E. R., A. Fotopoulou, and J. M. Kilner. "Altering Movement Parameters Disrupts Metacognitive Accuracy." *Consciousness and Cognition* 57(2018): 33 – 40.

Panagiotaropoulos, Theofanis I., Gustavo Deco, Vishal Kapoor, and Nikos K. Logothetis. "Neuronal Discharges and Gamma Oscillations Explicitly Reflect Visual Consciousness in the Lateral Prefrontal Cortex." *Neuron* 74, no. 5(2012): 924 – 935.

Pannu, J. K., and A. W. Kaszniak. "Metamemory Experiments in Neurological Populations: A Review." *Neuropsychology Review* 15, no. 3(2005): 105 – 130.

Park, JaeHong, Prabhudev Konana, Bin Gu, Alok Kumar, and Rajagopal Raghunathan. "Confirmation Bias, Overconfidence, and Investment Performance: Evidence from Stock Message Boards." *McCombs Research Paper Series* No. IROM-07-10(2010).

Pasquali, Antoine, Bert Timmermans, and Axel Cleeremans. "Know Thyself: Metacognitive Networks and Measures of Consciousness." *Cognition* 117, no. 2(2010): 182 – 190.

Passingham, R. E., S. L. Bengtsson, and Hakwan Lau. "Medial Frontal Cortex: From Self-Generated Action to Reflection on One's Own Performance." *Trends in Cognitive*

Sciences 14, no. 1(2010): 16 – 21.

Passingham, R. E., and Hakwan Lau. "Acting, Seeing, and Conscious Awareness." *Neuropsychologia* 128(2019): 241 – 248.

Patel, D., Stephen M. Fleming, and J. M. Kilner. "Inferring Subjective States Through the Observation of Actions." *Proceedings of the Royal Society B: Biological Sciences* 279, no. 1748(2012): 4853 – 4860.

Paulus, Markus, Joelle Proust, and Beate Sodian. "Examining Implicit Metacognition in 3.5-Year-Old Children: An Eye-Tracking and Pupillometric Study." *Frontiers in Psychology* 4(2013): 145.

Peirce, Charles Sanders, and Joseph Jastrow. "On Small Differences in Sensation." *Memoirs of the National Academy of Sciences* 3(1885): 73 – 83.

Pennycook, Gordon, Jonathan A. Fugelsang, and Derek J. Koehler. "Everyday Associations of Analytic Thinking." *Current Directions in Psychological Science* 24, no. 6(2015): 425 – 432.

Pennycook, Gordon, and David G. Rand. "Lazy, Not Biased: Susceptibility to Partisan Fake News Is Better Explained by Lack of Reasoning Than by Motivated Reasoning." *Cognition* 188(2019): 39 – 50.

Pereira, Michael, Nathan Faivre, Inaki Iturrate, Marco Wirthlin, Luana Serafini, Stephanie Martin, Arnaud Desvachez, Olaf Blanke, Dimitri van de Ville, and Jose del R Millan. "Disentangling the Origins of Confidence in Speeded Perceptual Judgments Through Multimodal Imaging." *Proceedings of the National Academy of Sciences* 117, no. 15(2020): 8382 – 8390.

Perner, Josef. "MiniMeta: In Search of Minimal Criteria for Metacognition." In *Foundations of Metacognition*, edited by Michael J. Beran, Johannes Brandl, Josef Perner, and Joelle Proust, 94 – 116. Oxford: Oxford University Press, 2012.

Persaud, Navindra, Matthew Davidson, Brian Maniscalco, Dean Mobbs, R. E. Passingham, Alan Cowey, and Hakwan Lau. "Awareness-Related Activity in Prefrontal and Parietal Cortices in Blindsight Reflects More than Superior Visual Performance." *NeuroImage* 58, no. 2(2011): 605 – 611.

Persaud, Navindra, P. McLeod, and A. Cowey. "Post-Decision Wagering Objectively Measures Awareness." Nature Neuroscience 10, no. 2(2007): 257 – 261.

Peters, Megan A. K., Thomas Thesen, Yoshiaki D. Ko, Brian Maniscalco, Chad Carlson, Matt Davidson, Werner Doyle, Ruben Kuzniecky, Orrin Devinsky, Eric Halgren, and Hakwan Lau. "Perceptual Confidence Neglects Decision-Incongruent Evidence in the Brain." *Nature Human Behaviour* 1, no. 7(2017): 0139.

Pezzulo, Giovanni, Francesco Rigoli, and Karl Friston. "Active Inference, Homeostatic Regulation and Adaptive Behavioural Control." *Progress in Neurobiology* 134(2015): 17 – 35.

Phillips, Ian. "Blindsight Is Qualitatively Degraded Conscious Vision." *Psychological Review*, August 6, 2020(epub ahead of print).

———. "The Methodological Puzzle of Phenomenal Consciousness." *Philosophical Transactions of the Royal Society B: Biological Sciences* 373, no. 1755(2018): 20170347.

Pick, Herbert L., David H. Warren, and John C. Hay. "Sensory Conflict in Judgments of Spatial Direction." *Perception & Psychophysics* 6, no. 4(1969): 203 – 205.

Pitt, David. "Mental Representation." In *The Stanford Encyclopedia of Philosophy*, edited by Edward N. Zalta. Stanford, CA: Metaphysics Research Lab, Stanford University, Winter 2018. https://plato.stanford.edu/archives/win2018/entries/mental-representation/.

Pittampalli, Al. *Persuadable: How Great Leaders Change Their Minds to Change the World*. New York: Harper Business, 2016.

Poldrack, Russell A., Chris I. Baker, Joke Durnez, Krzysztof J. Gorgolewski, Paul M. Matthews, Marcus R. Munafo, Thomas E. Nichols, Jean-Baptiste Poline, Edward Vul, and Tal Yarkoni. "Scanning the Horizon: Towards Transparent and Reproducible Neuroimaging Research." *Nature Reviews Neuroscience* 18, no. 2(2017): 115 – 126.

Premack, David, and Guy Woodruff. "Does the Chimpanzee Have a Theory of Mind?" *Behavioral and Brain Sciences* 1, no. 4(1978): 515 – 526.

Programme for International Student Assessment. *Results: Ready to Learn: Students' Engagement*, Drive and Self-Beliefs. Paris: OECD Publishing, 2013.

Proust, Joelle. *The Philosophy of Metacognition: Mental Agency and Self-Awareness*. Oxford: Oxford University Press, 2013.

Pulford, Briony D., Andrew M. Colman, Eike K. Buabang, and Eva M. Krockow. "The Persuasive Power of Knowledge: Testing the Confidence Heuristic." *Journal of Experimental Psychology: General* 147, no. 10(2018): 1431.

Pyers, Jennie E., and Ann Senghas. "Language Promotes False-Belief Understanding." *Psychological Science* 20, no. 7(2009): 805 – 812.

Qiu, Lirong, Jie Su, Yinmei Ni, Yang Bai, Xuesong Zhang, Xiaoli Li, and Xiaohong Wan. "The Neural System of Metacognition Accompanying Decision-Making in the

Prefrontal Cortex." *PLOS Biology* 16, no. 4(2018): e2004037.

Rabbitt, P. "Error Correction Time Without External Error Signals." *Nature* 212, no. 5060(1966): 438.

Rabbitt, P., and B. Rodgers. "What Does a Man Do After He Makes an Error? An Analysis of Response Programming." *Quarterly Journal of Experimental Psychology* 29, no. 4(1977): 727 – 743.

Ramnani, Narender, and Adrian M. Owen. "Anterior Prefrontal Cortex: Insights into Function from Anatomy and Neuroimaging." *Nature Reviews Neuroscience* 5, no. 3(2004): 184 – 194.

Reber, Rolf, and Norbert Schwarz. "Effects of Perceptual Fluency on Judgments of Truth." *Consciousness and Cognition* 8, no. 3(1999): 338 – 342.

Renz, Ursula, ed. Self-Knowledge: A History. Oxford: Oxford University Press, 2017.

Reyes, Gabriel, Jaime R. Silva, Karina Jaramillo, Lucio Rehbein, and Jerome Sackur. "Self-Knowledge Dim-Out: Stress Impairs Metacognitive Accuracy." *PLOS One* 10, no. 8(2015).

Reyes, Gabriel, Anastassia Vivanco-Carlevari, Franco Medina, Carolina Manosalva, Vincent de Gardelle, Jerome Sackur, and Jaime R. Silva. "Hydrocortisone Decreases Metacognitive Efficiency Independent of Perceived Stress." *Scientific Reports* 10, no. 1(2020): 1 – 9.

Reynolds, R. F., and A. M. Bronstein. "The Broken Escalator Phenomenon." *Experimental Brain Research* 151, no. 3(2003): 301 – 308.

Ribas-Fernandes, J. J. F., A. Solway, C. Diuk, J. T. McGuire, A. G. Barto, Y. Niv, and M. M. Botvinick. "A Neural Signature of Hierarchical Reinforcement Learning." *Neuron* 71, no. 2(2011): 370 – 379.

Risko, Evan F., and Sam J. Gilbert. "Cognitive Offloading." *Trends in Cognitive Sciences* 20, no. 9(2016): 676 – 688.

Ro, Tony, Dominique Shelton, Olivia L. Lee, and Erik Chang. "Extrageniculate Mediation of Unconscious Vision in Transcranial Magnetic Stimulation-Induced Blindsight." *Proceedings of the National Academy of Sciences* 101, no. 26(2004): 9933 – 9935.

Roca, Maria, Teresa Torralva, Ezequiel Gleichgerrcht, Alexandra Woolgar, Russell Thompson, John Duncan, and Facundo Manes. "The Role of Area 10(Ba10) in Human Multitasking and in Social Cognition: A Lesion Study." *Neuropsychologia* 49, no. 13(2011): 3525 – 3531.

Rohrer, Julia, Warren Tierney, Eric L. Uhlmann, Lisa M. DeBruine, Tom Heymann,

Benedict Jones, Stefan C. Schmukle, et al. "Putting the Self in Self-Correction: Findings from the Loss-of-Confidence Project." *Perspectives on Psychological Science*, in press.

Rohwer, Michael, Daniela Kloo, and Josef Perner. "Escape from Metaignorance: How Children Develop an Understanding of Their Own Lack of Knowledge." *Child Development* 83, no. 6(2012): 1869–1883.

Rollwage, Max, Raymond J. Dolan, and Stephen M. Fleming. "Metacognitive Failure as a Feature of Those Holding Radical Beliefs." *Current Biology* 28, no. 24(2018): 4014–4021.e8.

Rollwage, Max, and Stephen M. Fleming. "Confirmation Bias Is Adaptive When Coupled with Efficient Metacognition." *Philosophical Transactions of the Royal Society B: Biological Sciences*, in press.

Rollwage, Max, Alisa Loosen, Tobias U. Hauser, Rani Moran, Raymond J. Dolan, and Stephen M. Fleming. "Confidence Drives a Neural Confirmation Bias." *Nature Communications* 11, no. 1(2020): 1–11.

Ronfard, Samuel, and Kathleen H. Corriveau. "Teaching and Preschoolers' Ability to Infer Knowledge from Mistakes." *Journal of Experimental Child Psychology* 150(2016): 87–98.

Rosenblatt, F. "The Perceptron: A Probabilistic Model for Information Storage and Organization in the Brain." *Psychological Review* 65, no. 6(1958): 386–408.

Rosenthal, David M. Consciousness and Mind. Oxford: Oxford University Press, 2005.

Rouault, Marion, Peter Dayan, and Stephen M. Fleming. "Forming Global Estimates of Self-Performance from Local Confidence." *Nature Communications* 10, no. 1(2019): 1–11.

Rouault, Marion, and Stephen M. Fleming. "Formation of Global Self-Beliefs in the Human Brain." *Proceedings of the National Academy of Sciences* 117, no. 44(2020): 27268–27276.

Rouault, Marion, Andrew McWilliams, Micah G. Allen, and Stephen M. Fleming. "Human Metacognition Across Domains: Insights from Individual Differences and Neuroimaging." *Personality Neuroscience* 1(2018).

Rouault, Marion, Tricia Seow, Claire M. Gillan, and Stephen M. Fleming. "Psychiatric Symptom Dimensions Are Associated with Dissociable Shifts in Metacognition but Not Task Performance." *Biological Psychiatry* 84, no. 6(2018): 443–451.

Rounis, Elisabeth, Brian Maniscalco, John C. Rothwell, Richard E. Passingham, and

Hakwan Lau. "Theta-Burst Transcranial Magnetic Stimulation to the Prefrontal Cortex Impairs Metacognitive Visual Awareness." *Cognitive Neuroscience* 1, no. 3(2010): 165 –175.

Rumelhart, David E., Geoffrey E. Hinton, and Ronald J. Williams. "Learning Representations by Back-Propagating Errors." *Nature* 323, no. 6088(1986): 533 – 536.

Ryle, Gilbert. *The Concept of Mind*. Chicago: University of Chicago Press, 2012.

Sahraie, A., L. Weiskrantz, J. L. Barbur, A. Simmons, S. C. R. Williams, and M. J. Brammer. "Pattern of Neuronal Activity Associated with Conscious and Unconscious Processing of Visual Signals." *Proceedings of the National Academy of Sciences* 94, no. 17(1997).

Samaha, Jason, Missy Switzky, and Bradley R. Postle. "Confidence Boosts Serial Dependence in Orientation Estimation." *Journal of Vision* 19, no. 4(2019): 25.

Samek, Wojciech, Gregoire Montavon, Andrea Vedaldi, Lars Kai Hansen, and Klaus-Robert Muller. *Explainable AI: Interpreting, Explaining and Visualizing Deep Learning*. Cham, Switzerland: Springer, 2019.

Schafer, Anton Maximilian, and Hans-Georg Zimmermann. "Recurrent Neural Networks Are Universal Approximators." *International Journal of Neural Systems* 17, no. 4(2007): 253 –263.

Schechtman, Marya. *The Constitution of Selves*. Ithaca, NY: Cornell University Press, 1996.

Schellings, Gonny L. M., Bernadette H. A. M. van Hout-Wolters, Marcel V. J. Veenman, and Joost Meijer. "Assessing Metacognitive Activities: The In-Depth Comparison of a Task-Specific Questionnaire with Think-Aloud Protocols." *European Journal of Psychology of Education* 28, no. 3(2013): 963 –990.

Schlerf, John E., Joseph M. Galea, Amy J. Bastian, and Pablo A. Celnik. "Dynamic Modulation of Cerebellar Excitability for Abrupt, but Not Gradual, Visuomotor Adaptation." *Journal of Neuroscience* 32, no. 34(2012): 11610 –11617.

Schmid, Michael C., Sylwia W. Mrowka, Janita Turchi, Richard C. Saunders, Melanie Wilke, Andrew J. Peters, Frank Q. Ye, and David A. Leopold. "Blindsight Depends on the Lateral Geniculate Nucleus." *Nature* 466, no. 7304(2010): 373 –377.

Schmidt, Carlos, Gabriel Reyes, Mauricio Barrientos, Alvaro I. Langer, and Jerome Sackur. "Meditation Focused on Self-Observation of the Body Impairs Metacognitive Efficiency." *Consciousness and Cognition* 70(2019): 116 –125.

Schmitz, Taylor W., Howard A. Rowley, Tisha N. Kawahara, and Sterling C. Johnson.

"Neural Correlates of Self-Evaluative Accuracy After Traumatic Brain Injury."
Neuropsychologia 44, no. 5(2006): 762−773.

Schneider, Peter, Michael Scherg, H. Gunter Dosch, Hans J. Specht, Alexander
Gutschalk, and Andre Rupp. "Morphology of Heschl's Gyrus Reflects Enhanced
Activation in the Auditory Cortex of Musicians." *Nature Neuroscience* 5, no. 7(2002):
688−694.

Schnyer, David M., Mieke Verfaellie, Michael P. Alexander, Ginette LaFleche, Lindsay
Nicholls, and Alfred W Kaszniak. "A Role for Right Medial Prefrontal Cortex in
Accurate Feeling-of-Knowing Judgements: Evidence from Patients with Lesions to
Frontal Cortex." *Neuropsychologia* 42, no. 7(2004): 957−966.

Scholz, Jan, Miriam C. Klein, Timothy E. J. Behrens, and Heidi Johansen-Berg. "Training
Induces Changes in White-Matter Architecture." *Nature Neuroscience* 12, no. 11(2009):
1370−1371.

Schooler, Jonathan W. "Re-Representing Consciousness: Dissociations Between
Experience and Meta-Consciousness." *Trends in Cognitive Sciences* 6, no. 8(2002): 339−
344.

Schooler, Jonathan W., Jonathan Smallwood, Kalina Christoff, Todd C. Handy, Erik D.
Reichle, and Michael A. Sayette. "Meta-Awareness, Perceptual Decoupling and the
Wandering Mind." *Trends in Cognitive Sciences* 15, no. 7(2011): 319−326.

Schultz, W., P. Dayan, and P. R. Montague. "A Neural Substrate of Prediction and
Reward." *Science* 275, no. 5306(1997): 1593.

Schulz, Lion, Max Rollwage, Raymond J. Dolan, and Stephen M. Fleming. "Dogmatism
Manifests in Lowered Information Search Under Uncertainty." *Proceedings of the
National Academy of Sciences*, 117, no. 49(2020): 31527−31534.

Schurger, Aaron, Steven Gale, Olivia Gozel, and Olaf Blanke. "Performance Monitoring
for Brain-Computer-Interface Actions." *Brain and Cognition* 111(2017): 44−50.

Scott, Rose M., and Renee Baillargeon. "Early False-Belief Understanding." *Trends in
Cognitive Sciences* 21, no. 4(2017): 237−249.

Semendeferi, Katerina, Kate Teffer, Dan P. Buxhoeveden, Min S. Park, Sebastian Bludau,
Katrin Amunts, Katie Travis, and Joseph Buckwalter. "Spatial Organization of
Neurons in the Frontal Pole Sets Humans Apart from Great Apes." *Cerebral Cortex*
21, no. 7(2010): 1485−1497.

Seth, Anil K. "Interoceptive Inference, Emotion, and the Embodied Self." *Trends in
Cognitive Sciences* 17, no. 11(2013): 565−573.

Seymour, Ben, John P. O'Doherty, Peter Dayan, Martin Koltzenburg, Anthony K. Jones, Raymond J. Dolan, Karl J. Friston, and Richard S. Frackowiak. "Temporal Difference Models Describe Higher-Order Learning in Humans." *Nature* 429, no. 6992(2004): 664–667.

Shea, Nicholas. *Representation in Cognitive Science*. Oxford: Oxford University Press, 2018.

Shea, Nicholas, Annika Boldt, Dan Bang, Nick Yeung, Cecilia Heyes, and Chris D. Frith. "Supra-Personal Cognitive Control and Metacognition." *Trends in Cognitive Sciences* 18, no. 4(2014): 186–193.

Shekhar, Medha, and Dobromir Rahnev. "Distinguishing the Roles of Dorsolateral and Anterior PFC in Visual Metacognition." *Journal of Neuroscience* 38, no. 22(2018): 5078–5087.

———. "The Nature of Metacognitive Inefficiency in Perceptual Decision-Making." *Psychological Review* 128, no. 1(2021): 45.

Shergill, Sukhwinder S., Paul M. Bays, Chris D. Frith, and Daniel M. Wolpert. "Two Eyes for an Eye: The Neuroscience of Force Escalation." *Science* 301, no. 5630(2003): 187.

Shidara, Munetaka, and Barry J. Richmond. "Anterior Cingulate: Single Neuronal Signals Related to Degree of Reward Expectancy." *Science* 296, no. 5573(2002): 1709–1711.

Shields, Wendy E., J. David Smith, and David A. Washburn. "Uncertain Responses by Humans and Rhesus Monkeys(Macaca mulatta) in a Psychophysical Same-Different Task." *Journal of Experimental Psychology: General* 126, no. 2(1997): 147.

Shimamura, Arthur P. "Toward a Cognitive Neuroscience of Metacognition." *Consciousness and Cognition* 9, no. 2(2000): 313–323.

Shimamura, Arthur P., and L. R. Squire. "Memory and Metamemory: A Study of the Feeling-of-Knowing Phenomenon in Amnesic Patients." *Journal of Experimental Psychology: Learning, Memory, and Cognition* 12, no. 3(1986): 452–460.

Siedlecka, Marta, Boryslaw Paulewicz, and Michal Wierzchoń. "But I Was So Sure! Metacognitive Judgments Are Less Accurate Given Prospectively Than Retrospectively." *Frontiers in Psychology* 7, no. 240(2016): 218.

Silver, David, Julian Schrittwieser, Karen Simonyan, Ioannis Antonoglou, Aja Huang, Arthur Guez, Thomas Hubert, et al. "Mastering the Game of Go Without Human Knowledge." *Nature* 550, no. 7676(2017): 354–359.

Simons, Daniel J. "Unskilled and Optimistic: Overconfident Predictions Despite Calibrated Knowledge of Relative Skill." *Psychonomic Bulletin & Review* 20, no. 3(2013): 601–607.

Simons, Jon S., Jane R. Garrison, and Marcia K. Johnson. "Brain Mechanisms of Reality Monitoring." *Trends in Cognitive Sciences* 21, no. 6(2017): 462 – 473.

Simons, Jon S., Polly V. Peers, Yonatan S. Mazuz, Marian E. Berryhill, and Ingrid R. Olson. "Dissociation Between Memory Accuracy and Memory Confidence Following Bilateral Parietal Lesions." *Cerebral Cortex* 20, no. 2(2010): 479 – 485.

Sinclair, Alyssa H., Matthew L. Stanley, and Paul Seli. "Closed-Minded Cognition: Right-Wing Authoritarianism Is Negatively Related to Belief Updating Following Prediction Error." *Psychonomic Bulletin & Review*, July 27, 2020, 1 – 14.

Smallwood, Jonathan, and Jonathan W. Schooler. "The Restless Mind." *Psychological Bulletin* 132, no. 6(2006): 946 – 958.

Smith, J. David, Jonathan Schull, Jared Strote, Kelli McGee, Roian Egnor, and Linda Erb. "The Uncertain Response in the Bottlenosed Dolphin(Tursiops Truncatus)." *Journal of Experimental Psychology: General* 124, no. 4(1995): 391 – 408.

Song, C., R. Kanai, Stephen M. Fleming, Rimona S. Weil, D. S. Schwarzkopf, and Geraint Rees. "Relating Inter-Individual Differences in Metacognitive Performance on Different Perceptual Tasks." *Consciousness and Cognition* 20, no. 4(2011): 1787 – 1792.

Sperber, Dan, and Hugo Mercier. *The Enigma of Reason: A New Theory of Human Understanding*. London: Allen Lane, 2017.

Sperling, George. "The Information Available in Brief Visual Presentations." *Psychological Monographs: General and Applied* 74, no. 11(1960): 1 – 29.

Stazicker, James. "Partial Report Is the Wrong Paradigm." *Philosophical Transactions of the Royal Society B: Biological Sciences* 373, no. 1755(2018): 20170350.

Stephan, Klaas E., Zina M. Manjaly, Christoph D. Mathys, Lilian A. E. Weber, Saee Paliwal, Tim Gard, Marc Tittgemeyer, et al. "Allostatic Self-Efficacy: A Metacognitive Theory of Dyshomeostasis-Induced Fatigue and Depression." *Frontiers in Human Neuroscience* 10(2016): 550.

Sterelny, Kim. "From Hominins to Humans: How Sapiens Became Behaviourally Modern." *Philosophical Transactions of the Royal Society B: Biological Sciences* 366, no. 1566(2011): 809 – 822.

Sterling, Peter. "Allostasis: A Model of Predictive Regulation." *Physiology & Behavior* 106, no. 1(2012): 5 – 15.

Stuss, D. T., M. P. Alexander, A. Lieberman, and H. Levine. "An Extraordinary Form of Confabulation." *Neurology* 28, no. 11(1978): 1166 – 1172.

Summerfield, Jennifer J., Demis Hassabis, and Eleanor A. Maguire. "Cortical Midline

Involvement in Autobiographical Memory." *NeuroImage* 44, no. 3(2009): 1188–1200.

Sunstein, Cass R., Sebastian Bobadilla-Suarez, Stephanie C. Lazzaro, and Tali Sharot. "How People Update Beliefs About Climate Change: Good News and Bad News." *Cornell Law Review* 102(2016): 1431.

Sutton, Richard S., and Andrew G. Barto. *Reinforcement Learning: An Introduction.* Cambridge, MA: MIT Press, 2018.

Talluri, Bharath Chandra, Anne E. Urai, Konstantinos Tsetsos, Marius Usher, and Tobias H. Donner. "Confirmation Bias Through Selective Overweighting of Choice-Consistent Evidence." *Current Biology* 28, no. 19(2018): 3128–3135.

Tauber, Sarah K., and Matthew G. Rhodes. "Metacognitive Errors Contribute to the Difficulty in Remembering Proper Names." *Memory* 18, no. 5(2010): 522–532.

Tegmark, Max. *Life 3.0: Being Human in the Age of Artificial Intelligence.* New York: Knopf, 2017.

Tetlock, Philip E., and Dan Gardner. *Superforecasting: The Art and Science of Prediction.* New York: Random House, 2016.

Thompson, Valerie A., Jamie A. Prowse Turner, Gordon Pennycook, Linden J. Ball, Hannah Brack, Yael Ophir, and Rakefet Ackerman. "The Role of Answer Fluency and Perceptual Fluency as Metacognitive Cues for Initiating Analytic Thinking." *Cognition* 128, no. 2(2013): 237–251.

Thornton, Mark A., Miriam E. Weaverdyck, Judith N. Mildner, and Diana I. Tamir. "People Represent Their Own Mental States More Distinctly Than Those of Others." *Nature Communications* 10, no. 1(2019): 2117.

Toner, Kaitlin, Mark R. Leary, Michael W. Asher, and Katrina P. Jongman-Sereno. "Feeling Superior Is a Bipartisan Issue: Extremity(Not Direction) of Political Views Predicts Perceived Belief Superiority." *Psychological Science*, October 4, 2013.

Toplak, Maggie E., Richard F. West, and Keith E. Stanovich. "The Cognitive Reflection Test as a Predictor of Performance on Heuristics-and-Biases Tasks." *Memory & Cognition* 39, no. 7(2011): 1275.

Torrecillos, Flavie, Philippe Albouy, Thomas Brochier, and Nicole Malfait. "Does the Processing of Sensory and Reward-Prediction Errors Involve Common Neural Resources? Evidence from a Frontocentral Negative Potential Modulated by Movement Execution Errors." *Journal of Neuroscience* 34, no. 14(2014): 4845–4856.

Trouche, Emmanuel, Petter Johansson, Lars Hall, and Hugo Mercier. "The Selective Laziness of Reasoning." *Cognitive Science* 40, no. 8(2016): 2122–2136.

Tulving, Endel. "Memory and Consciousness." *Canadian Psychology/Psychologie canadienne* 26, no. 1 (1985): 1 – 12.

Turing, Alan Mathison. "On Computable Numbers, with an Application to the Entscheidungsproblem." *Proceedings of the London Mathematical Society* 42, no. 1 (1937): 230 – 265.

Ullsperger, Markus, Helga A. Harsay, Jan R. Wessel, and K. Richard Ridderinkhof. "Conscious Perception of Errors and Its Relation to the Anterior Insula." *Brain Structure & Function* 214, nos. 5 – 6 (2010): 629 – 643.

Vaccaro, Anthony G., and Stephen M. Fleming. "Thinking About Thinking: A Coordinate – Based Meta – Analysis of Neuroimaging Studies of Metacognitive Judgements." *Brain and Neuroscience Advances* 2 (2018): 2398212818810591.

Van Dam, Nicholas T., Marieke K. van Vugt, David R. Vago, Laura Schmalzl, Clifford D. Saron, Andrew Olendzki, Ted Meissner, et al. "Mind the Hype: A Critical Evaluation and Prescriptive Agenda for Research on Mindfulness and Meditation." *Perspectives on Psychological Science* 13, no. 1 (2018): 36 – 61.

Van den Berg, Ronald, Aspen H. Yoo, and Wei Ji Ma. "Fechner's Law in Metacognition: A Quantitative Model of Visual Working Memory Confidence." *Psychological Review* 124, no. 2 (2017): 197 – 214.

Van der Plas, Elisa, Anthony S. David, and Stephen M. Fleming. "Advice-Taking as a Bridge Between Decision Neuroscience and Mental Capacity." *International Journal of Law and Psychiatry* 67 (2019): 101504.

Vannini, Patrizia, Federico d'Oleire Uquillas, Heidi I. L. Jacobs, Jorge Sepulcre, Jennifer Gatchel, Rebecca E. Amariglio, Bernard Hanseeuw, et al. "Decreased Meta-Memory Is Associated with Early Tauopathy in Cognitively Unimpaired Older Adults." *NeuroImage: Clinical* 24 (2019): 102097.

Vilkki, Juhani, Antti Servo, and Outi Surma-aho. "Word List Learning and Prediction of Recall After Frontal Lobe Lesions." *Neuropsychology* 12, no. 2 (1998): 268.

Vilkki, Juhani, Outi Surma-aho, and Antti Servo. "Inaccurate Prediction of Retrieval in a Face Matrix Learning Task After Right Frontal Lobe Lesions." *Neuropsychology* 13, no. 2 (1999): 298.

Von Hippel, William, and Robert Trivers. "The Evolution and Psychology of Self-Deception." *Behavioral and Brain Sciences* 34, no. 1 (2011): 1 – 16.

Voss, Ursula, Romain Holzmann, Allan Hobson, Walter Paulus, Judith Koppehele-Gossel, Ansgar Klimke, and Michael A. Nitsche. "Induction of Self Awareness in

Dreams Through Frontal Low Current Stimulation of Gamma Activity." *Nature Neuroscience* 17, no. 6(2014): 810–812.

Vygotsky, Lev Semenovich. Thought and Language. Cambridge, MA: MIT Press, 1986.

Wald, A. "Sequential Tests of Statistical Hypotheses." *Annals of Mathematical Statistics* 16, no. 2(1945): 117–186.

Walker, Mary Jean. "Neuroscience, Self-Understanding, and Narrative Truth." AJOB *Neuroscience* 3, no. 4(2012): 63–74.

Wallis, Jonathan D. "Cross-Species Studies of Orbitofrontal Cortex and Value-Based Decision-Making." *Nature Neuroscience* 15, no. 1(2011): 13–19.

Wang, Jane X., Zeb Kurth-Nelson, Dharshan Kumaran, Dhruva Tirumala, Hubert Soyer, Joel Z. Leibo, Demis Hassabis, and Matthew Botvinick. "Prefrontal Cortex as a Meta-Reinforcement Learning System." *Nature Neuroscience* 21, no. 6(2018): 860.

Wegner, Daniel M. *The Illusion of Conscious Will*. Cambridge, MA: MIT Press, 2003.

Weil, Leonora G., Stephen M. Fleming, Iroise Dumontheil, Emma J. Kilford, Rimona S. Weil, Geraint Rees, Raymond J. Dolan, and Sarah-Jayne Blakemore. "The Development of Metacognitive Ability in Adolescence." *Consciousness and Cognition* 22, no. 1(2013): 264–271.

Weinberg, Robert, Daniel Gould, and Allen Jackson. "Expectations and Performance: An Empirical Test of Bandura's Self-Efficacy Theory." *Journal of Sport and Exercise Psychology* 1, no. 4(1979): 320–331.

Weiskrantz, L., E. K. Warrington, M. D. Sanders, and J. Marshall. "Visual Capacity in the Hemianopic Field Following a Restricted Occipital Ablation." *Brain: A Journal of Neurology* 97, no. 4(1974): 709–728.

Wenke, Dorit, Stephen M. Fleming, and Patrick Haggard. "Subliminal Priming of Actions Influences Sense of Control over Effects of Action." *Cognition* 115, no. 1(2010): 26–38.

Wiesmann, Charlotte Grosse, Angela D. Friederici, Tania Singer, and Nikolaus Steinbeis. "Two Systems for Thinking About Others' Thoughts in the Developing Brain." *Proceedings of the National Academy of Sciences* 117, no. 12(2020): 6928–6935.

Will, Geert-Jan, Robb B. Rutledge, Michael Moutoussis, and Raymond J. Dolan. "Neural and Computational Processes Underlying Dynamic Changes in Self-Esteem." *eLife* 6(2017): e28098.

Wimmer, H., and J. Perner. "Beliefs About Beliefs: Representation and Constraining Function of Wrong Beliefs in Young Children's Understanding of Deception."

Cognition 13, no. 1(1983): 103 – 128.

Winkielman, Piotr, and Jonathan W. Schooler. "Unconscious, Conscious, and Metaconscious in Social Cognition." In *Social Cognition: The Basis of Human Interaction*, 49 – 69. New York: Psychology Press, 2009.

Wixted, John T., and Gary L. Wells. "The Relationship Between Eyewitness Confidence and Identification Accuracy: A New Synthesis." *Psychological Science in the Public Interest* 18, no. 1(2017): 10 – 65.

Wolpert, D. M., and R. C. Miall. "Forward Models for Physiological Motor Control." *Neural Networks* 9, no. 8(1996): 1265 – 1279.

Woolgar, Alexandra, Alice Parr, Rhodri Cusack, Russell Thompson, Ian Nimmo-Smith, Teresa Torralva, Maria Roca, Nagui Antoun, Facundo Manes, and John Duncan. "Fluid Intelligence Loss Linked to Restricted Regions of Damage Within Frontal and Parietal Cortex." *Proceedings of the National Academy of Sciences*, 107, no. 33(2010): 14899 – 14902.

Woollett, Katherine, and Eleanor A. Maguire. "Acquiring 'The Knowledge' of London's Layout Drives Structural Brain Changes." *Current Biology* 21, no. 24(2011): 2109 – 2114.

Ye, Qun, Futing Zou, Hakwan Lau, Yi Hu, and Sze Chai Kwok. "Causal Evidence for Mnemonic Metacognition in Human Precuneus." *Journal of Neuroscience* 38, no. 28(2018): 6379 – 6387.

Yeung, N., J. D. Cohen, and M. M. Botvinick. "The Neural Basis of Error Detection: Conflict Monitoring and the Error-Related Negativity." *Psychological Review* 111, no. 4(2004): 931 – 959.

Yokoyama, Osamu, Naoki Miura, Jobu Watanabe, Atsushi Takemoto, Shinya Uchida, Motoaki Sugiura, Kaoru Horie, Shigeru Sato, Ryuta Kawashima, and Katsuki Nakamura. "Right Frontopolar Cortex Activity Correlates with Reliability of Retrospective Rating of Confidence in Short-Term Recognition Memory Performance." *Neuroscience Research* 68, no. 3(2010): 199 – 206.

Yon, Daniel, Cecilia Heyes, and Clare Press. "Beliefs and Desires in the Predictive Brain." *Nature Communications* 11, no. 1(2020): 1 – 4.

Young, Andrew G., and Andrew Shtulman. "Children's Cognitive Reflection Predicts Conceptual Understanding in Science and Mathematics." *Psychological Science* 31, no. 11(2020): 1396 – 1408.

Zacharopoulos, George, Nicola Binetti, V. Walsh, and R. Kanai. "The Effect of Self-

Efficacy on Visual Discrimination Sensitivity." *PLOS One* 9, no. 10(2014): e109392.

Zatorre, Robert J., R. Douglas Fields, and Heidi Johansen-Berg. "Plasticity in Gray and White: Neuroimaging Changes in Brain Structure During Learning." *Nature Neuroscience* 15, no. 4(2012): 528–536.

Zeki, S., and A. Bartels. "The Autonomy of the Visual Systems and the Modularity of Conscious Vision." *Philosophical Transactions of the Royal Society B: Biological Sciences* 353, no. 1377(1998): 1911–1914.

Zimmerman, Barry J. "Self-Regulated Learning and Academic Achievement: An Overview." *Educational Psychologist* 25, no. 1(1990): 3–17.

Zylberberg, Ariel, Pablo Barttfeld, and Mariano Sigman. "The Construction of Confidence in a Perceptual Decision." *Frontiers in Integrative Neuroscience* 6(2012): 79.

찾아보기

옮긴이 배명복

서울대학교 불문과와 한양대학교 언론정보대학원을 졸업했다. 중앙일보에서 36년간 기자로 활동하며 파리특파원, 논설위원, 순회특파원, 칼럼니스트, 대기자 등을 역임했다. 현재 연세대학교 언론홍보영상학부 객원 교수(관훈신영기금교수)로 디지털 저널리즘 실습 강의를 맡고 있다. 역서로《귀여운 남자들》(델핀 드 비강, 2007)이 있다.

나 자신을 알라

초판 1쇄 발행 2022년 3월 25일

지은이   스티븐 M. 플레밍
옮긴이   배명복
기획   김은수
책임편집   정일웅 김정하
디자인   고영선 주수현

펴낸곳   (주)바다출판사
주소   서울시 종로구 자하문로 287, 부암북센터
전화   02-322-3675(편집), 02-322-3575(마케팅)
팩스   02-322-3858
e-mail   badabooks@daum.net
홈페이지   www.badabooks.co.kr

ISBN   979-11-6689-081-9 03180